“十三五”高等教育教学改革行动计划系列教材• 经管类专业基础课

Essentials of Accounting

会计基础

主编•马元兴

副主编•薛春燕 顾冰清

電子工業出版社

Publishing House of Electronics Industry

北京 · BEIJING

图书在版编目（CIP）数据

会计基础 / 马元兴主编. 一北京：电子工业出版社，2018.6
ISBN 978-7-121-33693-5

Ⅰ. ①会… Ⅱ. ①马… Ⅲ. ①会计学－高等职业教育－教材 Ⅳ. ①F230

中国版本图书馆 CIP 数据核字(2018)第 029453 号

策划编辑：刘淑丽
责任编辑：李慧君
印　　刷：山东华立印务有限公司
装　　订：山东华立印务有限公司
出版发行：电子工业出版社
北京市海淀区万寿路 173 信箱　邮编 100036
开　　本：787×1092　1/16　印张：18.25　字数：433 千字
版　　次：2018 年 6 月第 1 版
印　　次：2018 年 6 月第 1 次印刷
定　　价：48.00 元

凡所购买电子工业出版社图书有缺损问题，请向购买书店调换。若书店售缺，请与本社发行部联系，联系及邮购电话：（010）88254888，88258888。
质量投诉请发邮件至 zlts@phei.com.cn，盗版侵权举报请发邮件至 dbqq@phei. com.cn。
本书咨询联系方式：（010）88254199，sjb@phei.com.cn。

出版说明

“十三五”高等教育教学改革行动计划系列教材是电子工业出版社为贯彻落实《国务院关于加快发展现代职业教育的决定》精神，积极响应《高等职业教育创新发展行动计划（2015—2018 年）》，邀请多位职业教育教学专家参与指导，在总结近年来我国高等职业教育教学改革系列成果的基础上，依托国家示范院校，组织全国 20 多所高等职业教育示范院校共同编写，契合当前高等职业教育教学发展趋势的重磅产品。

本系列教材遵循职业教育教学规律，顺应职业教育发展趋势。教材建设充分借鉴了工作过程系统化的课程开发原理，采用项目课程的开发方法，重新设计了各专业的课程体系，围绕专业课程标准进行了教学项目设计。在进行教学项目设计时注重学生在校学习与实际工作的一致性，按照岗位工作内容组织教学内容，按照行业工作过程的顺序梳理教学过程；根据工作项目确定教学项目，根据岗位工作任务设定相关学习目标。通过教材建设，有效推进了项目导向、任务驱动等有利于高职学生能力培养的教学模式的实施。

在系列教材建设过程中始终坚持“能力本位、持续发展、工学结合、校企合作”的职业教育理念，以“职业能力”培养作为根本出发点，以“典型岗位任务”为中心整合“知识、素质、技能”等教学内容，突出能力培养过程所必需的“情境”设计、“职业环境”描述、“实践操作”指导等要素，使学习者在学习中逐渐熟悉职业岗位任务，提高职业岗位能力。同时，教材充分考虑了学生的职业发展诉求，在理论教学内容“必需够用”的基础上，兼顾一定的职业延展性。在完成“相关知识”和“业务操作”的基础上，学生可以通过“相关链接”、“拓展阅读”、“小思考”等栏目，思考实际工作中出现的各类实务性问题，提升在基本学习前提下的创新能力和对职业实践操作的逻辑思维能力。多位具有丰富实践经验的行业专家参与了本次教材建设，从而确保教材贴近行业岗位工作实际。

系列教材内容紧跟时代发展步伐，既充分体现了最新法律法规精神，又真正兼顾了相关行业的最新发展趋势。例如，会计、税法相关教材均反映了最新的营改增内容；市场营销专业教材考虑了互联网技术发展以及新媒体营销等新的业态；国际贸易专业综合考虑了电子商务尤其是跨境电商等近年来的发展趋势。为丰富教材的呈现形式，增强学习者的学习兴趣，部分配套资源丰富的教材在书中设置有二维码，方便学生使用移动设备进行移动学习，既丰富了教学和学习手段，又拓展了相关知识和内容。

本系列教材陆续出版之际，诚挚地感谢山西省财政税务专科学校赵丽生校长在设计思路、专家推荐、大纲审定、教材审定等多个环节给予的倾心指导与帮助。诚挚感谢浙江金融职业学院章安平教授、广州番禺职业技术学院杨则文教授在国际贸易专业和金融专业教材建设上给予的全力指导和帮助。感谢丽水职业技术学院梁伟样院长、无锡商业职业技术学院马元兴教授、安徽商业职业技术学院丁增稳教授、河南财政金融学院宁艳岩副教授等专家给予的鼎力支持和帮助。

衷心地希望本系列教材的出版能够为我国高等职业教育教学改革提供一个新的思路和载体。同时，我们也深深知道本系列教材的问世仅仅是我们在职业教育改革进程中的一个新起点。随着经济社会和各个行业的不断发展以及职业教育教学改革的不断深化，我们将持续对教材进行修订和完善，为我国经济社会建设和职业教育事业的繁荣做出应有的贡献。

“十三五”高等教育教学改革行动计划系列教材编写委员会

前言

会计基础是会计入门的必修课程，也是会计专业、财务管理专业及其他经济管理类专业的专业基础课程。学习会计基础知识与技能，为今后学习专业会计和经济管理类课程提供了必要的理论基础和专业技能。在现代社会，不懂得会计知识、不善于利用会计信息的人，是很难从事经济管理工作的。随着信息技术与经济管理技术的快速发展，会计工作在企业管理中的作用越来越重要，掌握会计专业知识与技能要从学习会计基础起步。

本教材由无锡商业职业技术学院马元兴教授主编，无锡商业职业技术学院薛春燕副教授、无锡科技职业技术学院顾冰请讲师担任副主编，最后由马无兴教授并最终总览定稿。作者根据会计职业岗位的知识与能力要求，总结多年的课堂教学经验，依据《会计法》《企业会计准则》《会计基础工作规范》和新时期国家对会计工作的要求，结合当前高职高专学生的素质和能力，突出理实一体，精心编写了这本教材。本书的主要特点如下。

（1）体例新颖。本书以项目和任务为导向，以知识点和技能点为核心。全书分为 10 个项目，共 35 项任务，设置了 100 余个知识点和技能点。每个项目有知识目标、能力目标、典型项目、项目总结和项目训练，每项任务有任务描述、任务分析和知识准备与应用，将知识点和技能点贯穿于知识准备与应用的全过程。

（2）内容丰富。本书不仅介绍了会计基础的基本知识和操作技能，而且通过设置“知识链接”、“知识拓展”、“想一想”等，丰富了会计基础的教学内容，让教材更加注重体系的完整和知识的饱满，能够为学生后续的专业学习和未来职业奠定专业基础。

（3）理实一体。本教材通过知识准备与应用将知识与技能融为一体，突破以往理论与实践相脱节的现象，让师生双方边教、边学、边做，丰富课堂教学和实践教学环节，突出学生动手能力和专业技能的培养，充分调动和激发学生的学习兴趣。

（4）突出实训。为了增强学生的应用能力，本书的每个项目都设置了项目训练，通过单项选择题、多项选择题、判断题、简答题、实训题，训练学生对每个知识点和技能点的理解，以帮助学生全面系统地理解会计基本知识，处理一些常见的企业经济业务，提高其分析问题和解决问题的能力。

本教材无论是在内容还是在体例上都做了新的尝试，但由于编写时间仓促和作者水平有限，加之会计理论与实务均处于不断发展的过程中，仍有许多问题等待我们去探索和解决，书中难免有不足之处，恳请各位专家、同行和读者批评指正。

编者

目录

项目一 认知会计

学习目标

知识目标

- 熟悉会计的产生与发展
- 熟悉会计的职能与目标
- 理解会计信息质量要求
- 懂得会计假定与会计计量
- 懂得会计概念、会计职能、会计要素、会计等式、会计核算方法体系

能力目标

- 懂得经济越发展会计越重要
- 明确会计服务的对象与要求
- 明确会计核算与监督的内容
- 掌握会计核算与监督的方法

典型项目

在你的学习、工作、生活中，每天都要与钱打交道。你每天的日常开支是多少？父母每月给你 2 000 元生活费够用吗？你经常去的超市一年能赚多少利润？你上学每年为什么要交那么多学费？你在读的这本书的成本是多少？这一系列与钱有关的问题，会计都可以回答。就本书的成本而言，可以从“料”“工”“费”三个方面计算出来。

任务提出：

1. 会计是干什么的？社会各个单位是否都需要会计？
2. 会计有哪些基本职能？为单位提供哪些服务？
3. 会计如何记录经济业务？如何计算成本？如何核算利润？

任务一 熟悉会计和会计工作

【任务描述】

本任务主要包括：熟悉会计和会计工作。

【任务分析】

通过学习会计的产生与发展，充分认识“经济越发展，会计越重要”；通过会计职能与目标的学习，明确会计信息使用者对会计信息质量的要求；通过介绍会计是一门管理科学，明确为建立这门会计科学需要会计假定和选择会计计量，需要划分会计要素和建立会计等式，需要构建会计核算方法体系。

【知识准备与应用】

一、会计的产生与发展

（一）会计的产生

会计的产生最早可追溯到原始社会的“结绳记事”和“刻契记事”等处于萌芽状态的会计行为。当时，只是在生产实践之外附带地把收入、支付日期和数量等信息记载下来，生产尚未社会化，独立的会计并未产生，会计是生产职能的附带部分。随着社会生产力的不断发展，会计逐渐从生产职能中分离出来，转化为由专门人员从事的特殊的、独立的职能。会计逐渐成为一项记录、计算和考核收支的单独工作，并逐渐产生了专门从事这一项工作的专职人员。

（二）会计的发展

会计随着人类社会生产的发展和经济管理的需要而产生、发展并不断得到完善。人类社会的生存和发展是以物质资料的生产为基础的。在生产活动中，要想以最少的劳动耗费创造最多的物质财富，就需要会计的参与。随着人类社会的发展，会计也由简单的记录和计算逐渐发展成为以货币为主要计量单位、综合核算和监督单位经济活动的一种经济管理工作。

会计的发展可划分为古代会计、近代会计和现代会计三个阶段。现代会计按服务对象不同，主要分为财务会计和管理会计。

1. 古代会计

这一阶段一般是指复式记账法出现以前的漫长时期。在这一阶段，会计的特点是以实物和货币作为计量单位，作为生产职能的附带部分，以官厅会计为主，会计核算采用“单式记账法”。

2. 近代会计

这一阶段是从运用复式簿记开始的。在近代会计阶段，有两个重要的时间点，称为近代会计发展史上的两个里程碑。

中世纪地中海的一些城市是世界贸易中心，其中，意大利的佛罗伦萨、热那亚、威尼斯等地的商业和金融业特别繁荣，日益发展的商业和金融业要求不断改进和提高复式记账方法。为了适应实际需要，1494 年，意大利传教士、数学家卢卡·帕乔利（Luca Pacioli）出版了一本著作《算术、几何、比及比例概要》，其中一章“簿记论”，全面系统地介绍了威尼斯的复式记账法，并从理论上给予必要的阐述。该书推动了复式簿记在全球范围内的广泛传播，从而影响了许多国家的会计发展。因此，该书的出版被誉为会计发展史上重要的里程碑，并标志着近代会计的开始。

随着 18 世纪末和 19 世纪初的产业革命的发展，出现了股份有限公司这种经营形式，从而对会计提出了更高的要求，会计服务对象不断扩大，会计的内容从记账、算账，发展到编制和审查报表，并且企业会计还需接受外界的监督。所以，1853 年在英国成立了世界上第一个会计师协会——爱丁堡会计师公会，这被认为是近代会计发展史上的第二个里程碑。

在近代会计阶段，会计的特点是以货币作为主要计量单位；作为独立的管理职能，以企业会计为主；会计核算采用“复式记账法”，形成一套完整的会计核算方法，使会计成为一门学科。

3. 现代会计

生产和经济的发展推动着会计的发展。进入 20 世纪 50 年代，随着生产社会化程度的提高，市场竞争日益激烈，会计工作的内容也由最初的计量、记录、核算，逐步拓展到经济预测、参与决策、规划未来、控制与评价经济活动等方面。1952 年，国际会计师联合会正式通过“管理会计”这一专业术语，标志着会计正式划分为“财务会计”和“管理会计”两大领域。

财务会计是传统会计的继续和发展，它的主要内容是核算企业的经济活动。管理会计是从传统会计系统中分离出来的，也叫对内会计，主要是为企业内部管理服务，侧重于对企业的经济活动进行预测、确定较优经营和投资方案、分析差异原因、控制经营成本、对经济活动业绩进行考核和评价等。因此，经营预测、决策分析、全面预算、责任会计和成本控制是管理会计的主要内容。

经济越发展，会计越重要。经济全球化促进了会计国际化，随着计算机、网络、通信等先进信息技术与传统会计工作的融合，会计信息化得到不断发展，为企业经营管理、控制决策和经济运行提供了实时、全方位的信息。

二、会计的概念与特征

（一）会计的概念

会计是指以货币为主要计量单位，运用专门的方法，核算和监督一个单位经济活动的一种经济管理工作。

单位是国家机关、社会团体、企业、事业单位和其他组织的统称。本教材主要以《企业会计准则》为依据，介绍企业经济业务的会计处理。

随着经济的发展，会计已经成为现代企业的一项很重要的管理工作。企业的会计工作主要是指通过一系列会计程序，对企业的经济活动和财务收支进行核算和监督，反映企业财务状况、经营成果和现金流量，反映企业管理层受托责任履行情况，为会计信息使用者提供决策有用的信息，并积极参与经营管理决策，提高企业经济效益，促进市场经济的健康有序发展。

（二）会计的基本特征

会计的基本特征主要表现为以下五个方面。

1. 会计是一种经济管理活动

现代会计由财务会计和管理会计组成。从管理会计的角度看，会计是对一个单位的经济活动进行确认、计量和报告，做出预测，参与决策，实行监督，旨在实现最佳经济效益的一种管理活动。从职能属性看，核算和监督本身是一种管理活动；从本质属性看，会计本身就是一种管理活动。

2. 会计是一个经济信息系统

从财务会计的角度看，会计侧重于对外提供信息。它将分散的经营活动转化为货币化的会计信息，提供有关业绩、问题及企业资金、劳动、所有权、收入、费用、利润、债权、债务等信息。可见，会计是以提供财务信息为主的经济信息系统，是企业经营的记分牌，是企业内部管理者和外部利益相关者进行相关经济决策的重要依据，因而会计又被称为“企业语言”。

3. 会计以货币作为主要计量单位

会计主体的经济活动是多种多样、错综复杂的。为了实现会计目的，必须综合地反映会计主体的各项经济活动，这就要求有一个统一的计量尺度。货币作为统一的价值尺度，便于统一衡量和综合比较，能够全面反映企业的生产经营情况。因此，会计需要以货币作为主要计量单位。经济活动中通常使用劳动计量单位、实物计量单位和货币计量单位。劳动计量、实物计量只能从不同的角度反映企业的生产经营情况，计量结果通常无法直接进行汇总、比较。

4. 会计具有核算和监督两项基本职能

会计的基本职能是对经济活动进行核算和监督。会计核算是指为经济管理收集、处理、存储和输送各种会计信息。会计监督是指通过调节、指导、控制等方式，对特定主体的经济活动的真实性、合理性和合法性进行考核与评价，并采取措施，施加一定的影响，以实现预期的目标。

5. 会计工作需要采用一系列专门的方法

会计方法是反映和监督会计对象，实现会计目标的手段，是从事会计工作所使用的各种技术方法，一般包括会计核算方法、会计分析方法和会计检查方法等。其中，会计核算方法是会计方法中最基本的方法。会计分析方法和会计检查方法主要是在会计核算方法的基础上，利用提供的会计资料进行分析和检查。这些方法相互依存、相辅相成，形成一个完整的体系。

三、会计的职能与目标

（一）会计的职能

会计的职能是指会计在经济管理过程中所具有的功能。会计的职能有多种，并随着经济的发展及会计内容和作用的不断扩大而发展变化。从会计的本质来讲，会计核算和会计监督是会计的两项基本职能；同时，还具有预测经济前景、参与经济决策、评价经营业绩等扩展职能。

1. 基本职能

（1）会计核算职能。

会计核算职能，又称会计反映职能，是指会计以货币为主要计量单位，对特定主体的经济活动进行确认、计量和报告。

会计确认是指依据一定的标准、辨认哪些数据能否输入、何时输入会计信息系统及如何进行报告的过程。会计确认解决的是定性问题，以判断发生的经济活动是否属于会计核算的内容、归属于哪类性质的业务、是作为资产还是负债或其他会计要素等。会计确认分为初始确认和后续确认。

会计计量是指在会计确认的基础上确定具体金额，会计计量解决的是定量问题。

会计报告是确认和计量的结果，即通过报告，将确认、计量的结果进行归纳和整理，以财务报告的形式提供给信息使用者。

会计核算的内容主要包括：① 款项和有价证券的收付；② 财物的收发、增减和使用；③ 债权、债务的发生和结算；④ 资本、基金的增减；⑤ 收入、支出、费用、成本的计算；⑥ 财务成果的计算和处理；⑦ 需要办理会计手续、进行会计核算的其他事项。

会计核算职能是会计最基本的职能。

（2）会计监督职能。

会计监督职能，又称会计控制职能，是指对特定主体经济活动和相关会计核算的真实性、合法性和合理性进行监督检查。

真实性审查是指检查各项会计核算是否根据实际发生的经济业务事项进行。

合法性审查是指保证各项经济业务符合国家的有关法律法规，遵守财经纪律，执行国家的各项方针政策，杜绝违法乱纪的行为。

合理性审查是指检查各项财务收支是否符合特定对象的财务收支计划，是否有利于预算目标的实现，是否有奢侈浪费行为，是否有违背内部控制制度要求等现象，为增收节支、提高经济效益严格把关。

会计监督要对单位经济活动的全过程进行监督，分为事前监督、事中监督和事后监督。

（3）会计核算职能与监督职能的关系。

会计核算与会计监督两项基本职能相辅相成、辩证统一。会计核算是会计监督的基础，没有会计核算所提供的各种信息，会计监督就失去了依据；而会计监督又是会计核算质量的保障，如果只有会计核算没有会计监督，就难以保证会计核算所提供信息的真实性和可靠性。从会计核算和会计监督在会计职能中的地位来看，两者都是基本职能，但会计核算是最基本的职能，处于主导地位，而会计监督则存在于会计核算的过程之中。

2. 拓展职能

随着生产力水平的日益提高，社会经济关系的日益复杂和管理理论的不断深化，会计所发挥的作用日益重要，其职能也在不断丰富和发展。除了基本职能外，会计还具有预测经济前景、参与经济决策、评价经营业绩等职能。

（1）预测经济前景。

会计预测是根据已有的会计信息和相关资料，对生产经营过程及其发展趋势进行定量或者定性的判断、预计和估测，找到财务方面的预定目标，作为下一个会计期间实行经济活动的指标。

（2）参与经济决策。

会计决策是指会计按照提供的预测信息和既定目标，在多个备选方案中，帮助主管人员选择最佳方案的过程，为企业生产经营管理提供与决策有关的信息。

（3）评价经营业绩。

会计评价是以会计核算资料为基础，结合其他相关资料，运用专门的方法，对经济活动的过程和结果进行分析，做出公正、真实、客观的综合评判。

（二）会计的目标

会计目标也称会计目的，是要求会计工作完成的任务或达到的标准，即向财务会计报告使用者提供与企业财务状况、经营成果和现金流量等有关的会计信息，反映企业管理层受托责任履行情况，有助于财务会计报告使用者做出经济决策。

会计目标主要包括以下两个方面的内容。

1. 会计信息充分反映企业管理层受托责任的履行情况

现代企业的所有权和经营权相分离，企业管理层受委托人之托经营和管理企业。企业的财务状况、经营成果和现金流量等方面的信息是由会计提供的，因此，会计目标要求会计信息应能充分反映企业管理层受托责任的履行情况，帮助委托者评价企业经营管理和资源使用的有效性。

2. 向信息使用者提供决策有用的会计信息

向信息使用者提供有利于其决策的会计信息，强调会计信息的相关性和有用性。信息使用者在进行决策时需要大量可靠且相关的会计信息，因此就要求会计人员在工作中应以提供对服务决策有用的会计信息作为目标。如果会计信息不能为信息使用者的决策提供帮助，则该会计信息将失去价值。

四、会计信息使用者与质量要求

（一）会计信息的使用者

会计信息使用者包括企业管理者、投资者和潜在投资者、债权人、政府及其相关部门和社会公众等。

1. 企业内部的会计信息使用者

企业管理者是企业内部主要的会计信息使用者。股份有限公司是现代企业模式，所有权和经营权的分离是现代股份公司最普遍的运作形式，作为企业经营者的管理当局，必须在激烈的市场竞争中，履行受托经济责任，实现企业的生存、发展和获利的目标。因此，管理当局需要利用会计信息为企业制定经营目标，评价为实现目标而付出的行为是否合理，并在必要时采取改进措施；分析企业的财务状况，包括企业的偿债能力、营运能力和获利能力等。

2. 企业外部的会计信息使用者

（1）投资者和潜在投资者。

投资者和潜在投资者进行投资决策的最终目的是增加财富，使财富最大化，而财富的大小最终是由其投资企业的价值大小决定的，在经营权与所有权相分离的情况下，投资者和潜在投资者需要通过会计信息了解企业的经营活动状况，评估投资报酬，判断投资风险并做出决策。

（2）债权人。

企业债权人包括银行、非银行金融机构（信托投资公司等）、债券购买者及其他提供贷款的单位或个人。债权人把资金贷给公司，其目标是到期收回本金，并获得约定的利息收入，所以债权人主要关心的是企业的偿债能力，包括短期偿债能力和长期偿债能力，而并非企业的盈利能力。

（3）政府及其相关部门。

政府对几乎所有的企业实行程度不等的管理权，所以政府要通过企业的会计信息，了解企业所承担的义务情况，获取对宏观经济管理、制定宏观经济政策等有用的信息。

（4）社会公众。

社会公众也关心企业的生产经营活动，包括对所在地区经济做出的贡献，如增加就业、刺激消费、提供社区服务等。因此，在会计信息中提供有关企业发展前景及其能力、经营效益及其效率等方面的信息，可以满足社会公众的信息需要。

（二）会计信息的质量要求

会计信息质量要求是对企业财务会计报告中所提供高质量会计信息的基本规范，是使财务会计报告中所提供会计信息对信息使用者决策有用所应具备的基本特征，主要包括可靠性、相关性、可理解性、可比性、实质重于形式、重要性、谨慎性和及时性等。

1. 可靠性

可靠性要求企业应当以实际发生的交易或者事项为依据进行会计确认、计量和报告，如实反映符合确认和计量要求的各项会计要素及其他相关信息，保证会计信息真实可靠、内容完整。

企业的会计信息要满足会计信息使用者的决策需要，就必须内容真实、数字准确、资料可靠。如果企业的会计核算不是以实际发生的交易或事项为依据，没有如实反映企业的财务状况、经营成果和现金流量，企业的会计信息就是不可靠的，就会误导会计信息使用者，会计工作也就失去了存在的意义。

2. 相关性

相关性要求企业提供的会计信息应当与财务会计报告使用者的经济决策需要相关，有助于财务会计报告使用者对企业过去和现在的情况做出评价，对未来的情况做出预测。

会计信息是否有用、是否有价值，在于其是否与会计信息使用者的决策需要相关联，是否有助于决策或者提高决策水平。一般认为，具备相关性的会计信息应当在保证及时性的前提下，具备反馈价值和预测价值，即能够有助于信息使用者评价企业过去的决策，证实或者修正过去的有关预测，并根据会计信息预测企业未来的财务状况、经营成果和现金流量。通常，我国企业的会计信息必须满足三方面的需要：一是符合国家宏观经济管理的要求；二是满足有关各方面了解企业财务状况和经营成果的需要；三是满足企业内部加强经营管理的需要。

3. 可理解性

可理解性要求企业的会计信息应当清晰明了，便于财务会计报告使用者理解和使用。该项要求的前提是信息使用者必须具备一定与企业经营活动相关的会计知识，并愿意付出努力去研究这些信息。

4. 可比性

可比性要求企业提供的会计信息应当相互可比。具体包括下列两层含义：

（1）同一企业不同时期可比。

同一企业不同时期发生的相同或者相似的交易或者事项，应当采用一致的会计政策，不得随意变更。确需变更的，应当在附注中说明。

（2）不同企业相同会计期间可比。

不同企业同一会计期间发生的相同或者相似的交易或者事项，应当采用规定的会计政策，确保会计信息口径一致、相互可比。

5. 实质重于形式

实质重于形式要求企业应当按照交易或事项的经济实质进行会计确认、计量和报告，不应仅以交易或者事项的法律形式为依据。

在具体会计实务中，交易或事项的经济实质往往存在着与其法律形式明显不一致的情形，如果会计核算仅仅按照交易或事项的法律形式进行，而其法律形式又没有反映其经济实质，那么，其最终结果将会误导会计信息使用者。所以，这就要求会计信息不能仅仅根据它们的法律形式进行反映。

6. 重要性

重要性要求企业提供的会计信息应当反映与企业财务状况、经营成果和现金流量有关的所有重要交易或者事项。

在评价某些项目的重要性时，在很大程度上取决于会计人员的职业判断，应从质和量两个方面进行分析。一般认为，在实务中如果省略或者错报会影响财务会计报告使用者决策的信息具有重要性。对于重要会计事项，必须按照规定的会计方法和程序进行处理，并在财务会计报告中予以充分、准确的披露；对于次要会计事项，在不影响会计信息真实性和不至于误导财务会计报告使用者的前提下，可适当简化处理。

7. 谨慎性

谨慎性原则的应用并不意味着企业可以任意设置各种秘密准备，否则，就属于滥用谨慎性原则，视同重大会计差错。

谨慎性要求企业对交易或者事项进行会计确认、计量和报告时应当保持应有的谨慎，不应高估资产或者收益、低估负债或者费用。在市场经济条件下，企业面对的是有风险的市场，其经营活动都存在着大量的不确定因素，为了避免风险和不确定性的发生给企业正常生产经营带来的严重影响，在会计核算工作中应坚持谨慎性，充分估计各种风险，合理预计可能发生的各项费用和损失，并予以入账。

8. 及时性

及时性要求企业对于已经发生的交易或者事项，应当及时进行确认、计量和报告，不得提前或者延后。

会计信息的价值在于帮助会计信息使用者做出经济决策，即便是可靠、相关的会计信息，如果提供得不及时，对于信息使用者的作用就会大大降低，甚至产生误导，因而会计信息必须注重时效性。

在会计核算过程中应贯彻及时性。

（1）及时收集会计信息，在经济业务发生后，及时收集整理各种原始单据。

（2）及时处理会计信息，按照会计制度统一规定的时限，及时编制出财务会计报告。

（3）及时传递会计信息，在统一规定的时限内，及时将编制的财务会计报告传递给财务会计报告使用者。

知识链接

会计准则

会计准则是反映经济活动、确认产权关系、规范收益分配的会计技术标准，是生成和提供会计信息的重要依据，也是政府调控经济活动、规范经济秩序和开展国际经济交往等的重要手段。

我国已颁布的会计准则有《企业会计准则》《小企业会计准则》《事业单位会计准则》和《政府会计准则——基本准则》。

《企业会计准则》：财政部于2006年2月15日发布，自2007年1月1日起在上市公司范围内施行，并鼓励其他企业执行。

《小企业会计准则》：财政部于2011年10月18日发布，要求符合适用条件的小企业自2013年1月1日起执行，并鼓励提前执行。

《事业单位会计准则》：财政部于2012年12月6日发布，自2013年1月1日起在各级各类事业单位施行。

《政府会计准则——基本准则》：财政部于2015年10月23日发布，自2017年1月1日起在各级政府部门、各部门、各单位实施。

知识拓展

"会计"名字的由来

会计的名词究竟始于何时，据查阅有关史书，有三个出处。

（1）始于春秋时代的孔子。孔子曾做过"委吏"。《孟子·万章下》载："孔子肓为委吏矣，曰：'会计当而已矣。'"这句话的意思是：孔子曾经当过管钱粮的小官，他说："会计嘛，谋求适当罢了！"所谓适当，意义有三：一是会计人选要适当；二是收支要适当；三是核算要适当。孔子提出的会计原则，相当于现代的会计原则中的"政策性原则"和"真实性原则"。孔子也是第一个讲会计原则的。

（2）始于战国时代的孟子。从会计二字的繁体字来看，"会"字上面"人"读音"集"，是集合的意思；下边是"曾"，同"增"，是增益的意思；合起来讲，"会"便是"增加""汇总"的意思。所以《孟子·正义》中说："总会算之为会（音 kuai）。""计"字左边是"言"，指直言，是如实反映的意思；右边是"十"，是数字的意思；合起来讲，"计"便是通过数字来反映实际情况。所以《孟子·正义》文中说："零星算之为计。"这说明会计作为名词，在战国时代已经有了。

（3）司马迁在《史记·夏本纪》中的一段结束语，即对大禹的评价："自虞夏时，贡赋备矣。或言禹会诸侯江南，计功而崩，因葬焉，命曰会稽，会稽者，会计也。"南北朝时的宋裴骃在对《史记》所做的《集解》中，对这段话做了这样的注解："根据《越传》，禹到越地，上了苗山，会集诸侯，大会计，对有德的晋爵，有功的分封，因而把庙山更名为会稽山。"历代的《地理志》都对会稽山做了基本雷同的说明。即使是现代出版的《辞海》，关于"会稽山"的条目也是这样表述的："会稽山，在浙江省中部绍兴、嵊县、诸暨、东阳间。相传夏禹至苗山，大会诸侯，计功封爵，始名会稽，即会计之意。"

想一想

（1）如何理解会计作为一门科学只有几百年的历史？

会计从产生以来已经有几千年的历史了，但真正成为一门科学只有几百年的历史。为什么？

（2）如何理解经济越发展会计越重要？

马克思说："经济越发展，会计越重要。"你是如何理解的？

任务二　懂得会计假定和选择会计基础

【任务描述】

本任务主要介绍会计假定和会计基础，通过学习，明确会计这门科学是建立在四个假定基础上的，了解会计基础有权责发生制和收付实现制，并掌握其适用性。

【任务分析】

本任务要求学生懂得会计是一门经济管理科学，任何一门管理科学体系的建立，都离不开"假定"，会计同样如此。此外，经济业务发生后，什么时候对收入和费用进行记录核算，即选择怎么样的会计基础，十分重要。使用不同的会计基础，会计核算就会产生不同的结果。

【知识准备与应用】

一、懂得会计假定

会计假定是指为保证会计工作的正常进行和会计信息的质量，对会计核算的范围、内容、基本程序和方法所做的基本假定。会计假定包括会计主体假定、持续经营假定、会计分期假定和货币计量假定。

会计工作所处的经济环境十分复杂。受很多不确定因素的影响，而会计基本假定是企业会计确认、计量和报告的前提，是对会计核算所处时间空间环境等所做的合理假定。会计假设虽然有人为假定的一面，但是并不因此影响其客观性。事实上，作为进行会计活动的必要前提条件，会计假定是会计人员在长期的会计实践中逐步认识、总结而形成的，绝不是毫无根据的猜想或简单武断的规定。离开了会计假定，会计活动就失去了确认、计量、记录、报告的基础，会计工作就会陷入混乱，甚至难以进行。

（一）会计主体

会计主体是指会计工作服务的特定单位，是企业会计确认、计量和报告的空间范围。为了向财务报告使用者反映企业财务状况、经营成果和现金流量，提供与其决策有用的信息。会计核算和财务报告的编制应当集中于反映特定对象的活动，并将其与其他经济实体区别开来，才能实现财务报告的目标。

在会计主体假定下，企业应当对其本身发生的交易或者事项进行会计确认、计量和报告，反映企业本身所从事的各项生产经营活动。明确界定会计主体是开展会计确认、计量和报告工作的重要前提。

首先，明确会计主体，才能划定会计所要处理的各项交易或事项的范围。在会计工作中，只有那些影响企业本身经济利益的各项交易或事项才能加以确认、计量和报告，那些不影响企业本身经济利益的各项交易或事项则不能加以确认、计量和报告。会计工作中通常所讲的资产、负债的确认，收入的实现，费用的发生等，都是针对特定会计主体而言的。

其次，明确会计主体，才能将会计主体的交易或者事项与会计主体所有者的交易或者事项以及其他会计主体的交易或者事项区分开来。例如，企业所有者的经济交易或者事项是属于企业所有者主体所发生的，不应纳入企业会计核算的范围，但是企业所有者投入企业的资本或者企业向所有者分配的利润，则属于企业主体所发生的交易或者事项，应当纳入企业会计核算的范围。

会计主体不同于法律主体。一般来说，法律主体必然是一个会计主体。例如，一个企业作为一个法律主体，应当建立财务会计系统，独立反映其财务状况、经营成果和现金流量。但是，会计主体不一定是法律主体。例如，在企业集团的情况下，一个母公司拥有若干子公司，母子公司虽然是不同的法律主体，但是母公司对于子公司拥有控制权，为了全面反映企业集团的财务状况、经营成果和现金流量，就有必要将企业集团作为一个会计主体编制合并财务报表。再如，由企业管理的证券投资基金、企业年金基金等，尽管不属于法律主体，但属于会计主体，应当对每项基金进行会计确认、计量和报告。

【同步案例 1-1】 某母公司拥有 10 家子公司，母子公司均属于不同的法律主体，但母公司对子公司拥有控制权，为了全面反映由母子公司组成的企业集团整体的财务状况、经营成果和现金流量，需要将企业集团作为一个会计主体，编制合并财务报表。

【同步案例 1-2】 某基金管理公司管理了 10 只证券投资基金。对于该公司来讲，一方面公司本身既是法律主体，又是会计主体，需要以公司为主体核算公司的各项经济活动，以反映整个公司的财务状况、经营成果和现金流量；另一方面每只基金尽管不属于法律主体，但需要单独核算，并向基金持有人定期披露基金财务状况和经营成果等，因此，每只基金也属于会计主体。

（二）持续经营

持续经营，是指会计主体的生产经营活动将无期限持续下去，在可以预见的将来不会倒闭进行结算。在持续经营前提下，会计确认、计量和报告应当以企业持续、正常的生产经营活动为前提。

企业是否持续经营，在会计原则、会计方法的选择上有很大差别。一般情况下，应当假定企业将会按照当前的规模和状态继续经营下去。明确这个基本假设，就意味着会计主体将按照既定用途使用资产，按照既定的合约条件清偿债务，会计人员就可以在此基础上选择会计原则和会计方法。如果判断企业会持续经营，就可以假定企业的固定资产会在持续经营的生产经营过程中长期发挥作用，并服务于生产经营过程，固定资产就可以根据历史成本进行记录，并采用折旧的方法，将历史成本分摊到各个会计期间或相关产品的成本中。如果判断企业不会持续经营，固定资产就不应采用历史成本进行记录并按期计提折旧。

【同步案例 1-3】 某企业购入一条生产线，预计使用寿命为10年，考虑到企业将会持续经营下去，因此可以假定企业的固定资产会在持续经营的生产经营过程中长期发挥作用，并服务于生产经营过程，即不断地为企业生产产品，直至生产线使用寿命结束。为此固定资产就应当根据历史成本进行记录，并采用折旧的方法，将历史成本分摊到预计使用寿命期间所生产的相关产品成本中。

如果一个企业在不能持续经营时还假定企业能够持续经营，并仍按持续经营基本假设选择会计确认、计量和报告原则与方法，就不能客观地反映企业的财务状况、经营成果和现金流量，会误导会计信息使用者的经济决策。

（三）会计分期

会计分期，是指将一个企业持续经营的生产经营活动划分为一个个连续的、长短相同的期间。会计分期的目的，在于通过会计期间的划分，将持续经营的生产经营活动划分成连续的、相等的期间，据以结算盈亏，按期报送财务报告，从而及时向财务报告使用者提供有关企业财务状况、经营成果和现金流量的信息。

在会计分期假设下，企业应当划分会计期间、分期结算账目和编制财务报告。会计期间通常分为年度和中期。中期，是指短于一个完整的会计年度的报告期间。

根据持续经营假设，一个企业将按当前的规模和状态持续经营下去。但是，无论是企业的生产经营决策还是投资者、债权人等的决策都需要及时的信息，都需要将企业持续的生产经营活动划分为一个个连续的、长短相同的期间，分期确认、计量和报告企业的财务状况、经营成果和现金流量。明确会计分期假设意义重大。由于会计分期，才产生了当期与以前期间、以后期间的差别，才使不同类型的会计主体有了记账的基准，进而出现了折旧、摊销等会计处理方法。

（四）货币计量

货币计量，是指会计主体在财务会计确认、计量和报告时以货币计量反映会计主体的生产经营活动。

货币计量是指企业在会计核算中要以货币为统一的主要的计量单位，记录和反映企业生产经营过程和经营成果。会计主体的经济活动是多种多样、错综复杂的。为了实现会计目的，必须综合反映会计主体的各项经济活动，这就要求有一个统一的计量尺度。在会计的确认、计量和报告过程中之所以选择货币为基础进行计量，是由货币本身的属性决定的。货币是商品的一般等价物，是衡量一般商品价值的共同尺度，具有价值尺度、流通手段、贮藏手段和支付手段等特点。其他计量单位，如重量、长度、容积、台、件等，只能从一个侧面反映企业的生产经营情况。无法在总量上进行汇总和比较，不便于会计计量和经营管理。只有选择货币尺度进行计量才能充分反映企业的生产经营情况，所以，基本准则规定会计确认、计量和报告选择货币作为计量单位。会计在选择货币作为统一的计量尺度的同时，要以实物量度和时间量度等作为辅助的计量尺度。

1. 货币计量的两层含义

一是会计核算要以货币作为主要的计量尺度。会计法规定会计核算以人民币为记账本位币，业务收支以人民币以外的货币为主的单位，可以选定其中一种作为记账本位币，但是编报的财务会计报表应当折算为人民币。在以货币作为主要计量单位的同时，有必要也应当以实物量度和劳动量度作为补充。

二是假定币值稳定。因为只有在币值稳定或相对稳定的情况下，不同时点上的资产的价值才有可比性，不同期间的收入和费用才能进行比较，并计算确定其经营成果，会计核算提供的会计信息才能真实反映会计主体的经济活动情况。

2. 货币计量的优缺点

企业利用通用的货币计量单位进行全部的计量活动，计量结果可以相加、相减、相乘、相除，从而得到会计报告，并能够对其做出进一步的分所。然而，很多影响企业的活动很难或无法用货币来计量。企业成员或雇员的知识和技能都有很高的价值，但是无法用货币对其准确计量。客户的忠诚能保证企业的未来收益，但是在过去的报表中只反映了过去已实现的收益。虽然会计中使用了货币计量概念，但是经理人也不能期望从会计报告中获得企业各种要素的全景图。一方面在货币计量的背后隐含着币值不变的假设。另一方面会计业务中常常将不同时点的货币金额进行汇总比较，这是以币值不变为前提的，这在实际生活中会受到持续通货膨胀的冲击，为解决这一问题，现在已诞生了通货膨胀会计。

二、选择会计基础

会计基础是指企业会计的确认、计量和报告的基础，包括权责发生制和收付实现制。《企业会计准则——基本准则》第九条规定："企业应当以权责发生制为基础进行会计确认、计量和报告。"

（一）权责发生制

权责发生制是以权利和责任的发生来决定收入和费用归属期的一项原则。它指凡是在本期内已经收到和已经发生或应当负担的一切费用，不论其款项是否收到或付出，都作为本期的收入和费用处理；反之，凡不属于本期的收入和费用，即使款项在本期收到或付出，也不应作为本期的收入和费用处理。

1. 权责发生制的优点

权责发生制是依据持续经营和会计分期两个基本前提来正确划分不同会计期间资产、负债、收入、费用等会计要素的归属，并运用一些诸如应收、应付、预提、待摊等项目来记录由此形成的资产和负债等会计要素。企业经营不是一次而是多次，而其损益的记录又要分期进行，每期的损益计算理应反映所有属于本期的真实经营业绩，收付实现制显然不能完全做到这一点。因此，权责发生制能更加准确地反映特定会计期间实际的财务状况和经营业绩。

2. 权责发生制的缺点及适用范围

权责发生制在反映企业的经营业绩时有其合理性，几乎完全取代了收付实现制。但在反映企业的财务状况时却有其局限性：一个在损益表上看来经营很好、效率很高的企业，在资产负债表上却可能因为没有相应的变现资金而陷入财务困境。这是由于权责发生制把应计的收入和费用都反映在损益表上，而其在资产负债表上则部分反映为现金收支，部分反映为债权债务。为改善这种情况，应编制以收付实现制为基础的现金流量表或财务状况变动表，弥补权责发生制的不足。按企业会计准则要求，企业选择使用权责发生制。

（二）收付实现制

收付实现制是一种与权责发生制相对应的关于收入和费用这两个会计要素的计量基础。收付实现制亦称实收实付制，是指在会计核算中，以实际收到或支付款项为确认本期收入和本期费用的标准。

1. 收付实现制的实质

根据收付实现制原则处理会计业务时应做到以下两点：其一，凡本期内实际收到的收入和支付的费用，无论其是否应归属本期，均应作为本期的收入和费用处理；其二，凡本期未曾收到的收入和未曾支付的费用，即使应归属本期，亦不应作为本期的收入和费用予以处理。

因此，采用收付实现制，会计处理手续比较简便，会计核算可以不考虑应计收入、应计费用、预收收入、预付费用的存在。

2. 收付实现制的缺点及适用范围

收付实现制不能正确地计算和确定企业的当期损益，缺乏合理的收支配比关系。因此，它只适用于业务比较简单和应计收入、应计费用、预收收入、预付费用很少发生的企业以及机关、事业、团体等单位。

【同步案例 1-4】 权责发生制和收付实现制在处理收入和费用时的原则是不同的，所以同一会计事项按不同的会计处理基础进行处理，其结果可能是相同的，也可能是不同的。例如，本期销售产品一批，价值 5 000 元，货款已收存银行，这项经济业务不管采用应计基础还是现金收付基础，5 000 元货款均应作为本期收入，因为一方面它是本期获得的收入，应当作本期收入，另一方面现款也已收到，亦应列作本期收入，这时就表现为两者的一致性。但在其他的情况下两者则是不一致的，例如，本期收到上月销售产品的货款存入银行，在这种情况下，如果采用现金收付基础，这笔货款应当作为本期的收入。因为现款是本期收到的，如果采用应计基础，则此项收入不能作为本期收入，因为它不是本期获得的。

知识链接

权责发生制与收付实现制的主要区别

（1）概念不同：权责发生制是相对于收付实现制而言的。权责发生制是按照收益、费用是否归属本期为标准来确定本期收益、费用的一种方法。收付实现制是按照收益、费用是否在本期实际收到或付出为标准确定本期收益、费用的一种方法。

（2）弊端不同：权责发生制的优点是科学、合理，盈亏的计算比较准确，缺点是比较复杂；收付实现制的优点是处理手续简便，缺点是不科学，对盈亏计算不准确。

（3）使用范围不同：根据我国《企业会计准则》规定，我国企业都采用权责发生制，但我国的行政单位仍然普遍采用收付实现制。

随着行政事业单位会计制度的改革和完善，收付实现制必然将会被权责发生制所取代。

知识拓展

会计主体假定面临的挑战

会计主体假定是为了明确核算的空间范围，明确经济权利和责任的归属主体。现行的企业会计主体是在资本主义经济发展过程中确立的。当时，大机器工业生产代替了作坊式的手工生产，导致了区别于家庭所有制的独立企业的诞生，会计系统也随之建立。可是在网络经济时代，公司会计主体的外延不断变化，结构和功能都极不稳定，单一部门可能也会形成一个报告主体。尤其是自由组合经营主体很可能会按照其交易事项的要求，不断重组新的主体进行经济活动，这就使会计主体的认定产生困难。企业在网络空间的迅速分合导致了会计主体多元化和不确定性的存在，原来适用的会计规则出现了问题。没有清晰的会计主体假定将使人们无法理解会计报表的意义。因此，准确把握"会计主体"概念，适时扩展主体内容成为一个必须面对的课题。

想一想

某企业本月发生以下经济业务：

（1）支付上月电费 5 000 元；

（2）收回上月的应收账款 10 000 元；

（3）收到本月的营业收入款 8 000 元；

（4）支付本月应负担的办公费 900 元；

（5）支付下季度保险费 1 800 元；

（6）应收营业收入 25 000 元，款项尚未收到；

（7）预收客户货款 5 000 元；

（8）负担上季度已经预付的保险费 600 元。

请计算：

（1）权责发生制下，该企业本月的收入和费用是多少？

（2）收付实现制下，该企业本月的收入和引用是多少？

任务三　划分会计要素和建立会计等式

【任务描述】

本任务主要介绍会计对象、会计要素和会计等式。通过学习，使学生掌握会计对象、会计要素和会计等式的概念、内容及三者关系，以及运用会计等式分析经济业务。

【任务分析】

本任务从分析会计对象入手，将企业的资金运动分解为六大会计要素，六大会计要素之间存在内在的联系，形成会计等式。企业资金运动和经济业务变化不会破坏会计等式。

【知识准备与应用】

一、认识会计对象

（一）会计对象

会计对象就是会计核算和监督的内容。具体是指社会再生产过程中能以货币表现的经济活动，即资金运动或价值运动。企业的资金运动表现为资金的投入、资金的运用和资金的退出三个过程。并不是所有的经济活动都可以作为会计对象，只有可以用货币表现的经济活动才可以作为会计的对象。

（二）资金运动

资金运动就是以货币表现的经济活动，通常又称为价值运动。

1. 资金运动表现过程

任何企业的资金运动表现为三个过程，如图 1-1 所示。

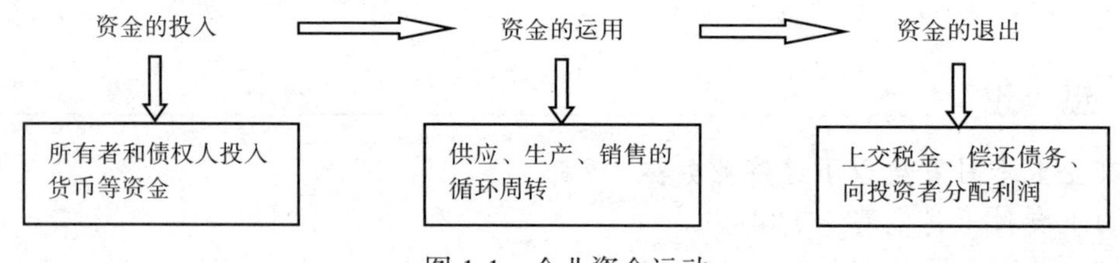

图 1-1 企业资金运动

2. 资金运动表现形式

会计主体不同，会计对象也就不同，表现出的资金运动的具体形式也是不一样的。

（1）制造企业。

制造企业进行生产经营活动，首先要用货币资金去购买生产设备和材料物资为生产过程做准备，然后将其投入企业生产过程中生产出产品，最后还要将所生产出来的产品对外出售，并收回因出售产品而取得的货币资金。这样，制造企业的资金就陆续经过供应过程、生产过程和销售过程，其形态也随之而发生变化。用货币购买生产设备、材料物资的时候，货币资金转化为固定资金、储备资金；车间生产产品领用材料物资时，储备资金又转化为生产资金；将车间加工完毕的产品验收入成品库后，此时，生产资金又转化为货币资金；将产成品出售又收回货币资金时，成品资金又转化为货币资金。我们把资金从货币形态开始，依次经过储备资金、生产资金、成品资金，最后又回到货币资金这一运动过程叫做资金循环，周而复始的资金循环叫作资金周转。实际上，企业的生产经营过程是周而复始、不间断、循环地进行的，即企业不断地投入原材料、不断地加工产品、不断地销售产品，其资金也是不断循环周转的。

上述资金循环和周转过程，也可以划分为三个具体阶段，即供应阶段、生产阶段和销售阶段。工业企业的资金在供、产、销三个阶段不断地循环周转，这些资金在空间序列上同时并存，在时间序列上依次继起。企业资金在供应、生产和销售三个阶段上的循环和周转，支撑着工业企业的正常运营。

（2）商品流通企业。

与制造业相比，商品流通企业的经营活动缺少产品生产环节。商品流通企业的经营过程主要分为商品购进和商品销售两个环节。在前一个环节中，主要是采购商品，此时货币资金转换为商品资金；在后一个环节中，主要是销售商品，此时资金又由商品资金转换为货币资金。在商业企业经营过程中，也要消耗一定的人力、物力和财力，它们表现为商品流通费用。在销售过程中，也会获得销售收入和实现经营成果。因此，商品流通的资金是沿着“货币资金→商品资金→货币资金”方式运动的。

（3）行政事业单位。

行政、事业单位为完成国家赋予的任务，同样需要一定数额的资金，但其资金主要来源是国家财政拨款。行政、事业单位在正常业务活动过程中，所消耗的人力、物力和财力的货币表现，即行政费用和业务费用。一般来说，行政事业单位没有或只有很少一部分业务收入，因为费用开支主要依靠国家财政预算拨款。因此，行政事业单位的经济活动一方面按预算从国家财政取得拨入资金；另一方面又按预算以货币资金支付各项费用。其资金运动的形式是：资金拨入→资金付出。由此可见，行政事业单位会计对象的内容就是预算资金及其收支。

综上所述，不论是工业企业、商业流通企业，还是行政、事业单位都是社会再生产过程中的基层单位，会计反映和监督的对象都是资金及其运动过程，正因为如此，我们可以把会计对象概括为社会再生产过程中的资金运动。

3. 会计核算和监督的内容

第一层次（最高概括）——会计对象（资金运动）
第二层次　　　　　　——会计要素
第三层次　　　　　　——会计科目

二、划分会计要素

（一）会计要素的含义

会计要素是指根据交易或者事项的经济特征对财务会计对象所作的基本分类。会计要素是会计对象按经济特征所作的最基本分类，也是会计核算对象的具体化。

（二）会计要素的分类

会计要素是会计对象的构成要素，即从会计的角度对经济业务进行具体化分类。我国现行《企业会计准则》把企业会计要素分为六类，即资产、负债、所有者权益、收入、费用和利润。这六类会计要素也就是会计所要反映和监督的内容。其中，资产、负债和所有者权益三项要素是资产负债表的构成要素，是资金运动的静态表现；而收入、费用和利润三项要素是利润表的构成要素，是资金运动的动态表现。

（三）会计要素的确认

1. 资产

资产，是指企业因过去的交易或者事项形成的、由企业拥有或者控制的、预期会给企业带来经济利益的资源，包括各种财产、债权和其他权利。以企业固定资产中的厂房为例，它具有如下特点：是由过去的投资或其他事项形成的；企业对其拥有房屋所有权和土地使用权，有权对厂房进行处置或使用；通过账簿记录或资产评估可以确定其价值；该厂房能够为企业的生产经营带来经济效益。

在会计核算时，为更好地反映企业的财务状况、准确评价资产的流动性，通常把资产分为流动资产和非流动资产两类。

（1）流动资产。

流动资产，是指能在一年（含一年）或者不超过一年的一个正常营业周期内变现或耗用的资产，包括库存现金、银行存款、交易性金融资产、应收及预付款等。

（2）非流动资产。

非流动资产，是指超过一年或超过一个营业周期才可以变现或耗用的资产，通常包括长期股权投资、固定资产、无形资产、递延所得税资产和其他非流动资产。

企业资产的概况如图 1-2 所示。

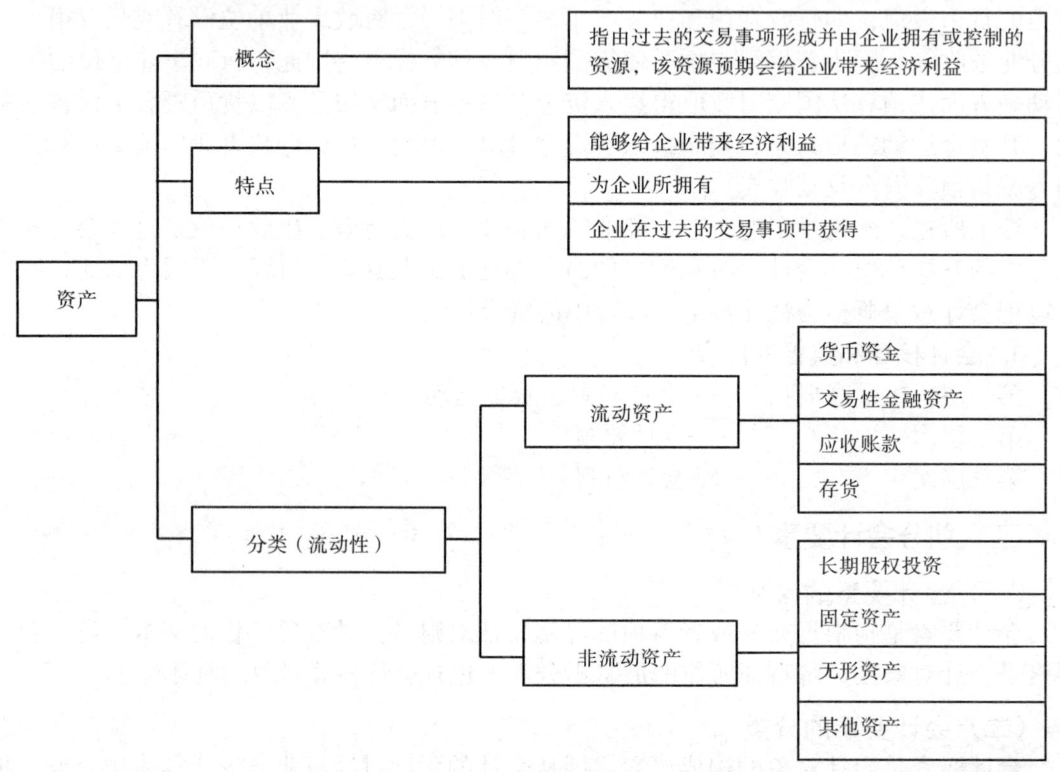

图 1-2　企业资产概况

2. 负债

负债，是指企业因过去的交易或者事项形成的、预期会导致经济利益流出企业的现时义务。

在会计核算中，以下情况不能确认为负债。

（1）企业预期在将来要发生的交易或事项可能产生的债务，不能作为会计上的负债处理。如企业与供货单位签订供货合同时，此企业不能将其作为一项负债。

（2）企业能够回避的义务，不能作为会计上的负债处理。如企业承担的一般保证责任。

（3）负债金额不能用货币确切计量。

负债按照流动性可分为流动负债和非流动负债。

流动负债，是指将在一年（含一年）或者不超过一年的一个正常营业周期内偿还的债务，包括短期借款、应付票据、应付账款、应付股利、应交税费、应付利息、预收款项等。

非流动负债，是指偿还期在一年或者超过一年的一个营业周期以上的债务，包括长期借款、应付债券等。

企业负债的概况如图 1-3 所示。

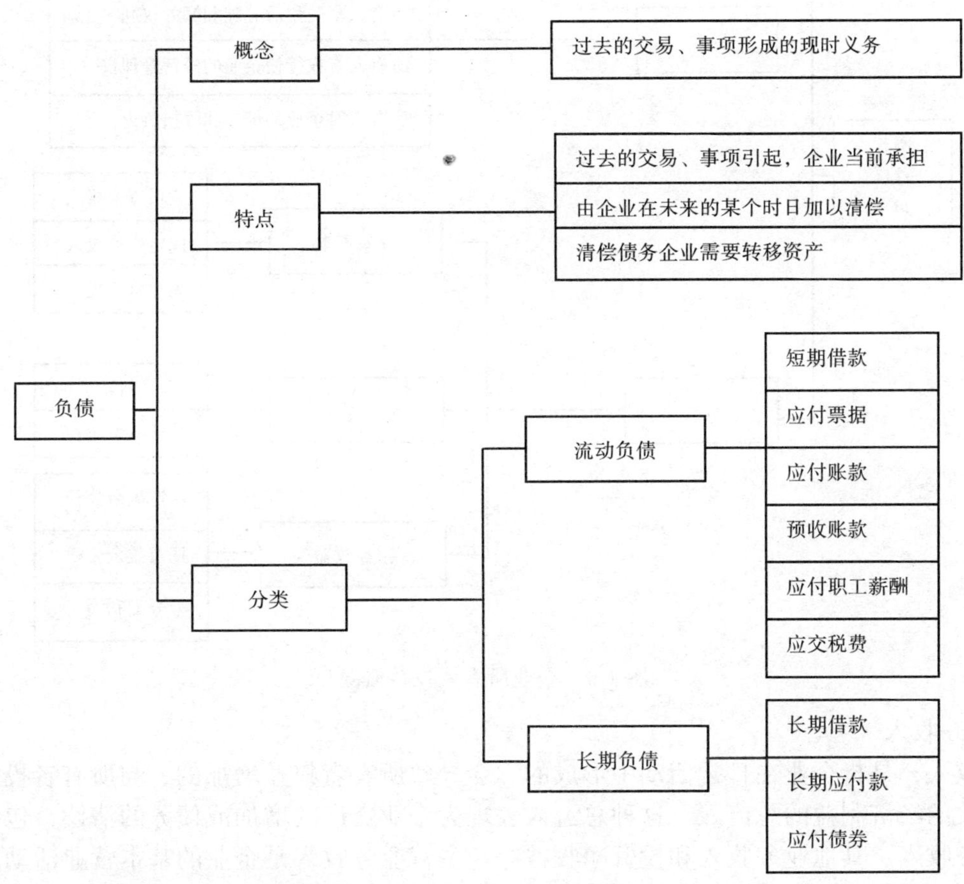

图 1-3 企业负债概况

3. 所有者权益

所有者权益，是指企业资产扣除负债后由所有者享有的剩余权益。公司的所有者权益又称为股东权益。所有者权益表明企业的产权关系，即企业归谁所有。按照所有者权益的稳定程度，可分为：

（1）实收资本。它是企业收到的投资者投入企业的资本金。

（2）资本公积。它是指企业实收资本以外的那部分积累，包括接受捐赠、股票发行溢价、拨款转入等。

（3）盈余公积。它是指企业按照国家法律规定从税后利润中提取的各种公积金，包括法定盈余公积金和任意盈余公积金。

（4）未分配利润。它是指截至年度末累计未分配的利润，包括企业以前年度累计的尚未分配的利润以及本年度实现的未分配利润。

企业所有者权益的概况如图 1-4 所示。

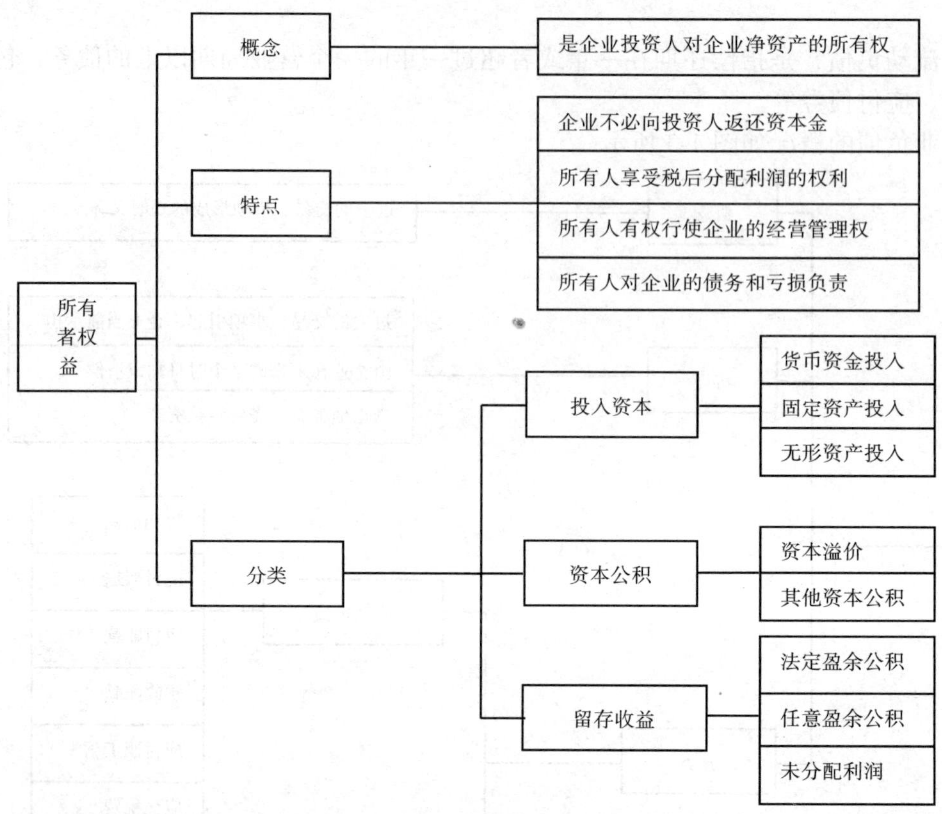

图 1-4　企业所有者权益概况

4. 收入

收入，是指企业在日常活动中形成的、会导致所有者权益增加的、与所有者投入资本无关的经济利益的总流入。这种总流入表现为企业资产的增加或债务的清偿，包括主营业务收入、其他业务收入和投资净收益等。主营业务收入是企业的基本营业活动所取得的收入，如制造企业的产品销售收入、流通企业的商品销售收入、施工企业的建筑安装收入等。其他业务收入是指企业非经常性的、兼营的业务所产生的收入。

企业收入的概况如图 1-5 所示。

5. 费用

费用，是指企业在日常活动中发生的、会导致所有者权益减少的、与所有者分配利润无关的经济利益的总流出。企业要进行生产经营活动并取得收入，必须相应地发生一定的费用，如制造业在生产过程中要耗费原材料、燃料和动力，要发生机器设备的折旧费用和修理费用，要支付职工的工资和其他各项生产费用。费用中能予以对象化、确定具体费用对象的，即制造成本，如制造一件产品的直接材料费；费用中不能予以对象化的，就是期间费用，如企业管理人员的工资等。

企业费用的概况如图 1-6 所示。

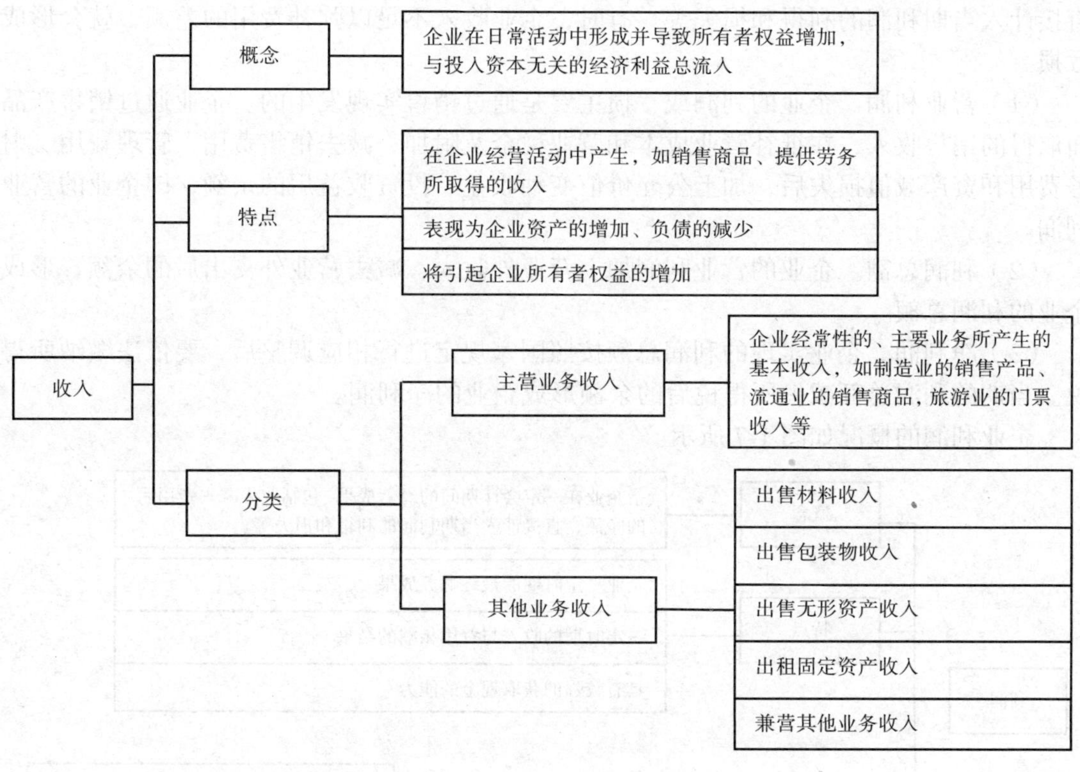

图 1-5 企业收入概况

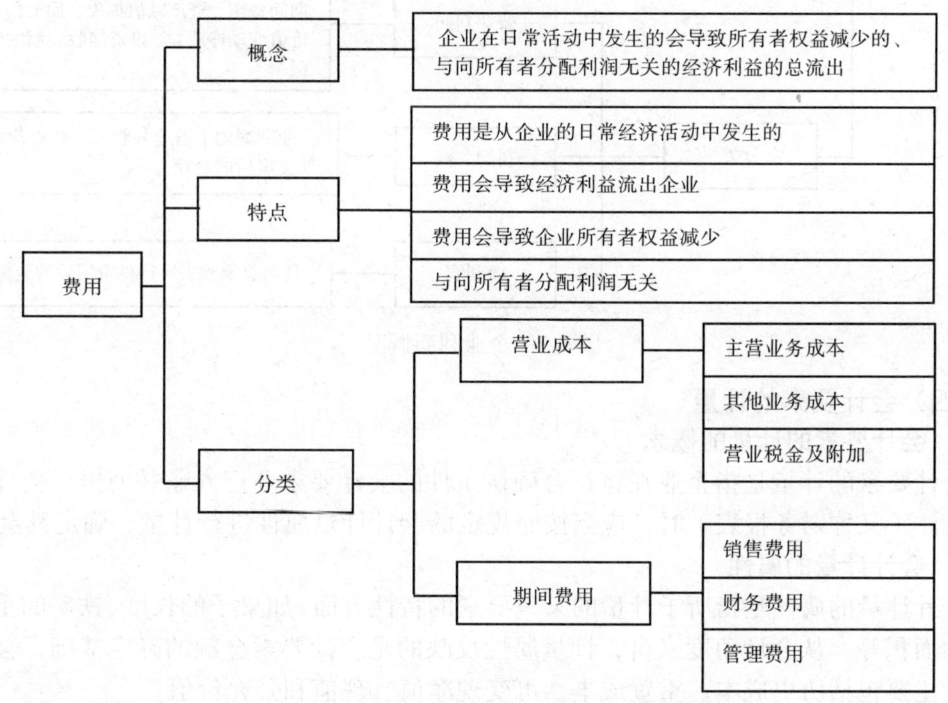

图 1-6 企业费用概况

6. 利润

利润，是指企业在一定会计期间内的经营成果。利润包括收入减去费用后的净额、直接计入当期利润的利得和损失等。有时，企业收入不足以弥补费用的差额，就会形成亏损。

（1）营业利润。企业的利润或亏损主要是通过销售实现发生的。企业通过销售产品而取得的销售收入，在抵补营业成本和营业税金及附加，减去销售费用、管理费用、财务费用和资产减值损失后，加上公允价值变动收益、投资收益后的余额，即企业的营业利润。

（2）利润总额。企业的营业利润加上营业外收入，减去营业外支出后的余额，形成企业的利润总额。

（3）净利润。企业实现的利润总额按照国家规定进行相应调整后，要依法缴纳所得税。当期的利润总额减去所得税后的余额形成企业的净利润。

企业利润的概况如图 1-7 所示。

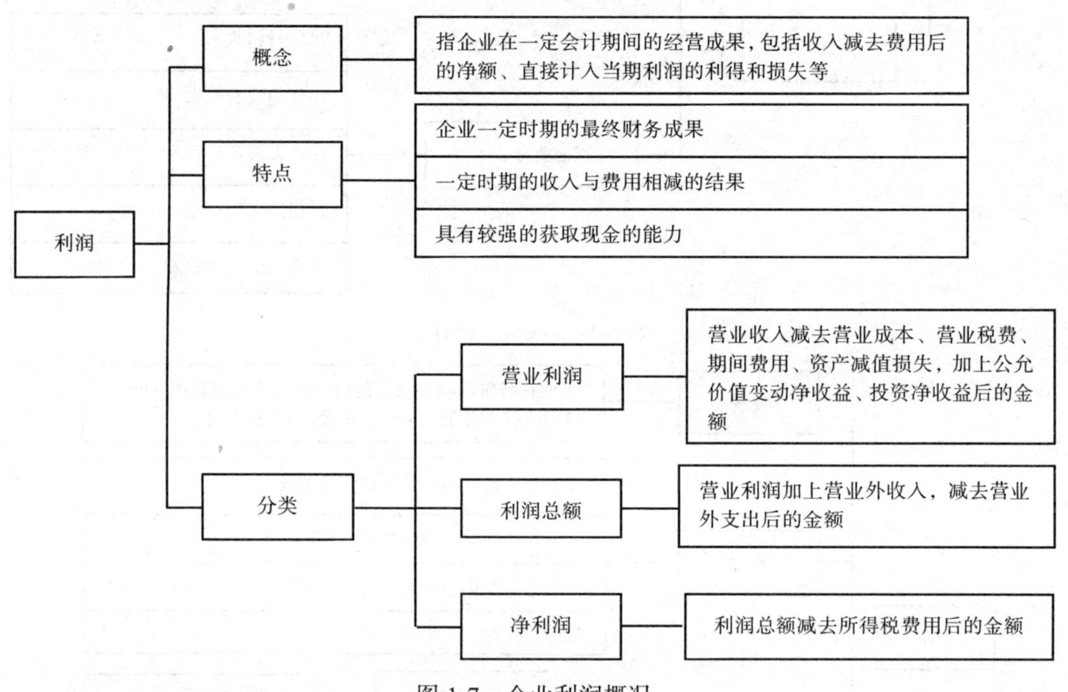

图 1-7　企业利润概况

（四）会计要素的计量

1. 会计要素的计量的概念

会计要素的计量是指企业在将符合确认条件的会计要素登记入账并列报于会计报表及其附注（又称财务报表）时，应当按照规定的会计计量属性进行计量，确定其金额。

2. 会计计量的属性

会计计量的属性是指所予计量的某一要素的特性方面，如桌子的长度、铁矿的重量、楼房的面积等。从会计角度来讲，计量属性反映的是会计要素金额的确定基础，会计计量属性主要包括历史成本、重置成本、可变现净值、现值和公允价值。

（1）历史成本。

历史成本又称实际成本，是指取得或制造某项财产物资时所实际支付的现金或其他等价物。在历史成本计量下，资产按照其购置时支付的现金或者现金等价物的金额，或者按照购置资产时所付出的对价的公允价值计量。负债按照其因承担现时义务而实际收到的款项或者资产的金额，或者现时义务的合同金额，或者按照日常活动中为偿还负债预期需要支付的现金或者现金等价物的金额计量。

（2）重置成本。

重置成本又称现行成本，是指按照当前市场条件，重新取得同样一项资产所需支付的现金或现金等价物金额。在重置成本计量下，资产按照现在购买相同或者相似资产所需支付的现金或现金等价物的金额计量。负债按照现在偿付该项债务所需支付的现金或现金等价物的金额计量。在实务中，重置成本多应用于盘盈固定资产的计量等。

（3）可变现净值。

可变现净值是指正常经营过程中，以预计售价减去进一步加工成本和预计销售费用以及相关税费后的净值。在可变现净值计量下，资产按照其正常对外销售所能收到现金或者现金等价物的金额扣减该资产至完工时估计将要发生的成本、估计的销售费用以及相关税费后的金额计量。可变现净值通常用于存货资产减值情况下的后续计量。

（4）现值。

现值是指未来现金流量以恰当的折现率进行折现后的价值，是考虑货币时间价值因素等的一种计量属性。在现值计量下，资产按照预计从其持续使用和最终处置中所产生的未来净现金流入量的折现金额计量。负债按照预计期限内需要偿还的未来净现金流出量的折现金额计量。现值通常用于非流动资产可收回金额和以摊余成本计量的金融资产价值的确定等。

（5）公允价值。

公允价值是指在公平交易中，熟悉情况的交易双方自愿进行资产交换或者债务清偿的金额。在公允价值计量下，资产和负债按照在公平交易中熟悉情况的交易双方自愿进行资产交换或者债务清偿的金额计量。公允价值主要用于交易性金融资产、可供出售金融资产的计量等。

三、建立会计等式

（一）会计等式的概念

会计等式是在会计核算中反映各个会计要素经济关系，利用数学公式即数量关系的数学表达式，又称会计方程式、会计平衡公式、会计恒等式。

会计等式提示各会计要素之间的联系，是复式记账、试算平衡和编制会计报表的理论依据。

反映资产负债表要素之间的数量关系的等式：

资产=负债+所有者权益

反映利润表要素之间的数量关系的等式：

收入–费用=利润

（二）会计等式的基本形式

1. 静态会计等式

静态会计等式是反映企业在某一特定日期财务状况的会计等式，是由静态会计要素（资产、负债和所有者权益）组合而成的。

其公式为：资产=负债+所有者权益。

2. 动态会计等式

动态会计等式是反映企业在一定会计期间经营成果的会计等式，是由动态会计要素（收入、费用和利润）组合而成的。

其公式为：收入–费用=利润。

3. 综合会计等式

综合会计等式是静态会计等式和动态会计等式的组合，在实际工作中，如果要在某个时点检查会计核算的正确性，一般都要用综合会计等式。

其公式为：资产+费用=负债+所有者权益+收入。

四、根据经济业务变化分析会计等式

企业的经济业务千变万化、纷繁复杂，但建立在科学基础上的会计等式始终是保持平衡的。如果出现了不平衡，这不是会计等式问题，而是会计人员在会计核算工作中产生了错误。

（一）企业经济业务变化不会破坏会计等式

制造业、流通业、服务业、金融业、交通运输业等行业的所有企业，在经营活动中会引起资产、负债、所有者权益、收入、费用、利润的变化，但发生这些变化时会计等式是始终不变的（见表 1-1）。

表 1-1　经济业务变化与会计等式关系

序号	经济业务类型	会计要素变化	会计等式变化
1	资金进入企业，如接受投资者投资	该业务发生使资产增加，所有者权益出增加。会计等式两边同增	资产（+）+费用=负债+所有者权益（+）+收入
2	资金进入企业，如借入资金	该业务发生使资产增加，负债增加。会计等式两边同增	资产（+）+费用=负债（+）+所有者权益+收入
3	资金退出企业，如退出投资	该业务发生使资产减少，所有者权益减少。会计等式两边同减	资产（–）+费用=负债+所有者权益（–）+收入
4	资金退出企业，如归还借款	该业务发生使资产减少，负债减少。会计等式两边同减	资产（–）+费用=负债（–）+所有者权益+收入
5	资金在资产类内部转化，如用银行存款购买原材料	该业务发生使一项资产减少，另一项资产增加。会计等式两边不变	资产（+、–）+费用=负债+所有者权益+收入
6	资金在负债类内部转化，如应付账款转为应付票据	该业务发生使一项负债减少，另一项负债增加。会计等式两边不变	资产+费用=负债（+、–）+所有者权益+收入
7	资金在所有者权益类内部转化，如将资本公积转为实收资本	该业务发生使一项所有者权益减少，另一项所有者权益增加。会计等式两边不变	资产+费用=负债+所有者权益（+、–）+收入
8	取得经营收入，如销售商品收到货款	该业务发生使资产增加，收入增加。会计等式两边同增	资产（+）+费用=负债+所有者权益+收入（+）
9	发生经营支出，如以存款支付销售费用	该业务发生使资产减少，费用增加。会计等式两边不变	资产（–）+费用（+）=负债+所有者权益+收入

（二）企业经济业务变化与会计等式实例说明

某制造企业 2017 年 6 月 30 日会计要素（资产、负债、所有者权益）余额与会计等式如表 1-2 所示。

表 1-2 某制造企业 2017 年 6 月 30 日资产、负债、所有者权益余额表

金额单位：元

资　产	金　额	负债与所有者权益	金　额
现金	20 000.00	短期借款	500 000.00
银行存款	500 000.00	应付账款	100 000.00
应收账款	30 000.00	应交税费	40 000.00
原材料	300 000.00	负债合计	640 000.00
库存商品	200 000.00	实收资本	3 860 000.00
固定资产	4 000 000.00	资本公积	600 000.00
无形资产	50 000.00	所有者权益合计	4 460 000.00
合　计	5 100 000.00	合　计	5 100 000.00

从该企业会计要素余额可以看到资产=负债+所有者权益

即：5 100 000.00=640 000.00+4 460 000.00

也即：5 100 000.00=5 100 000.00

该企业 7 月发生下列经济业务，会计等式是否保持平衡？

依据前述所列举的 9 种经济业务为例，分析会计等式的变化。

（1）7 月 2 日，接受 C 投资者投资 200 万元，资金存入银行。

该业务发生使实收资本增加了 200 万元，同时银行存款也增加了 200 万元，会计等式变化为：

5 100 000.00+2 000 000.00=640 000.00+4 460 000.00+2 000 000.00

即 7 100 000.00=7 100 000.00

（2）7 月 3 日，从银行借入 10 万元的短期借款，存入银行存款账户。

该业务发生使短期借款增加了 10 万元，同时银行存款也增加了 10 万元。

会计等式变化为：

7 100 000.00+100 000.00=7 100 000.00+100 000.00

（3）7 月 4 日，A 投资者 20 万元投资到期，经批准以银行存款退还。

该业务发生使实收资本减少了 20 万元，同时银行存款也减少了 20 万元。

会计等式变化为：

7 200 000.00–200 000.00=7 200 000.00–200 000.00

（4）7 月 5 日，前借的 30 万元短期借款到期，以银行存款归还。

该业务发生使短期借款减少了 30 万元，同时银行存款也减少了 30 万元。

会计等式变化为：

7 000 000.00–300 000.00=7 000 000.00–300 000.00

（5）7 月 6 日，以银行存款 15 万元，购进原材料一批。

该业务发生使银行存款减少了 15 万元，原材料增加了 15 万元。

会计等式变化为：

6 700 000.00–150 000.00+150 000.00=6 700 000.00

（6）7 月 9 日，前欠的 10 万元货款，经与债权单位商议，开出银行承兑汇款支付。

该业务发生使应付账款减少了 10 万元，同时应付票据增加了 10 万元。

会计等式变化为：

6 700 000.00=6 700 000.00–100 000.00+100 000.00

（7）7 月 10 日，经董事会批准，决定将资本公积的 50 万元，转增为实收资本。

该业务发生使资本公积减少了 50 万元，同时实收资本增加了 50 万元。

会计等式变化为：

6 700 000.00=6 700 000.00–500 000.00+500 000.00

（8）7 月 11 日，销售商品一批，取得商品销售收入 50 万元，货款存入银行。

该业务发生使主营业务收入增加了 50 万元，同时银行存款也增加了 50 万元。

会计等式变化为：

6 700 000.00+500 000.00=6 700 000.00+500 000.00

（9）7 月 12 日，为销售商品发生广告费用 2 万元，以银行存款支付。

该业务发生使销售费用增加了 2 万元，同时银行存款减少了 2 万元。

会计等式变化为：

7 200 000.00+20 000.00–20 000.00=7 200 000.00

综合上述经济业务，不论经济业务如何变化，会计等式平衡永远不变。

知识链接

1. 经济业务对会计等式的影响（四大类型）

（1）资产与权益同时增加，增加的金额相等；

（2）资产与权益同时减少，减少的金额相等；

（3）资产内部有增有减，增减金额相等；

（4）权益内部有增有减，增减金额相等。

2. 经济业务对会计等式的影响（四大类型的展开）

（1）资产与所有者权益同时增加，增加的金额相等；

（2）资产与负债同时增加，增加的金额相等；

（3）资产与负债同时减少，减少的金额相等；

（4）资产与所有者权益同时减少，减少的金额相等；

（5）一项资产增加，一项资产减少，增减金额相等；

（6）一项所有者权益增加，一项所有者权益减少，增减金额相等；

（7）一项负债增加，一项负债减少，增减金额相等；

（8）一项负债增加，一项所有者权益减少，增减金额相等；

（9）一项所有者权益增加，一项负债减少，增减金额相等。

无论经济业务引起资产、负债和所有者权益发生怎样的增减变化，都不会破坏会计等式的平衡关系。

知识拓展

我国公允价值的使用条件

我国充分考虑了国际财务报告准则中公允价值应用的三个级次：

第一，资产或负债等存在活跃市场的，活跃市场中的报价应当用于确定其公允价值。

第二，不存在活跃市场的，参考熟悉情况并自愿交易的各方最近进行的市场交易中使用的价格或参照实质上相同或相似的其他资产或负债等的市场价格确定其公允价值。

第三，不存在活跃市场，且不满足上述两个条件的，应当采用估值技术等确定公允价值。

我国引入公允价值是适度、谨慎和有条件的。

在投资性房地产和生物资产等具体准则中规定，只有存在活跃市场、公允价值能够取得并可靠计量的情况下，才能采用公允价值计量。

想一想

会计等式平衡关系

每一项经济业务的发生，都必然会引起会计平衡公式的一方或双方有关项目相互联系的等量的变化，即当涉及会计等式的一方时，有关项目的数额发生相反方向等额变动；而涉及会计公式的两方时，有关项目的数额必然会发生相同方向的等额变动，但始终不会打破会计等式的平衡关系。

请问：这是为什么？

任务四 构建会计核算方法体系

【任务描述】

本任务主要介绍会计方法和会计核算方法体系。通过学习，使学生熟悉会计方法种类，掌握会计核算方法的内容，以及各种核算方法之间的关系。

【任务分析】

本任务指出会计方法不仅包括记账、算账和报账的方法等传统会计核算方法，也包括会计监督、会计预测、会计决策、会计分析等方法。随着会计的不断发展，会计的各种方法的重要性将日益彰显。

【知识准备与应用】

一、会计方法组成

会计方法是履行会计职能、完成会计任务、实现会计目标的手段。会计方法是人们在长期的会计工作实践中总结创立的，并随着生产的发展、会计管理活动的不断提升和完善。会计方法一般包括会计核算、会计分析、会计监督、会计预测、会计控制和会计决策六种具体方法。

（一）会计核算方法

会计核算方法是指对会计对象进行连续、系统、综合的确认、计量和报告所采用的各种方法的总称，是整个会计方法体系的基础。

（二）会计分析方法

会计分析方法是指利用会计核算提供的信息资料，结合其他有关信息，对企业财务状况和经营成果进行的分析研究。

（三）会计监督方法

会计监督方法是指通过会计核算及会计分析所提供的资料，以检查企业的生产经营过程或单位的经济业务是否合理合法及会计资料是否完整正确。

（四）会计预测方法

会计预测方法是指通过定量或定性判断，推测和规划经济活动的发展变化规律，并对其做出评价，以指导和调节经济活动，谋求最佳经济效果。会计预测的依据主要是会计资料，它利用已取得的会计信息产生新的会计信息，为决策提供资料。

（五）会计控制方法

会计控制方法是指会计人员（部门）通过财经法规、规章制度、预算计划、目标定额等对资金运动进行指导、组织、督促和约束，确定财务目标实现的管理方法。

（六）会计决策方法

会计决策方法是指在会计预测的基础上，结合相关信息资料，按照预定的目标，从若干个备选方案中选择最优方案所采用的方法。

二、会计核算方法体系

会计核算方法一般包括设置会计科目和账户、复式记账、填制和审核会计凭证、登记会计账簿、成本计算、财产清查、编制财务会计报告等专门方法。

（一）设置会计科目和账户

会计科目是对会计要素的具体内容进行分类核算的项目。账户是根据会计科目设置的，具有一定格式和结构，用于分类反映会计要素变动情况及其结果的载体。设置会计科目和账户是保证会计核算系统性的专门方法。

（二）复式记账

复式记账是指对于每一笔经济业务，都必须用相等的金额在两个或两个以上相互联系的账户中进行登记，系统地反映会计要素增减变化及其结果的一种记账方法。复式记账是会计核算方法体系中的核心。

（三）填制和审核会计凭证

填制和审核会计凭证，是为了审查经济业务是否合理、合法，保证登记账簿的会计记录正确、完整而采用的专门方法。正确填制和审核会计凭证是进行核算和监督的基础。

（四）登记会计账簿

登记会计账簿简称记账，是以审核无误的会计凭证为依据，在账簿中分类、连续、系统、完整地记录各项经济业务的一种专门方法。账簿记录所提供的各种核算资料是编制财务报表的直接依据。

（五）成本计算

成本计算是对生产经营过程中发生的各种生产费用，按照不同的成本计算对象进行归集和分配，进而计算产品的总成本和单位成本的一种专门方法。产品成本是综合反映企业生产经营活动的一项重要指标。

正确进行成本计算，是考核生产经营过程费用支出水平的依据，同时又是确定企业盈亏和制定产品价格的基础，可为企业进行经营决策提供重要依据。

（六）财产清查

财产清查是指通过对货币资金、实物资产和往来款项等的盘点和核对，确定其实存数，查明账存数与实存数是否相符的一种专门方法。

（七）编制财务会计报告

编制财务会计报告是以会计账簿记录和有关资料为依据，全面、系统地反映企业在某一特定日期的财务状况或某一会计期间的经营成果和现金流量的一种专门方法。

上述会计核算的各种专门方法，是一个完整的方法体系。为了科学地组织会计核算，实行有效的日常会计监督，必须全面、相互联系地应用这些专门方法，对日常发生的各项经济业务，都要填制和审核凭证；按照规定的账户，运用复式记账法记入有关账簿；对经营过程中发生的各项费用，应当进行成本计算；一定时期终了，通过财产清查，在账证相符、账账相符、账实相符的基础上，根据账簿记录和相关资料，编制会计报表。

在会计核算方法体系过程中，填制和审核会计凭证是开始环节，登记会计账簿是中间环节，编制财务报告是终结环节。会计核算方法体系如图 1-8 所示。

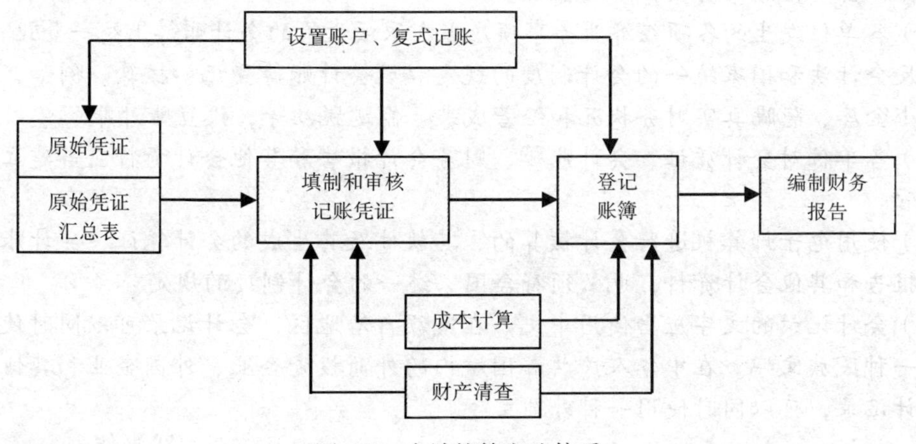

图 1-8　会计核算方法体系

知识链接

中国会计服务的三大方面

中国的会计可分为营利组织会计、政府预算组织会计、非营利组织会计三大块。

如何来区分营利组织、政府预算组织、非营利组织？根据中国现行法律、法规的规定，中国的营利组织一般由工商部门注册与管理；政府预算组织由财政部门管理；非营利组织一般由民政部门注册与管理。营利组织要纳税，而政府预算与非营利组织可免税（主要是免所得税，如有经营性收入，则仍然要缴营业税、增值税等），具体划分如下。

（1）营利组织。凡是在工商部门注册的组织均属于营利组织，包括各种公司、国有独资企业、合伙企业、个人独资企业，以及其他企业等。

（2）政府预算组织。凡是由财政部门管理，纳入国家财政预算的组织均属于政府预算组织，根据中国的财政预算管理制度，纳入中国财政预算管理的组织包括：政府组织（国务院及所属各部委、各级人民政府及所属各部门）；国家权力机关（全国人民代表大会和地方各级人民代表大会）；国家军事机关（中央军事委员会和军队）；国家审判机关（最高人民法院、地方各级人民法院和专门人民法院）；国家检察机关（最高人民检察院、地方各级人民检察院和专门人民检察院）；党派组织、社会团体；享受国家财政拨款的事业单位等。

（3）非营利组织。既不是营利组织，也未纳入财政预算的其他组织则归属于非营利组织。包括社会团体、基金会、民办非企业单位以及未纳入国家财政预算的实行“自收自支”的公办事业单位，等等。

知识拓展

会计核算的一般要求

具体包括六方面的内容。

（1）各单位必须按照国家统一的会计制度的要求设置会计科目和账户、复式记账、填制会计凭证、登记会计账簿、进行成本核算、财产清查和编制财务会计报告。

（2）各单位必须根据实际发生的经济业务事项进行会计核算，编制财务会计报告。目的是保证会计信息的真实性和可靠性。

（3）各单位发生的各项经济业务事项应当在依法设置的会计账簿上统一登记、核算，不得违反会计法和国家统一的会计制度的规定私设会计账簿登记、核算。例如，不许为了私设小金库、隐瞒真实财务状况和经营成果、偷逃税款等，设置账外账。

（4）各单位对会计凭证、会计账簿、财务会计报告和其他会计资料应当建立档案，妥善保管。

（5）使用电子计算机进行会计核算的，其软件及其生成的会计凭证、会计账簿、财务会计报告和其他会计资料，也必须符合国家统一的会计制度的规定。

（6）会计记录的文字应当使用中文。在民族自治地区，会计记录可以同时使用当地通用的一种民族文字。在中华人民共和国境内的外商投资企业、外国企业和其他外国组织的会计记录，可以同时使用一种外国文字。

想一想

会计循环

企业发生的经济业务，从取得原始凭证到审核原始凭证，从编制记账凭证到登记账簿，然后根据账簿记录进行成本计算和财产清查，最后根据账簿记录编制会计报告。

请问：你是如何理解会计循环的？

项目总结

认知会计，要求学生对会计和会计工作有总体了解。本项目共有 4 项任务，12 个知识点与技能点，通过学习要求学生掌握本项目的知识点与技能点。具体如表 1-3 所示。

表 1-3　认知会计的知识点与技能点

<table>
<tr><th>项　目</th><th>任　务</th><th>知识点与技能点</th></tr>
<tr><td rowspan="12">认知会计</td><td rowspan="4">一、熟悉会计和会计工作</td><td>（一）会计的产生与发展</td></tr>
<tr><td>（二）会计的概念与特征</td></tr>
<tr><td>（三）会计的职能与目标</td></tr>
<tr><td>（四）会计信息使用者与质量要求</td></tr>
<tr><td rowspan="2">二、懂得会计假定和选择会计基础</td><td>（一）懂得会计假定</td></tr>
<tr><td>（二）选择会计基础</td></tr>
<tr><td rowspan="4">三、划分会计要素和建立会计等式</td><td>（一）认识会计对象</td></tr>
<tr><td>（二）划分会计要素</td></tr>
<tr><td>（三）建立会计等式</td></tr>
<tr><td>（四）根据经济业务变化分析会计等式</td></tr>
<tr><td rowspan="2">四、构建会计核算方法体系</td><td>（一）会计方法组成</td></tr>
<tr><td>（二）会计核算方法体系</td></tr>
</table>

项目训练

一、单项选择题

1．下列项目中，会计主体不可以是（　　）。

A．单个工厂　　B．企业内部的一个单位或部门

C．企业集团　　D．不相关联的多个企业

2．企业资产以历史成本计价而不以现行成本或清算价格计价，依据的会计基本假设是（　　）。

A．会计主体　　B．持续经营　　C．会计分期　　D．货币计量

3．企业应当分期结算账目和编制财务报告依据的会计假设为（　　）。

A．会计主体　　B．持续经营　　C．会计分期　　D．货币计量

4．多应用于盘盈固定资产的计量是（　　）。

A．历史成本　　B．重置成本

C．可变现净值　D．现值　　E．公允价值

5．下列引起资产内部一个项目增加，另一个项目减少，而资产总额不变的经济业务是（　　）。

A．用银行存款偿还短期借款　　B．收到投资者投入的机器一台

C．收到外单位前欠货款　　D．预收购货单位货款

6．费用中能予以对象化的部分构成（　　）。

A．期间费用　B．资产　C．成本　D．所有者权益

7．在权责发生制下能确认为当期费用的项目是（　　）。

A．支付下年报刊订阅费　　B．预提本月短期借款利息

C．预付下季度房租　　D．支付上月电费

8．下列属于反映企业财务状况的会计要素是（　　）。

A．收入　B．所有者权益　C．费用　D．利润

9．某企业资产总额为100万元，负债为20万元，所有者权益为（　　）。

A．100 万元　B．20 万元　C．120 万元　D．80 万元

10．企业在对会计要素进行计量时，一般应当采用（　　）。

A．现值　B．重置成本　C．历史成本　D．公允价值

二、多项选择题

1．下列项目中，可以作为一个会计主体进行核算的有（　　）。

A．母公司　　B．子公司

C．母公司和子公司组成的企业集团 D．销售部门

2．下列不属于收入的有（　　）。

A．主营业务收入　　B．其他业务收入

C．营业外收入　　D．其他应收款

3．下列应确认为费用的有（　　）。

A．主营业务成本　　B．其他业务成本

C．销售费用　　D．管理费用

E．财务费用

4．会计计量属性主要包括（　　）。

A．历史成本　　B．重置成本

C．可变现净值　　D．现值

E．公允价值

5．企业在对会计要素进行计量时，一般不采用（　　）。

A．历史成本　　B．重置成本

C．可变现净值　　D．现值

E．公允价值

6．企业收入的取得可能影响下列会计要素的情况有（　　）。

A．资产的增加　　B．负债的减少

C．费用的减少　　D．所有者权益的增加

7．下列业务中，应确认为债权的有（　　）。

A．预收销货款　　B．预付购货款

C．应收销货款　　D．预支差旅费

8．下列项目中，属于债务的有（　　）。

A．各项借款　　B．应收款项

C．应付款项　　D．预收款项

9．下列项目中，可以作为一个会计主体进行核算的有（　）。

A．母公司　　B．生产车间

C．销售部门　　D．母公司和子公司组成的企业集团

10．企业收入的取得可能影响下列会计要素的情况有（　）。

A．资产的增加　　B．负债的减少

C．费用的减少　　D．所有者权益的增加

三、判断题

1．我国的会计核算必须以人民币作为记账本位币。（　）

2．会计主体界定了从事会计工作和提供会计信息的空间范围。一般来说，法律主体都是会计主体，会计主体一定都有法人资格。（　）

3．任何一项经济业务的发生都不会破坏会计等式的平衡关系，只会使资产和权益总额发生同增或同减的变化。（　）

4．收入能够导致企业所有者权益增加，但导致所有者权益增加的不一定都是收入。（　）

5．凡是特定主体以货币形式表示的经济活动，都是会计核算和监督的内容，也就是会计的对象。（　）

6．资产、负债与所有者权益的平衡关系是企业资金运动处于相对静止状态下出现的，如果考虑收入、费用等变动要素，则资产与权益总额的平衡关系必然被破坏。（　）

7．成本是企业为生产产品、提供劳务而发生的各种耗费，因而企业发生的各项费用都是成本。（　）

8．会计主体是会计确认、计量和报告的空间范围。一般来说，法律主体都是会计主体，会计主体也一定是法律主体。（　）

9．资本是投资者为开展生产经营活动而投入的资金，会计上的资本既包括投入资本也包括借入资本。（　）

10．库存中已失效或已毁损的商品，由于企业对其拥有所有权并且能够实际控制，因此应该作为本企业的资产。（　）

四、简答题

1．会计是如何产生与发展的？

2．什么是会计？会计有哪些特征？

3．会计的基本职能是什么？会计的拓展职能是什么？会计的目标是什么？

4．会计信息有哪些使用者？会计提供的信息有哪些质量要求？

5．会计有哪些基本假定？会计有哪些会计基础可供选择？

6．什么是权责发生制？什么是收付实现制？

7．什么是会计的对象？简述会计对象的具体内容。

8．什么是会计要素？会计要素有哪些内容？各要素之间存在什么关系？

9．什么是会计方法？什么是会计核算方法？

10．会计核算方法有哪些？其相互关系如何？

五、实训题

会计要素的确认与计算。

序号	经济业务	会计要素（金额单位：万元）		
		资　　产	负　　债	所有者权益
1	厂房一栋，价值 3 600 万元			
2	机器设备 10 台，价值 1 200 万元			
3	办公用房一栋，价值 1 800 万元			
4	7 200 万元企业资产是投资者投入的			
5	各种材料价值 660 万元			
6	在产品价值 300 万元			
7	库存产成品价值 900 万元			
8	企业保险柜中有现金 12 万元			
9	银行存款 960 万元			
10	1 200 万元企业资产是从银行借入的			
11	销售商品产生 450 万元的债权未收回			
12	购买商品产生 480 万元的债务未支付			
13	以前年度未分配利润 1 072 万元			
14	向银行借款（期限 9 个月）而形成的债务 10 万元			
15	购入准备短期持有的股票 25 万元			
16	欠职工工资 10 万元			
17	向用户收取包装物押金 5 万元			
18	购入 5 年期的国库券 50 万元			
19	企业的商标权 10 万元			
20	向销货单位支付预购订金 10 万元			
合　　计				

项目二 设置会计科目和账户

学习目标

知识目标

- 熟悉会计科目和账户的含义
- 理解会计科目设置的原则
- 熟悉会计科目的具体内容
- 懂得会计科目和账户的分类
- 懂得会计科目和账户的相互关系

能力目标

- 掌握常用的会计科目
- 熟悉常用会计科目的具体内容
- 能够将经济业务内容转化为会计科目
- 能够依据会计科目开设账户
- 能够将经济业务内容在相关的账户中进行登记

典型项目

报告货币资金收付存情况

小王在一家电脑公司当会计，某天公司徐经理打电话请小王去他办公室。王会计到徐经理办公室后，徐经理对小王说："小王，咱们公司每天有大量的电脑和配件销售，每周要购进大量电脑及配件，每月要发人员工资、支付房租和水电费等。每个月有大量的货币资金进出，如果不管理好就会出现，有时货币资金充足造成浪费，有时货币资金不足不能付款，甚至出现资金链断裂的情况。具体每月收进多少？付出多少？结余多少？请你从下个月开始如实向我报告。"

任务提出：

1. 徐经理要求报告货币资金，那么货币资金具体包括哪些内容（会计科目）？

2. 货币资金有库存现金、银行存款和其他货币资金，这三个科目具体核算什么内容？

3. 每个月库存现金、银行存款和其他货币资金的收、付、存如何记录？

通过本项目的学习，将帮助你完成徐经理布置的工作任务。

任务一 设置会计科目

【任务描述】

本任务主要介绍会计科目的设置。通过学习，使学生了解会计要核算和监督企事业单位的经济业务，必须将企事业单位的经济业务内容进行分类、排序及编号，掌握会计科目的概念、会计设置原则，熟悉会计科目的名称和分类。

【任务分析】

本任务要求学生熟记企业常用的会计科目及内容，并要求学生在实际工作中，根据企业管理要求、规模大小、业务简繁，按照会计科目设置要求，合理选择会计科目的设置，为建账提供知识准备。

【知识准备与应用】

一、会计科目的概念

会计科目是指对会计要素的具体内容进行分类核算的项目。

会计科目是进行各项会计记录和提供各项会计信息的基础，在会计核算中具有重要意义。

（1）会计科目是复式记账的基础。

（2）会计科目是编制记账凭证的依据。

（3）会计科目为成本计算与财产清查提供了前提条件。

（4）会计科目为编制会计报表提供了方便。

知识链接

注意：会计对象、会计要素、会计科目三者之间的关系。

会计对象是企业、事业、行政单位的资金活动。

会计要素是对会计对象的分类，具体包括资产、负债、所有者权益、收入、费用、利润六大会计要素。

会计科目是对会计六大要素的进一步分类，便于记账、算账、报账，能够科学管理企事业单位的经济活动。

二、会计科目的设置原则

（一）设置原则

各单位由于经济业务活动的具体内容、规模大小与业务繁简程度等情况不尽相同，在具体设置会计科目时，应考虑其自身特点和具体情况。会计科目作为向投资者、债权人、企业经营管理者等提供会计信息的重要手段，在其设置过程中应努力做到科学、合理、适用，并遵循下列原则。

1. 全面性原则

会计科目作为对会计要素具体内容进行分类核算的项目，其设置应能保证对各会计要素做全面的反映，形成一个完整的、科学的体系。具体地说，应该包括资产、负债、所有者权益、收入、费用和利润的若干会计科目，不能有任何漏洞，要覆盖全部核算内容，而且，每一个会计科目都应有特定的核算内容，要有明确的含义和界限，各个会计科目之间既要有一定的联系，又要各自独立，不能交叉重叠，不能含混不清。

2. 合法性原则

合法性原则，是指所设置的会计科目应当符合国家统一的会计制度的规定。目前我国的会计科目由财政部统一制定并分布，以保证不同企业对外提供的会计信息的可比性。企业可以参照国家统一规定的会计科目，根据自身的实际情况设置会计科目，但其设置的会计科目不得违反现行会计制度的规定。对于国家统一会计制度规定的会计科目，企业可以根据自身的生产经营特点，在不影响统一会计核算要求以及对外提供统一的财务报表的前提下，自行增设、减少或合并某些会计科目。

3. 相关性原则

相关性原则，是指所设置的会计科目应当为提供有关各方所需要的会计信息服务，满足对外报告与对内管理的要求。根据企业会计准则的规定，企业财务报告提供的信息必须满足对内对外各方面的需要，而设置会计科目必须服务于会计信息的提供，必须与财务报告的编制相协调、相关联。

4. 清晰性原则

会计科目作为对会计要素分类核算的项目，要求简单明确、字义相符、通俗易懂。同时，企业对每个会计科目所反映的经济内容也必须做到界限明确，既要避免不同会计科目所反映的内容重叠的现象，也要防止全部会计科目未能涵盖企业某些经济内容的现象。

5. 实用性原则

在合法性的基础上，企业应当根据组织形式、所处行业、经营内容、业务种类等自身特点，设置符合企业需要的会计科目。会计科目设置应该简单明了、通俗易懂。突出重点，对不重要的信息进行合并或删减。要尽量使读者一目了然、便于理解。

（二）相关规定

《企业会计准则—会计科目和主要账务处理》（财政部财会〔2006〕18 号）对会计科目的相关规定如下：“会计科目和主要账务处理依据企业会计准则中确认和计量的规定制定，涵盖了各类企业的交易或者事项。企业在不违反会计准则中确认、计量和报告规定的前提下，可以根据本单位的实际情况自行增设、分拆、合并会计科目。企业不存在的交易或者事项，可不设置相关会计科目。对于明细科目，企业可以比照本附录中的规定自行设置。会计科目编号供企业填制会计凭证、登记会计账簿、查阅会计账目、采用会计软件系统参考，企业可结合实际情况自行确定会计科目编号。”

三、会计科目的分类

会计科目是对会计要素按其经济内容所做的进一步分类。每一个会计科目都明确反映特定的经济内容。各个会计科目之间相互联系、互相补充，完整地组成会计科目体系。为了正确地掌握和运用会计科目，可对会计科目进行适当的分类。

（一）按经济内容分类

会计科目按经济内容的分类是主要的、基本的分类。企业会计科目按其反应的经济内容（所属会计要素）不同，可分为资产类科目、负债类科目、共同类科目、所有者权益类科目、成本类科目和损益类科目。

1. 资产类科目

资产类科目，是指对资产要素的具体内容进行分类核算的项目，按资产的流动性分为反映流动资产的科目和反映非流动资产的科目。

反映流动资产的科目有“库存现金”“银行存款”“应收账款”“原材料”和“库存商品”等。

反映非流动资产的科目有“固定资产”“无形资产”“长期应收款”和“在建工程”等。

2. 负债类科目

负债类科目，是指对负债要素的具体内容进行分类核算的项目，按负债的偿还期限分为反映流动负债的科目和反映非流动负债的科目。

反映流动负债的科目有“短期借款”“应付账款”“应付职工薪酬”和“应交税费”等。

反映非流动负债的科目有“长期借款”“应付债券”和“长期应付款”等。

3. 共同类科目

共同类科目是指既有资产性质的又有负债性质的科目，主要有“清算资金往来”“外汇买卖”“衍生工具”“套期工具”“被套期项目”。

4. 所有者权益类科目

所有者权益类科目，是指对所有者权益要素的具体内容进行分类核算的项目，按所有者权益的形成和性质可分为反映资本的科目和反映留存收益的科目。

反映资本的科目有“实收资本”（或“股本”）、“资本公积”等。

反映留存收益的科目有“盈余公积”“本年利润”“利润分配”等。

5. 成本类科目

成本类科目，是指对可归属于产品生产成本、劳务成本等费用的具体内容进行分类核算的项目，按成本的不同内容和性质可以分为反映制造成本的科目和反映劳务成本的科目。

反映制造成本的科目有“生产成本”“制造费用”等。

反映劳务成本的科目有“劳务成本”等。

6. 损益类科目

损益类科目，是指对收入和费用要素的具体内容进行分类核算的项目，按损益的不同内容可以分为反映收入的科目和反映费用的科目。

反映收入的科目有“主营业务收入”“其他业务收入”等。

反映费用的科目有“主营业务成本”“其他业务成本”“销售费用”“管理费用”“财务费用”等。

（二）按提供核算指标的详细程度分类

会计科目按其提供信息的详细程度及其统驭关系不同，可分为总分类科目和明细分类科目。

1. 总分类科目

总分类科目也称为“总账科目”或“一级科目”，它是对会计要素具体内容进行总括分类、提供总括信息的会计科目，如“应收账款”“原材料”“库存现金”等。

2. 明细分类科目

明细分类科目也称“明细科目”，它是指对总分类科目作进一步分类、提供更详细、更具体会计信息的科目，如“应收账款”科目按债务人名称或姓名设置明细科目，反映应收账款的具体对象；再如，“原材料”科目按原料及材料的种类、规格等设置明细科目，反映各种原材料的具体构成内容。

3. 总分类科目与明细分类科目的关系

总分类科目与各级明细科目之间的关系如表 2-1 所示。

表 2-1　总分类科目与各级明细科目之间的关系

总分类科目（一级科目）	明细分类科目	
	二级明细科目（子目）	三级明细科目（细目）
原材料	原料及主要材料	圆钢
		角钢
	辅助材料	油漆
		铁钉
应交税费	应交增值税	销项税额

总分类科目概括地反映会计对象的具体内容，明细分类科目详细地反映会计对象的具体内容。总分类科目对明细分类科目具有统驭和控制作用，而明细分类科目是对其所属的总分类科目的补充和说明。

另外，我们必须知道：第一，总分类科目一般由财政部统一制定；第二，二级科目和三级科目等统称为明细科目；第三，并不是所有的总账科目都有二级科目、三级科目；第四，科目一般分到三级，但不是越多越好。

四、企业常用会计科目表

企业会计准则发布的会计科目有许多，作为会计基础学者只需要掌握常用的会计科目就可以了。根据企业会计准则发布的会计科目，整理的企业常用会计科目如表 2-2 所示。

表 2-2　企业常用会计科目表

编　号	会计科目名称	编　号	会计科目名称
一、资产类		1221	其他应收款
1001	库存现金	1231	坏账准备
1002	银行存款	1401	材料采购
1012	其他货币资金	1402	在途物资
1101	交易性金融资金	1403	原材料
1121	应收票据	1404	材料成本差异
1122	应收账款	1405	库存商品
1123	预付账款	1406	发出商品
1131	应收股利	1407	商品进销差价
1132	应收利息	1408	委托加工物资

续表

编　号	会计科目名称	编　号	会计科目名称
1471	存货跌价准备	2502	应付债券
1501	持有至到期投资	2701	长期应付款
1502	持有至到期投资减值准备	2711	专项应付款
1503	可供出售金融资产	2801	预计负债
1511	长期股权投资	2901	递延所得税负债
1512	长期股权投资减值准备		四、所有者权益类
1521	投资性房地产	4001	实收资本
1531	长期应收款	4002	资本公积
1601	固定资产	4101	盈余公积
1602	累计折旧	4103	本年利润
1603	固定资产减值准备	4104	利润分配
1604	在建工程		五、成本类
1605	工程物资	5001	生产成本
1606	固定资产清理	5101	制造费用
1701	无形资产	5201	劳务成本
1702	累计摊销	5301	研发支出
1703	无形资产减值准备		六、损益类
1711	商誉	6001	主营业务收入
1801	长期待摊费用	6051	其他业务收入
1811	递延所得税资产	6101	公允价值变动损益
1901	待处理财产损溢	6111	投资收益
	二、负债类	6301	营业外收入
2001	短期借款	6401	主营业务成本
2201	应付票据	6402	其他业务成本
2202	应付账款	6403	营业税金及附加
2203	预收账款	6601	销售费用
2211	应付职工薪酬	6602	管理费用
2221	应交税费	6603	财务费用
2231	应付利息	6701	资产减值损失
2232	应付股利	6711	营业外支出
2241	其他应付款	6801	所得税费用
2501	长期借款	6901	以前年度损益调查

知识链接

会计科目的编号

为了便于会计核算工作的顺利进行，尤其是适应会计电算化的要求，一般在会计科目分类基础上编制成会计科目表，将所使用的全部会计科目列于其中，并对总分类科目加以编号。

会计科目的编号一般采用“四位数制”编号，以千位数数码代表会计科目按会计要素区分的类别，一般分为六个数码：“1”为资产类、“2”为负债类、“3”为共同类、“4”为所有者权益类、“5”为成本类、“6”为损益类。百位数数码代表每一大类会计科目下较详细的类别，可根据实际需要取数。十位和个位上的数码一般代表会计科目的顺序号。为了便于会计科目增减，在顺序号中一般留有间隔数字，企业不应随意打乱重编。

企业在填制会计凭证、登记会计账簿时，应当填列会计科目的名称，或者同时填列会计科目的名称和编号，不应只填科目编号而不填科目名称。

知识拓展

会计科目核算的内容

1001 库存现金

（1）本科目核算企业的库存现金。

企业内部周转使用的备用金，可以单独设置“备用金”科目核算。

（2）企业应当设置“现金日记账”，由出纳人员根据收付款凭证，按照业务发生顺序逐笔登记。每日终了，应当计算当日的现金收入合计额、现金支出合计额和结余额，并将结余额与实际库存额核对，做到账款相符。

有外币现金的企业，应当分别对人民币和各种外币设置“现金日记账”进行明细核算。

（3）企业收到现金，借记本科目，贷记相关科目；支出现金做相反的会计分录。

（4）本科目期末借方余额，反映企业持有的库存现金。

1002 银行存款

（1）本科目核算企业存入银行或其他金融机构的各种款项。

外埠存款、银行本票存款、银行汇票存款、信用卡存款、信用证保证金存款、存出投资款等，在“其他货币资金”科目核算。

（2）企业应当按照开户银行和其他金融机构、存款种类等，分别设置“银行存款日记账”，由出纳人员根据收付款凭证，按照业务的发生顺序逐笔登记。每日终了，应结出余额。“银行存款日记账”应定期与“银行对账单”核对，至少每月核对一次。月末，企业银行存款账面余额与银行对账单余额之间如有差额，应按月编制“银行存款余额调节表”调节相符。

有外币存款的企业，应当分别为人民币和各种外币设置“银行存款日记账”进行明细核算。

（3）企业将款项存入银行或其他金融机构，借记本科目，贷记“现金”等有关科目；提取和支出存款，借记“现金”等有关科目，贷记本科目。

（4）企业应当加强对银行存款的管理，定期对银行存款进行检查，对于存在银行或其他金融机构的款项已经部分不能收回或者全部不能收回的，应当查明原因进行处理，有确凿证据表明无法收回的，应当根据企业管理权限报经批准后，借记“营业外支出”科目，贷记本科目。

（5）本科目期末借方余额，反映企业存在银行或其他金融机构的各种款项。

……

熟悉会计科目和会计科目的核算内容是掌握会计核算方法的首要任务，一方面要熟记企业常用会计科目表，另一方面要熟悉会计科目的核算内容。

要求同学们课后通过网络查找《企业会计准则——会计科目和主要账务处理》，学习企业常用会计科目的核算内容。

想一想

向徐经理汇报的货币资金你知道了吗

（1）库存现金：企业为满足经营过程中零星支付需要而保留的现金。

（2）银行存款：企业存入银行或其他金融机构的各种款项。

（3）其他货币资金：企业的外埠存款、银行本票存款、银行汇票存款、信用卡存款、信用证保证金存款、存出投资款等。

任务二 设置账户

【任务描述】

本任务主要介绍账户的设置。通过学习，使学生熟悉账户的分类，掌握账户的概念、功能和结构，理解账户与会计科目之间的关系。

【任务分析】

本任务要求学生根据会计科目和子细目，掌握账户开设，明确账户结构和掌握账户登记方法。在实际工作中，能够根据企业的管理要求、规模大小、业务简繁，科学设置账户，建立相应的账户体系，为全面、系统、完整地记录每一笔经济业务提供账户服务。

【知识准备与应用】

一、账户的概念

账户是根据会计科目设置的，具有一定格式和结构，用于分类反应会计要素增减变动情况及其结果的载体。设置账户是会计核算的重要方法之一。

设置会计科目，只是对会计要素具体内容进行了科学的分类，确定了每个项目的名称，还必须根据规定的会计科目在账簿中开设账户。

二、账户的分类

账户可根据其核算的经济内容、提供信息的详细程度及其统驭关系和账户与财务报表的关系进行分类。

（一）按经济内容分类

根据核算的经济内容，账户分为资产类账户、负债类账户、所有者权益类账户、成本类账户和损益类账户五类（与会计科目的分类相同）。

其中，资产类账户和所有者权益类账户存在备抵账户。备抵账户，又称抵减账户，是作为被调整对象原始数据额的抵减项目，以确定被调整对象实有数额而设置的独立账户。

（二）按提供资料的详细程度分类

根据信息提供的详细程度及其统驭关系，账户分为总分类账户和明细分类账户。

1. 总分类账户

又称总账账户或一级账户，是根据总分类科目设置的账户。在总分类账户中，只使用货币计量单位。它可以根究总括的核算资料和指标，是对其所属的明细分类账户资料的综合，总分类账户下的账户统称为明细分类账户。

2. 明细分类账户

又称明细账户，它是根据明细分类科目设置的账户。明细分类账户的核算，除了用货币计量以外，必要时还需要使用实物计量、劳动量单位等来计量。明细账提供明细核算资料和指标，它是对总分类账户的具体化和补充说明。

总分类账户和所属明细分类账户核算的内容相同，只不过反映内容的详细程度有所不同，两者相互补充、相互制约、相互核对。总分类账户统驭和控制明细分类账户，明细分类账户从属于总分类账户，明细分类账户是总分类账户的从属账户。

另外，根据账户与财务报表的关系，账户分为资产负债表账户和利润表账户。

三、账户的结构与功能

（一）账户的结构

账户的结构是指用来记录经济业务的组成部分，以及各部分之间的关系。其实质就是在账户中如何反映和记录会计要素增加和减少的数额，并计算有关会计要素的期末结余数额。

由于各项经济业务所引起会计要素的变动不是增加就是减少，因此，账户至少由记录会计要素“增加”“减少”和“增减业务变动结果（余额）”的三个部分构成。账户这一基本结构不会因为企业在会计实务中所使用的账户具体格式不同而发生变化。

为了便于记录经济业务，账户必须分为左右两方，按相反方向来记录增加额和减少额，即一方登记增加额，另一方登记减少额。就某个具体账户而言，该账户可以左边登记增加额，右边登记减少额，也可以左边登记减少额，右边登记增加额。至于账户的哪一方登记增加额，哪一方登记减少额，则取决于企业所采用的记账方法和所记录的经济内容的性质。

对于一个完整的账户而言，除了必须有反映增加数和减少数两栏外，还应包括其他栏目，以反映其他相关内容。一个完整账户的结构主要包括：

（1）账户名称，即会计科目。

（2）会计事项发生的日期。

（3）凭证号数，即表明账户记录的依据。

（4）摘要，即经济业务的简要说明。

（5）金额，即增加额、减少额和余额。

账户的基本结构如表 2-3 所示。

表 2-3　账户的基本结构

账户名称：

日期		凭证号数	摘　要	金　额		
月	日			增加额	减少额	余额

账户的基本结构可以简化为 T 形账户，简称为 T 账户，如图 2-1 所示。

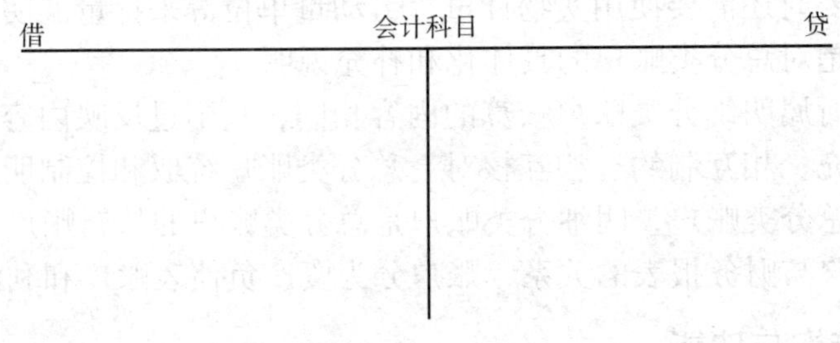

图 2-1　T 形账户

（二）账户的功能

账户的功能在于连续、系统、完整地提供企业经济活动中会计要素增减变动及其结果的具体信息。其中，会计要素在特定会计期间增加和减少的金额，分别称为账户的“本期增加发生额”和“本期减少发生额”，二者统称为账户的“本期发生额”；会计要素在会计期末的增减变动结果，称为账户的“余额”，具体表现为期初余额和期末余额，账户本期的期末余额转入下期，即下期的期初余额。对于同一账户而言，其期初余额、期末余额、本期增加发生额和本期减少发生额的基本关系为：期末余额=期初余额+本期增加发生额–本期减少发生额。账户的基本关系如图 2-2 所示。

增加	账户名称	减少
期初余额　×××		
本期增加发生额　×××		本期减少发生额×××
×××		×××
×××		×××
期末余额　×××		

图 2-2　账户的基本关系

四、账户与会计科目的关系

会计科目与账户是两个不同的概念，二者既有联系，又有区别。

（一）两者的联系

会计科目与账户都是对会计对象具体内容的科学分类，两者口径一致，性质相同。会计科目是账户的名称，也是设置账户的依据；账户是会计科目的具体运用。没有会计科目，账户便失去了设置的依据；没有账户，就无法发挥会计科目的作用。

（二）两者的区别

会计科目仅仅是账户的名称，不存在结构；而账户则具有一定的格式和结构，并通过其结构反映某项经济内容的增减变动及其余额。

在实际工作中，会计科目和账户的称呼不加严格区分，一般是相互通用的。

知识链接

“生产成本”和“制造费用”账户的关系

“生产成本”和“制造费用”账户既有区别又有联系。

（1）联系。“生产成本”和“制造费用”两科目均属于成本类科目，其用途是归集各项生产费用，计算产品的成本。“生产成本”的成本项目中包括了“制造费用”。

（2）区别。核算的具体内容和程序不同，“制造费用”账户只反映车间发生的各项间接费用，“生产成本”归集生产的全部费用，包括了制造费用。企业生产过程中发生的制造费用先在“制造费用”账户归集，期末再按一定的分配标准分配结转到“生产成本”的各产品明细账中，与先期计入生产成本的直接材料和直接人工一起汇总计算完工产品和在产品的成本。

具体说明如下。

（1）一般工业企业产品的生产成本由直接材料、直接人工和制造费用等成本项目构成。直接材料、直接人工发生时直接计入“生产成本”账户；生产产品发生的其他间接费用，发生时先计入“制造费用”账户，期末再分配转入“生产成本”账户。

① 直接材料是指构成产品实体的原材料以及有助于产品形成的主要材料和辅助材料。包括原材料、辅助材料、备品配件、外购半成品、包装物、低值易耗品等费用。

② 直接人工是指直接从事产品生产的工人的职工薪酬。上述直接费用根据实际发生数进行核算，并按照成本核算对象进行归集，根据原始凭证或原始凭证汇总表直接计入成本。

③ 制造费用是指企业为生产产品和提供劳务而发生的各项间接费用，如车间管理人员的工资及提取的福利费、车间房屋建筑物和机器设备的折旧费、租赁费、机物料消耗、水电费、办公费以及停工损失、信息系统维护费等。不能根据原始凭证或原始凭证汇总表直接计入成本的费用，需要按一定标准分配计入成本核算对象。

（2）“生产成本”科目核算企业进行工业性生产发生的各项生产成本，包括生产各种产品（产成品、自制半成品等）、自制材料、自制工具、自制设备等。该科目借方反映所发生的各项生产费用，贷方反映完工转出的产品成本，期末借方余额反映尚未加工完成的各项在产品的成本。

① 企业发生的各项直接生产成本，借记“生产成本”科目，贷记“原材料”“库存现金”“银行存款”“应付职工薪酬”等科目。

② 各生产车间应负担的制造费用，借记“生产成本”科目，贷记“制造费用”科目。

③ 企业已经生产完成并已验收入库的产成品以及入库的自制半成品，应于期（月）末，借记“库存商品”等科目，贷记“生产成本”科目。

（3）“制造费用”科目核算企业生产车间（部门）为生产产品和提供劳务而发生的各项间接费用。

① 车间发生的各项间接费用，借记“制造费用”科目，贷记“原材料”“应付职工薪酬”“累计折旧”“银行存款”等科目。

② 将制造费用分配计入有关的成本核算对象，借记“生产成本”等科目，贷记“制造费”用科目。

③ 除季节性的生产性企业外，制造费用科目期末应无余额。

知识拓展

调整类账户与调整账户的分类

调整类账户是指为调整某个账户（被调整账户）的账面余额，以表明被调整账户的实际（或应计）余额而设置的账户。它既是经济管理和会计控制的需要，又体现了会计谨慎原则的要求。从理论上说，调整账户包括抵减调整账户、附加调整账户和抵减附加调整账户。在会计实务中，抵减调整账户运用最为广泛。

一、备抵调整账户

备抵调整账户亦称抵减调整账户，是用来抵减被调整账户的余额，以求得被调整账户实际余额的账户。

1. 备抵调整账户的特点

备抵调整账户的性质与被调整账户的性质相反。

2. 备抵调整账户的分类

（1）资产备抵调整账户。

含义：用来抵减某一资产账户（被调整账户）的余额，以求得该资产账户实际余额的账户。

特点：被调整账户的性质是资产类账户。

包括：调整账户“累计折旧”“坏账准备”“短期投资跌价准备”“存货跌价准备”等账户；被调整账户“固定资产”“短期投资”“存货”等账户。

（2）权益备抵调整账户。

含义：用来抵减某一权益账户（被调整账户）的余额，以确定该权益类账户实际余额的账户。

特点：被调整账户的性质是权益类账户。

包括：调整账户包括“利润分配”账户；被调整账户包括“本年利润”账户。

二、附加调整账户

附加调整账户是用来增加被调整账户的余额，以求得被调整账户实际余额的账户。附加调整账户的特点是它与被调整账户的性质相同。其公式表示：

被调整账户的余额 + 附加调整账户余额=被调整账户的实际金额

三、备抵附加调整账户

备抵附加调整账户是既用来抵减又用来增加被调整账户的余额，以求得被调整账户实际余额的账户。公式表示：

被调整账户的余额±备抵附加调整账户余额=被调整账户实际余额

备抵附加调整账户包括“材料成本差异”“产品成本差异”等账户，其被调整账户分别为“原材料”和“库存商品”账户，“利润分配”账户也可视为备抵附加调整账户。

想一想

你准备如何向徐经理汇报本月银行存款收付存情况？

首先向徐经理汇报本企业在哪些银行，开设了哪些账户。

其次向徐经理汇报本企业本月初在这些银行的期初余额是多少。

再次向徐经理汇报本企业本月因各方面收入向这些银行账户存入了多少钱。

然后向徐经理汇报本企业本月因各方面支出从这些银行账户付出了多少钱。

最后告知徐经理本企业本月末在这些银行的余额还有多少。

请问：向徐经理汇报的本月银行存款的这些数据来自哪里？

项目总结

设置会计科目和账户，要求学生明确：会计要完成企事业单位的会计核算工作，对纷繁复杂的经济业务进行系统、连续、全面的记录、计算和报告，离不开设置会计科目和账户。不但离不开设置会计科目和账户，而且对发生的经济业务使用的会计科目必须准确，否则会计核算提供的信息就不正确。

本项目共有两项任务，八个知识点与技能点，通过学习要求学生掌握本项目的知识点与技能点。具体如表 2-4 所示。

表 2-4　设置会计科目和账户的知识点与技能点

项　　目	任　　务	知识点与技能点
设置会计科目和账户	一、设置会计科目	（一）会计科目的概念 （二）会计科目设置原则 （三）会计科目的分类 （四）企业常用会计科目表
	二、设置账户	（一）账户的概念 （二）账户的功能与结构 （三）账户的分类 （四）账户与会计科目的关系

项目训练

一、单项选择题

1．使企业的原始数据转换为初始会计信息的是（　　）。

A．会计凭证　　B．账户

C．会计报表　　D．原始凭证

2．会计科目是对（　　）的具体内容进行分类核算的项目。

A．经济业务　　B．会计主体

C．会计对象　　D．会计要素

3．下列会计科目中，属于损益类的是（　　）。

A．待摊费用　　B．预提费用

C．制造费用　　D．财务费用

4．应在账户的借方核算的是（　　）。

A．负债的增加额　　B．所有者权益的增加额

C．收入的增加额　　D．资产的增加额

5．账户之间最本质的差别是（　　）。

A．反映的经济用途不同　　B．反映的经济内容不同

C．反映的结构不同　　D．反映的格式不同

6．“制造费用”科目按其所归属的会计要素不同，属于（　　）类科目。

A．成本　　B．负债　　C．损益　　D．资产

7．账户在一定时期内所记录的增加额和减少额，称为（　　）。

A．本期增加发生额　　B．本期减少发生额

C．本期发生额　　D．账户余额

8．从企业产权关系看，净收益归属于（　　）。

A．债权人　　B．资本所有者

C．企业经营管理者　　D．国家

9．会计科目是对（　　）的具体内容进行分类核算的项目。

A．经济业务　　B．会计账户

C．会计要素　　D．会计分录

10．下列账户中，属于非流动资产的账户有（　　）。

A．研发支出　　B．库存商品

C．制造费用　　D．长期待摊费用

二、多项选择题

1．下列有关会计科目的表述中，正确的有（　　）。

A．会计科目是对每一个会计要素所反映的具体内容进一步分门别类地细分的项目

B．会计科目是复式记账、编制记账凭证的基础

C．会计科目为成本计算与财产清查提供了前提条件

D．会计科目为编制会计报表提供了方便

2．下列属于损益类科目的有（　　）。

A．主营业务收入　　B．制造费用

C．管理费用　　D．销售费用　　E．财务费用

3．下列项目中，属于会计科目设置原则的有（　　）。

A．重要性原则　　B．合法性原则

C．实用性原则　　D．相关性原则

4．下列属于资产类科目的是（　　）。

A．坏账准备　　B．累计折旧

C．待摊费用　　D．预提费用

5．下列项目中，属于所有者权益类科目是（　　）。

A．实收资本　　B．资本公积

C．盈余公积　　D．未分配利润

6．下列项目中，属于成本类科目是（　　）。

A．生产成本　　B．制造费用

C．主营业务成本　　D．长期待摊费用

7．账户的哪一方登记增加，哪一方登记减少，取决于（　　）。

A．会计科目的性质　　B．账户的性质

C．会计要素　　D．所记录经济业务的性质

8．下列关于账户的说法中正确的有（　　）。

A．按提供信息的详细程度不同，分为总分类账户和明细分类账户

B．账户按其所反映的经济内容的不同，分为资产类账户、负债类账户和所有者权益类账户

C．总账账户为一级账户，总账以下的账户称为明细账户

D．总分类账户简称总账，明细分类账户简称明细账

9．计算和判断企业经营成果及其盈亏状况的主要依据有（　　）。

A．收入　　B．支出　　C．费用　　D．成本

10．下列说法正确的有（　　）。

A．利润是指企业在特定时间、地点的经营成果，利润包括收入减去费用后的净额、直接计入利润的利得和损失等

B．利润金额取决于收入和费用、直接计入当期利润的利得和损失金额的计量

C．利润有营业利润、利润总额和净利润

D．净利润是指利润总额减去费用后的金额

三、判断题

1．我国的企业必须根据国家统一的规定设置会计科目进行会计核算，企业不可以自己设置会计科目。（　　）

2．账户按经济内容分为资产类、负债类、共同类、所有者权益类、成本类、损益类六类。（　　）

3．账户的简单格式分为左右两方，其中：左方表示增加，右方表示减少。（　　）

4．账户的基本结构是由会计要素的数量变化情况决定的。（　　）

5．会计科目表中的会计科目均相互独立，毫无联系。(   )

6．总分类科目是对会计对象具体内容进行总括分类的科目，它提供总括的核算资料。(   )

7．会计科目是设置账户的基础，因此账户与会计科目没有区别。(   )

8．总分类科目统驭下的二级科目和三级科目统称为明细分类科目。(   )

9．凡有借方余额的账户均是资产账户，凡有贷方余额的账户均为负债或所有者权益账户。(   )

10．所有的总分类账户都应设置明细账户进行核算。(   )

四、简答题

1．什么是会计科目？为什么要设置会计科目？

2．设置会计科目应遵循哪些原则？

3．会计科目如何进行分类？

4．什么是账户？为什么要设置账户？

5．账户的功能与结构是什么？

6．账户与会计科目的关系如何？

五、实训题

实训一、练习会计科目的使用与分类

资料：某企业发生下列经济业务（见表 2-5）。

表 2-5　经济业务内容与会计科目使用和分类对照表

经济业务内容	会计科目名称	按经济内容分类
1. 应支付投资者现金股利 50 000 元		
2. 应付票据三张，合计金额 100 000 元		
3. 预付甲公司货款 40 000 元		
4. 四辆运输汽车价值 350 000 元		
5. 产品生产线两条价值 6 000 000 元		
6. 办公楼一栋价值 20 000 000 元		
7. 保险柜存放的现金 15 000 元		
8. 商标权五项价值 200 000 元		
9. 投资者投入资本金 10 000 000 元		
10. 仓库中存放的已完工产品 8 000 000 元		
11. 存放在工商银行的货款 4 000 000 元		
12. 预收购货单位货款 500 000 元		
13. 存放在仓库准备生产产品的 A 材料 70 000 元		
14. 生产车间发生费用 3 000 元		
15. 支付办公用水电费 2 000 元		
16. 支付产品销售广告费用 6 000 元		
17. A 产品生产领用甲材料 20 000 元		

续表

经济业务内容	会计科目名称	按经济内容分类
18. 从银行借入为期 9 个月的借款 5 000 000 元		
19. 尚未收回的产品销售款 20 000 元		
20. 资本溢价 30 000 元		

要求：

1．将经济业务使用的会计科目填入会计科目名称栏。

2．将会计科目按经济内容分类的类别填入经济内容分类栏。

实训二、练习会计科目和账户分类

资料：如表 2-6 所示。

表 2-6　会计科目和账户分类

会计科目按经济内容分类	会计科目名称	账户按经济内容分类
资产类	本年利润 应收票据 预付账款 制造费用	资产类
负债类	实收资本 坏账准备 材料采购 应交税费	负债类
所有者权益类	短期借款 原材料 库存商品 管理费用	所有者权益类
成本类 损益类	生产成本 主营业务收入 累计折旧 预收账款 营业外支出	成本类 损益类

要求：

1．用直线连接，注明会计科目名称的分类。

2．比较账户和会计科目按经济内容分类是否一致。

项目三　选择记账方法

学习目标

知识目标

- 了解记账方法的产生与发展
- 理解复式记账法的概念与特点
- 熟悉复式记账方法的种类
- 懂得借贷记账法的基本内容
- 掌握借贷记账法下的账户结构

能力目标

- 熟悉借贷记账法的记账规则
- 掌握发生经济业务增减变化时使用的会计科目
- 掌握会计科目增减变化对应的“借”或“贷”
- 运用借贷记账法对发生的经济业务编制会计分录
- 运用试算平衡方法检查会计核算的期初余额、本期发生额和期末余额

典型项目

选择记账方法

海天公司财务部张部长给会计专业的学生上辅导课，他说：“我们已经给发生的每一笔经济业务取了‘名字’，也已经给取了‘名字’的经济业务安排了‘床位’。现在还需要做的一项工作是如何将发生的每一笔经济业务数据，在对应的‘床位’中进行登记。”他说：“在‘床位’中登记经济业务是有一套科学的记账方法的。在借贷记账法传入中国之前，中国人自己创造了收付记账法，新中国成立后又发明了增减记账法。”

任务提出：

1. 张部长说的“名字”是指什么？
2. 张部长说的“床位”又是指什么？
3. 张部长说科学的记账方法有三种，你选哪一种？为什么？

任务一　认知记账方法

【任务描述】

本任务主要介绍记账方法的概念和各类，阐述记账方法的历史变迁和应用选择，了解增减记账法、收付记账法、借贷记账法。

【任务分析】

本任务要求学生了解记账方法的变迁及其种类，熟悉单式记账法与复式记账法的原理和区别，充分认识复式记账法概念和借贷记账法在全世界的应用与普及。

【知识准备与应用】

一、记账方法的基本知识

为了对会计要素进行核算和监督，在按一定原则设置了会计科目，并根据会计科目开设了账户之后，就需要采用一定的记账方法将会计要素的增减变动登记在账户中。

记账方法是指根据一定的原理、记账符号，采用一定的计量单位，利用文字和数字，将经济业务发生所引起的各会计要素的增减变动在有关账户中进行记录的方法。

在会计发展过程中，有两种记账方法，一种是单式记账法， 另一种是复式记账法。

（一）单式记账法

单式记账法是指对发生的每一项经济业务，只在一个账户中加以登记的记账方法。运用单式记账法在记账时，重点考虑的是现金、银行存款以及债券、债务方面发生的交易或事项，而其他财产物资的记账则相对不被重视。由此可见，单式记账法的记账手续简单，但没有一套完整的账户体系，账户之间的记录没有直接联系和相互平衡关系，因此不能全面、系统地反映各项会计要素的增减变动情况和经济业务的来龙去脉，也不便于检查账户记录的正确性和完整性。

（二）复式记账法

1. 复式记账法的概念

复式记账法是指对于每一笔经济业务，都必须用相等的金额在两个或两个以上相互联系的账户中进行登记，全面系统地反映会计要素增减变化的一种记账方法。现代会计使用的是复式记账法。

2. 复式记账法的优点

复式记账法对于每一项经济业务，都要在两个或两个以上的账户中进行相互联系地记录，不仅可以通过账户记录，完整、系统地反映经济活动的过程和结果，而且还能清楚地反映资金运动的来龙去脉。复式记账法对于每一项经济业务，都以相等的金额进行对应记录，便于核对和检查账户记录结果，防止和纠正错误记录。复试记账法与单式记账法相比，具有以下两个显著的优点。

（1）能够全面反映经济业务内容和资金运动的来龙去脉。

（2）能够进行试算平衡，便于查账和对账。

3. 复式记账法的种类

在世界及我国的会计发展史上曾经采用过和正在采用的复式记账法有："增减记账法""收付记账法"和"借贷记账法"等。各种复式记账法在其基本原理相同的条件下，主要表现为记账符号、记账规则和试算平衡公式的不同。

我国在 1993 年颁布的《企业会计准则》中规定，从 1994 年起统一全国企事业单位的记账方法为"借贷记账法"。从而确立了借贷记账法的地位。

（1）增减记账法。

增减记账法在 1965 年中国商业系统首先推广应用。增减记账法是以"增""减"为记账符号，所有账户都分为增减两方，将会计科目固定分为资金来源和资金占用两大类。无论是资金占用，或是资金来源，只要是数额增加，就记入有关账户的增方，减少就记入有关账户的减方。

（2）收付记账法。

收付记账法它是用"收""付"来表示资金运用、资金来源、费用和收益变动的一种记账方法，分为单式收付记账法和复式收付记账法。

中国采用复式收付记账法，主要有：①钱物收付记账法：以钱和物收付为中心，记录经济业务的一种记账方法。为中国农村基层生产组织所广泛采用。②资金收付记账法：以预算资金和预算外资金收付为中心记录经济业务的一种记账方法。中国行政事业单位广泛采用此法。

（3）借贷记账法。

借贷记账法从它萌芽到接近于完备形式，大约经历了 300 年（13 世纪初至 15 世纪末）。这一演变过程发生在中世纪的意大利商业城市（如威尼斯、热那亚等城市）。当时，地中海沿岸某些城市的商业和手工业发展很快，出现了马克思所说的"资本主义生产的最初萌芽"。发达的商品经济，特别是地中海沿岸某些城市中十分活跃的商业（包括海上贸易）和银钱兑换业，都迫切要求从簿记中获得有关经济往来和经营成果的重要信息。经过一段孕育时期以后，簿记的方法终于取得了重大突破，科学的复式簿记法在意大利诞生了。这一演变过程大体上经历了三个不同的发展阶段：

① 佛罗伦萨式——复式簿记的萌芽阶段（1211—1340 年）。这一阶段以 1211 年佛罗伦萨银行家采用的簿记为代表（这是目前保存的意大利最古老的会计账簿，现收藏于佛罗伦萨梅迪奇。拉乌莱芝纳图书馆）。

② 热那亚式——复式簿记的改良阶段（1340—1494 年）。这一阶段以 1340 年热那亚市政厅的总账为代表（这是会计界公认的世界上最早的一册明显具备复式记账所有特征的会计记录，现收藏于热那亚古文化馆）。

③ 威尼斯式——复式簿记的完备阶段（1494—1854 年）。这一阶段以 1494 年卢卡·帕乔利（Luca Pacioli）的著作《算术、几何、比及比例概要》一书的正式出版为代表。本书的出版，使得复式簿记的优点及方法很快为世人所认识，并广为流传，因而具有划时代的意义，标志着现代会计的开始。

二、复式记账原理

复式记账原理要求对于每一笔经济业务，均要在对应的两个或两个以上账户作等额的同时登记，以全面反映经济业务来龙去脉和增减变化。如果企业对经济业务的登记符合复式记账原理，则在任何时点，会计恒等式 “资产=负债+所有者权益”或“资产=负债+所有者权益+（收入–费用）”均能成立，即双方保持着平衡关系。相反，如果企业对经济业务的记录没有遵守复式记账原理，即记账有错误，则在大多数情况下，会破坏会计恒等式的平衡关系。所以在复式记账系统下，会计可以通过会计恒等式的平衡关系检查会计核算工作的正确性。

复式记账法的理论依据为会计平衡等式，对各项经济业务的记账有以下几种情况，下面通过实例来分析说明复式记账原理。

1. 资产和负债在业务发生后同时等额增加

【同步案例 3-1】 天长公司购入材料，货款 30 000 元尚未支付。此业务涉及资产中的“原材料”账户和负债中的“应付账款”账户。同时在这两个账户中记增加 30 000 元。

会计等式：

资产（原材料+30 000 元）=负债（应付账款+30 000 元）+所有者权益

2. 资产和所有者权益在业务发生后同时等额增加

【同步案例 3-2】 天长公司接受投资的设备一台，价值 15 000 元。这项业务涉及资产中的“固定资产”账户和所有者权益中的“实收资本”账户，同时记增加 15 000 元。

会计等式：

资产（固定资产+15 000 元）=负债+所有者权益（实收资本+15 000 元）

3. 资产和负债在业务发生后同时等额减少

【同步案例 3-3】 天长公司以银行存款 100 000 元偿还所欠原材料款。这项业务涉及资产中的“银行存款”账户和负债中的“应付账款”账户，同时在这两个项目中记减少 100 000 元。

会计等式：

资产（银行存款–100 000 元）=负债（应付账款–100 000 元）+所有者权益

4. 资产和所有者权益在业务发生后同时等额减少

【同步案例 3-4】 天长公司因资本过剩而决定减资，用银行存款发还投资者投资 10 000 元。此项经济业务涉及资产中的“银行存款”和所有者权益中“实收资本”，应在两账户中同时记减少 10 000 元。

会计等式：

资产（银行存款–10 000 元）=负债+所有者权益（实收资本–10 000 元）

5. 业务发生在资产类内部，项目有增有减，增减金额相等

【同步案例 3-5】天长公司从银行提取现金 1 000 元备用。这项业务就在资产类的“现金”账户记增加 1 000 元，在“银行存款”账户记减少 1 000 元，资产总额不发生变化。

会计等式：

资产（现金+1 000 元、银行存款–1 000 元）=负债+所有者权益

6. 业务发生在负债类内部，项目有增有减，增减金额相等

【同步案例 3-6】 天长公司开出商业汇票一张，抵偿应付账款 3 000 元。这项业务为负债类不同项目的此增彼减，即“应付账款”账户减少 3 000 元，“应付票据”账户增加

了 3 000 元。

会计等式：

资产=负债（应付票据+3 000 元、应付账款–3 000 元）+所有者权益

7. 业务发生在所有者权益类内部，项目有增有减，增减金额相等

【同步案例 3-7】 天长公司将所有者权益项目中的资本公积 40 000 元转增资本金。这项业务在所有者权益中的“资本公积”记减少 40 000 元，“实收资本”记增加 40 000 元。

会计等式：

资产=负债+所有者权益（实收资本+40 000 元、资本公积–40 000 元）

8. 业务发生使负债增加（或减少），同时所有者权益减少（或增加）。

【同步案例 3-8】 天长公司宣布发放现金股利 30 000 元，实际并未发放。这就需要在负债的“应付股利”账户记增加 30 000 元，在所有者权益的“利润分配”账户记减少 30 000 元。

会计等式：

资产=负债（应付股利+30 000 元）+所有者权益（利润分配–30 000 元）

从上述业务分析，复式记账的运用保证了会计等式的始终不变。

知识链接

增减记账法演变

20 世纪 60 年代初，在《鞍钢宪法》的背景下，因“借/贷”不知所云，改革呼声再起。主管财贸工作的时任国务院副总理李先念要求商业部认真研究，在时任商业部部长姚依林领导下，商业部对各种记账方法进行比较研究，北京工商大学教授、原中国会计学会常务理事张以宽等专业人员设计了“增减记账法”，以“增/减”作为记账符号，在商业系统试行。

1964 年，商业部先在北京市商业企业进行“增减记账法”使用的试点，选择了北京市文体批发部和糖烟酒公司崇文路批发部作为试点，采取“平行作业”，即一部分人继续按照借贷记账法做账，一部分人则按照增减记账法做账，最后核对比较。1964 年 12 月召开了全国会计工作会议进行讨论，制定了改革方案，经财政部同意，从 1965 年起试行。

1965 年 4 月，财政部召开了全国会计工作改革座谈会上，将这项工作纳入《企业会计工作改革纲要（试行草案）》，明确提出：“现行的借贷记账法，要逐步改革，使之通俗易懂，便于使用”。此后，增减记账法开始在全国商业企业所属系统推行。到 1965 年 9 月，除当时的石油公司已经在全系统推行外，河北、山东、安徽、江苏、浙江、河南、湖北、湖南、广东、北京十个省市已经全面试行或者基本上全面试行，而四川、云南等省有 30%～80%的企业改用了增减记账法。1965 年 12 月召开的全国商业系统财会会议上，对增减记账法进行了再次专门研究，修改和补充了第一次改革方案并经全国商业厅局长会议审查并征得财政部同意，决定从 1966 年起在全国商业系统全面推行。

1993 年 7 月 1 日，我国《企业会计准则》实施后，增减记账法即被借贷记账法所替代。

知识拓展

资金收付记账法介绍

资金收付记账法是以预算资金的活动为记账主体，以“收”“付”作为记账符号来记录经济业务的一种复式记账法。我国从 1966 年开始在全国预算单位使用这种记账方法。其要点是：

（1）以“收”“付”作为记账符号，对所发生的各种经济业务都以资金的收付决定记账方向。记账符号与预算收入、预算支出的含义相一致。

（2）账户分为资金来源、资金运用和资金结存三类。资金来源类账户反映资金的来源渠道，资金运用类账户反映资金的去向，资金结存类账户反映货币资金和财产物资的余存情况。

（3）记账规则为“同收、同付、有收有付”。即资金来源类或资金运用类账户和资金结存类账户发生对应关系，引起资金结存增加或减少时，要同时记收同时记付，同收或同付金额相等；资金来源类账户和资金运用类账户或同类各账户之间发生对应关系，不涉及及资金结存增减变化时，要分别记收和付，收付金额相等。

（4）试算平衡方法为发生额试算平衡和余额试算平衡。

发生额平衡公式：资金来源及资金运用类账户收方发生额合计－资金来源及资金运用类账户付方发生额合计=资金结存类账户收方发生额合计－资金结存类账户付方发生额合计。

余额平衡公式：资金来源类账户收方余额合计－资金运用类账户付方余额合计=资金结存类账户收方余额合计。

想一想

借贷记账法

借贷记账法始于 13 世纪的意大利，直到 15 世纪，借贷记账法逐渐完善，并在世界各国推广使用，成为会计的一种国际通用语言。

请问：我国《会计法》是否明确规定采用“借贷记账法”？为什么？

任务二　应用借贷记账法

【任务描述】

本任务主要阐述借贷记账法的概念、借贷记账符号、账户结构、记账规则和试算平衡。通过学习要求学生在了解借贷记账法基本原理的基础上，熟练掌握借贷记账法的运用。

【任务分析】

本任务是会计基础的核心，要求学生在掌握会计科目和账户的基础上，对发生的经济业务运用借贷记账法做出会计分录，将会计分录记入账户，通过试算平衡检查会计核算的正确性。

【知识准备与应用】

一、借贷记账法的基本知识

（一）借贷记账法的概念

借贷记账法是指以“借”“贷”作为记账符号，用来记录和反映经济业务增减变化及其结果的一种复式记账法。借贷记账法的基本内容包括：记账符号、账户设置、记账规则和试算平衡四个方面。

（二）借贷记账法的内容

1. 借贷记账法的记账符号

借贷记账法以“借”“贷”作为记账符号。“借”“贷”分别作为账户的左方和右方，将账户的左方称借方，右方称贷方。所有账户的借方和贷方按照相反方向记录，即一方登记增加额，另一方就登记减少额。至于“借”表示增加，还是“贷”表示增加，则取决于账户的性质和结构。

在借贷记账法下，一般“借”表示资产、成本、费用的增加和权益、收入的减少；“贷”表示资产、成本、费用的减少和权益、收入的增加。具体可用 T 形账户表示，如图 3-1 所示。

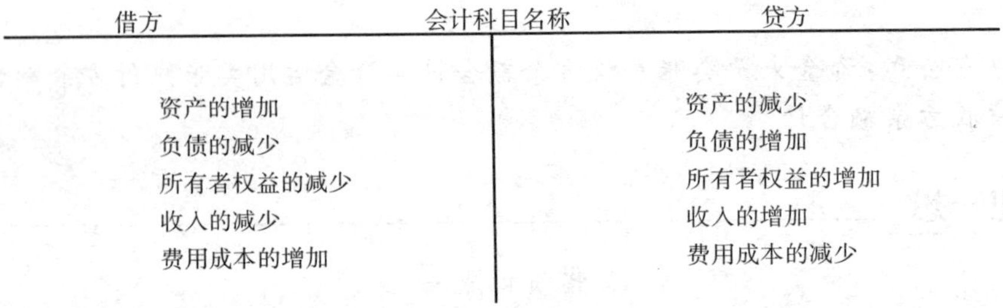

借方	会计科目名称	贷方
资产的增加 负债的减少 所有者权益的减少 收入的减少 费用成本的增加		资产的减少 负债的增加 所有者权益的增加 收入的增加 费用成本的减少

图 3-1 借贷记账法下“借”“贷”的含义

想一想

“借”表示增加，“贷”表示减少。

请问：这样的说法正确吗？

2. 借贷记账法的账户设置和结构

账户按照其性质来说，既有反映资产的账户，又有反映负债、所有者权益的账户，还有反映成本、损益的账户。各种不同性质的账户，在借贷记账法下，借方和贷方登记的内容各不相同，他们的基本结构也有所不同。在借贷记账法下，各类不同性质账户基本结构如下。

（1）资产和成本类账户的结构。

在借贷记账法下，资产类、成本类账户的借方登记增加额；贷方登记减少额；期末余额一般在借方，有些账户可能无余额。其余额计算公式为：期末借方余额=期初借方余额+本期借方发生额–本期贷方发生额。资产和成本类账户的结构用 T 形账户表示，如图 3-2 所示。

借方	账户名称（资产或成本类）	贷方
期初余额　××× 本期增加发生额 （本期借方发生）　×××		本期减少发生额 （本期贷方发生）　×××
本期增加发生合计　××× 期末余额　×××		本期减少发生合计　×××

图 3-2　资产或成本类账户的结构

（2）负债和所有者权益类账户的结构。

负债和所有者权益账户的结构与资产类账户正好相反。在借贷记账法下，负债和所有者权益类账户的借方登记减少额，贷方登记增加额，期末余额一般在贷方，有些账户可能无余额。其余额计算公式为：期末贷方余额=期初贷方余额+本期贷方发生额–本期借方发生额。负债和所有者权益类账户的结构用 T 形账户表示，如图 3-3 所示。

借方	账户名称（负债或所有者权益类）	贷方
本期减少发生额 （本期贷方发生）　×××		期初余额　××× 本期增加发生额 （本期贷方发生）　×××
本期减少发生合计　×××		本期增加发生合计　××× 期末余额　×××

图 3-3　负债或所有者权益类账户的结构

（3）损益类账户的结构。

损益类账户主要包括收入类账户（如主营业务收入、其他业务收入等账户）、直接计入当期损益的其他收益类账户（如营业外收入账户）；费用类账户（如管理费用、财务费用等账户）和损失类账户（如营业外支出）。

① 收益类账户的结构。

收益类账户的结构与负债和所有者权益类账户的结构基本相同，在借贷记账法下，收益类（包括收入类账户和直接计入当期损益的其他收益类账户）的借方登记减少额；贷方登记增加额。本期收益净额在期末转入“本年利润”账户，用来计算本期损益，结转后一般无余额。收益类账户的结构用 T 形账户表示，如图 3-4 所示。

② 费用和损失类账户的结构。

费用和损失类账户的结构与资产和成本类账户的结构基本相同。在借贷记账法下，费用类和损失类账户的借方登记增加额，贷方登记减少额。本期费用和损失净额在期末转入“本年利润”账户，用来计算本期损益，结转后一般无余额。费用类和损失类账户用的结构用 T 形账户表示，如图 3-5 所示。

借方	账户名称（收益类）	贷方
本期减少发生额（本期借方发生） ×××		本期增加发生额（本期贷方发生） ×××
本期减少发生合计 ×××		本期增加发生合计 ××× 期末余额 0

图 3-4 收益类账户的结构

借方	账户名称（费用和损失类）	贷方
本期增加发生额（本期借方发生） ×××		本期减少发生额（本期贷方发生） ×××
本期增加发生合计 ××× 期末余额 0		本期减少发生合计 ×××

图 3-5 费用和损失类账户的结构

3. 借贷记账法的记账规则

记账规则是指采用某种记账方法登记具体经济业务时应遵循的规律。借贷记账法的记账规则是“有借必有贷，借贷必相等”。按照这一记账规则，任何经济业务的发生，都必须同时登记在两个或两个以上相互联系的账户，一方记入借方，另一方必须记入贷方，记入借方的金额等于记入贷方的金额。如果涉及多个账户，记入借方账户金额的合计数应该等于记入贷方账户金额的合计数。下面我们举几个实例来说明。

【同步案例 3-9】 A 公司收到乙公司投入资本金 100 万元，存入银行。

分析：该业务发生使“银行存款”增加了 100 万元，同时使“实收资本”也增加 100 万元，按照“借”“贷”含义，则：

银行存款借方记入 100 万元

实收资本贷方记入 100 万元

符合“有借必有贷，借贷必相等”的记账规则。

【同步案例 3-10】 A 公司购进原材料一批计 5 万元，以银行存款支付 3 万元，其余 2 万元尚欠。

分析：该业务发生使“原材料”增加了 5 万元，“银行存款”减少了 3 万元，“应付账款”增加了 2 万元，按照“借”“贷”含义，则：

原材料借方记入 5 万元

银行存款贷方记入 3 万元

应付账款贷方记入 2 万元

符合“有借必有贷，借贷必相等”的记账规则。

【同步案例 3-11】 A 公司销售一批商品计 10 万元，收到货款 7 万元存入银行，其余 3 万元尚欠。

分析：该业务发生使“主营业务收入”增加了 10 万元，“银行存款”增加了 7 万元，“应收账款”也增加了 3 万元，按照“借”“贷”含义，则：

银行存款借方记入 7 万元

应收账款借方记入 3 万元

主营业务收入贷方记入 10 万元

符合“有借必有贷，借贷必相等”的记账规则。

4. 借贷记账法的试算平衡

试算平衡是根据资产与权益的平衡关系，按照记账规则的要求，通过对本期账户的全部记录进行汇总和试算，以检验账户记录正确与否的一种专门方法。借贷记账法的试算平衡有发生额试算平衡法和余额试算平衡法两种。前者是以记账规则为直接依据，而后者是以会计等式“资产=权益”为直接依据。

（1）账户发生额试算平衡。

全部账户借方发生额合计数=全部账户贷方发生额合计数

（2）账户余额试算平衡。

全部账户借方余额合计数=全部账户贷方余额合计数

借贷记账法的试算平衡一般是通过编制“试算平衡表”进行检查，如表 3-1 所示。

表 3-1　总分类账户本期发生额及余额试算平衡表

账户名称	期初余额		本期发生额		期末余额	
	借　方	贷　方	借　方	贷　方	借　方	贷　方
合　　计						

二、借贷记账法的基本应用

（一）编制会计分录

在前述的借贷记账法记账规则同步案例中分析了经济业务发生后，运用借贷记账法的“借贷含义”和账户设置，明确了经济业务发生后运用什么会计科目，记入借方还是贷方，金额是多少。这是会计分录的雏形。

1. 会计分录的概念

会计分录简称分录，是对每笔经济业务列示出应借、应贷的账户名称及其金额的一种记录。会计分录一般包括三个要素，即：对应账户（科目）名称、记账符号、借贷金额。

2. 会计分录的分类

会计分录有简单的会计分录和复合会计分录两种。简单会计分录是一借一贷的分录。

复合会计分录是一借多贷、多借一贷或者多借多贷的分录。

3. 会计分录编制步骤与规范

（1）分析经济业务事项涉及的是资产（费用、成本），还是权益（收入）。

（2）分析确定涉及哪些会计科目，是增加还是减少。

（3）分析确定记入哪个（或哪些）账户的借方，哪个（哪些）账户的贷方。

（4）按规范的格式书写出会计分录。

会计分录的规范格式：采用先借后贷、上借下贷，每一个账户占一行；借方与贷方应错位表示，金额也要错开写，以便醒目、清晰。

【同步案例 3-12】 生产甲产品向仓库领用材料一批，其中甲产品生产用 4 000 元，车间管理用 1 000 元。

根据上述会计分录编制步骤，编制的规范会计分录为：

借：生产成本　　4 000.00
　　制造费用　　1 000.00
　贷：原材料　　　　5 000.00

【同步案例 3-13】 向远大公司销售产品一批，销售货款为 50 000 元，增值税款为 8 500 元，收到货税款 55 000 元存入银行，其余尚欠。

根据上述会计分录编制步骤，编制的规范会计分录为：

借：银行存款　　55 000.00
　　应收账款　　3 500.00
　贷：主营业务收入　　　　50 000.00
　　　应交税费—应交增值税　　8 500.00

（二）账户对应关系

账户的对应关系是指采用借贷记账法对每笔交易或事项进行记录时，相关账户之间形成的应借、应贷的相互关系。存在对应关系的账户称为对应账户。在借贷记账法下，发生的每一笔经济业务，都要记录在一个或几个账户的借方与另一个或几个账户的贷方。对每项经济业务记录所形成的这种“借”记账户和“贷”记账户之间的联系，称为账户的对应关系。通过账户间的这种对应关系，可以了解每笔经济业务的内容，掌握经济业务的来龙去脉，检查经济业务的会计处理是否合理合法。

（三）基本应用实例

1. 东升公司 2017 年 6 月 30 日有关账户余额

如表 3-2 所示。

表 3-2 东升公司账户余额

2017 年 6 月 30 日　　　　金额单位：元

会计科目	借方余额	贷方余额
库存现金	20 000	
银行存款	600 000	

续表

应收账款	30 000	
会计科目	借方余额	贷方余额
原材料	100 000	
库存商品	800 000	
固定资产	4 000 000	
短期借款		500 000
应付账款		30 000
实收资本		5 000 000
资本公积		20 000
合　计	5 550 000	5 550 000

2. 东升公司 2017 年 7 月发生的经济业务（部分）

（1）接受 B 公司投入运输汽车三辆，双方作价确认 200 000 元。

（2）购买材料一批计价 5 000 元，以银行存款支付，材料已验收入库。

（3）生产甲产品从仓库领用原材料 25 000 元。

（4）收回前欠货款 30 000 元存入银行。

（5）以现金购买办公用品一批计 2 000 元，交付行政部门使用。

（6）销售商品一批，货款 40 000 元，增值税 6 800 元，货款及税款存入银行。

（7）支付销售产品广告费 5 000 元，以银行存款支付。

（8）以银行存款归还前欠货款 30 000 元。

（9）职工张科林出差预借差旅费 3 000 元，以现金支付。

（10）结转销售商品成本 20 000 元。

（11）将本月收入转入“本年利润”账户。

（12）将本月支出转入“本年利润”账户。

3. 会计核算要求

（1）根据 7 月份发生的经济业务编制会计分录。

（2）根据账户期初余额和编制的会计分录开设并登记账户。

（3）根据账户记录编制试算平衡表，检查会计核算是否正确。

具体会计处理：

1. 编制会计分录

（1）借：固定资产　　200 000
　　贷：实收资本　　200 000

（2）借：原材料　　5 000
　　贷：银行存款　　5 000

（3）借：生产成本—甲产品　　25 000
　　贷：原材料　　25 000

（4）借：银行存款　　30 000
　　贷：应收账款　　30 000

（5）借：管理费用　　2 000
　　贷：库存现金　　2 000
（6）借：银行存款　　46 800
　　贷：主营业务收入　　40 000
　　　　应交税费——应交增值税　　6 800
（7）借：销售费用　　5 000
　　贷：银行存款　　5 000
（8）借：应付账款　　30 000
　　贷：银行存款　　30 000
（9）借：其他应收款——张科林　　3 000
　　贷：库存现金　　3 000
（10）借：主营业务成本　　20 000
　　贷：库存商品　　20 000
（11）借：主营业务收入　　40 000
　　贷：本年利润　　40 000
（12）借：本年利润　　27 000
　　贷：主营业务成本　　20 000
　　　　销售费用　　5 000
　　　　管理费用　　2 000

2. 开设并登记账户

借　库存现金　贷

借	贷
期初余额 20 000	
	（5） 2 000 （9） 3 000
本期发生额	本期发生额 5 000
期末余额 15 000	

借　银行存款　贷

借	贷
期初余额 600 000	
（4） 30 000 （6） 46 800	（2） 5 000 （7） 5 000 （8） 30 000
本期发生额 76 800	本期发生额 40 000
期末余额 636 800	

借　应收账款　贷

借	贷
期初余额 30 000	
	（4） 30 000
本期发生额	本期发生额 30 000
期末余额 0	

借　原材料　贷

借	贷
期初余额 100 000	
（2） 5 000	（3） 25 000
本期发生额 5 000	本期发生额 25 000
期末余额 80 000	

固定资产

借	贷
期初余额 4 000 000	
（1） 200 000	
本期发生额 200 000	本期发生额
期末余额 4 200 000	

短期借款

借	贷
	期初余额 500 000
	期末余额 500 000

应付账款

借	贷
	期初余额 30 000
（8） 300 000	
本期发生额 30 000	本期发生额
	期末余额 0

实收资本

借	贷
	期初余额 5 000 000
	（1） 200 000
本期发生额	本期发生额 200 000
	期末余额 5 200 000

资本公积

借	贷
	期初余额 20 000
	期末余额 20 000

生产成本

借	贷
（3） 25 000	
本期发生额 25 000	本期发生额
期末余额 25 000	

管理费用

借	贷
（5） 2 000	（12） 2 000
本期发生额 2 000	本期发生额 2 000
期末余额 0	

主营业务收入

借	贷
（11） 40 000	（6） 40 000
本期发生额 40 000	本期发生额 40 000
	期末余额 0

应交税费

借	贷
	（6） 6 800
本期发生额	本期发生额 6 800
	期末余额 6 800

销售费用

借	贷
（7） 5 000	（12） 5 000
本期发生额 5 000	本期发生额 5 000
期末余额 0	

其他应收款

借	贷
（9） 3 000	
期末余额 3 000	本期发生额
期末余额 3 000	

主营业务成本

借	贷
（10） 20 000	（12） 20 000
本期发生额 20 000	本期发生额 20 000
期末余额 0	

借	库存商品	贷
期初余额 800 000		
	（10） 20 000	
本期发生额	本期发生额 20 000	
期末余额 780 000		

借	本年利润	贷
（12） 27 000	（11） 40 000	
本期发生额 27 000	本期发生额 40 000	
	期末余额 13 000	

三、试算平衡

根据账户记录的结果编制总分类账户试算平衡表，如表 3-3 所示。

表 3-3 总分类账户本期发生额及余额试算平衡表

编制单位：东升公司　　2017 年 7 月 31 日　　金额单位：元

账户名称	期初余额		本期发生额		期末余额	
	借 方	贷 方	借 方	贷 方	借 方	贷 方
库存现金	20 000			5 000	15 000	
银行存款	600 000		76 800	40 000	636 800	
应收账款	30 000			30 000	0	
原材料	100 000		5 000	25 000	80 000	
库存商品	800 000			20 000	780 000	
固定资产	4 000 000		200 000		4 200 000	
短期借款		500 000				500 000
应付账款		30 000	30 000			0
实收资本		5 000 000		200 000		5 200 000
资本公积		20 000				20 000
生产成本			25 000		25 000	
管理费用			2 000	2 000	0	
销售费用			5 000	5 000	0	
主营业务收入			40 000	40 000		0
主营业务成本			20 000	20 000	0	
应交税费				6 800		6 800
其他应收款			3 000		3 000	
本年利润			27 000	40 000		13 000
合　　计	5 550 000	5 550 000	433 800	433 800	5 739 800	5 739 800

知识链接

怎样才能快速、正确地编制会计分录

会计分录是对发生的经济业务做出，使用会计科目、应借应贷方向和金额的记账公式，是记账凭证的最简化形式。

在编制会计分录时，可按以下步骤进行：

（1）涉及的账户，分析经济业务涉及哪些账户发生变化。

（2）账户的性质，分析涉及的这些账户的性质，即它们各属于什么会计要素，位于会计等式的左边还是右边。

（3）增减变化情况，分析确定这些账户是增加了还是减少了，增减金额是多少。

（4）记账方向，根据账户的性质及其增减变化情况，确定分别记入账户的借方或贷方。

（5）根据会计分录的格式要求，编制完整的会计分录。

快速正确编制会计分录要求做到：多学、多问、多练。

（1）首先从会计科目入手，背熟会计科目核算内容。

（2）结合经济业务分析应使用的会计科目，并弄清其来龙去脉。

（3）按照"有借必有贷、借贷必相等"规则明确对应账户和对应关系。

（4）针对不同经济业务编制会计分录，多练多实践，才能多积累经验，熟能生巧。

（5）对特殊业务会计分录的编制要认真学习，如成本归集与分配、成本结转、损益结转、各项税费的计提与核算，还有资产减值、公允价值变动、递延税项、或有负债等账务处理。

知识拓展

试算平衡表的作用

试算平衡表是定期地加计分类账各账户的借贷方发生及余额的合计数，用以检查借贷方是否平衡和账户记录有无错误的一种表式。该表通常设有"账户名称"栏和"期初余额""本期发生额""期末余额"三个金额栏。通过总分类账户本期发生额和余额对照表，除可验算全部总分类账户发生额及期末余额是否平衡外，还可一般地了解该期间经济活动和预算执行的概况；另外，该表提供的数据通过必要的计算和调整，也可作为编制会计报表的重要依据。

在借贷记账法下，试算平衡表有以下作用：

（1）检验会计记录的正确性。

（2）试算平衡表是编制资产负债表的基础资料。

（3）试算平衡表可以概略地反映出企业本会计期间经济活动所导致的财务状况。

但是，大家需要注意的是通过试算平衡表来检查账簿记录是否正确也并不是绝对的。从某种意义上讲，如果借贷不平衡，就可以肯定账户的记录或者是计算有错误。如果借贷平衡，我们也不能肯定账户记录没有错误，因为有些错误并不影响借贷双方的平衡关系。如果在有关账户中重记或漏记某项经济业务，或者将经济业务的借贷方向记反，我们就不一定能通过试算平衡发现错误。

想一想

什么是借贷记账法的核心内容？

借贷记账法的基本内容包括：记账符号、账户结构、记账规则、试算平衡。

借贷记账法的基本应用包括：会计分录编制、账户试算平衡。

请问：你认为掌握借贷记账法的核心是掌握什么？

项目总结

选择记账方法，要求学生了解记账方法的演变和各类，懂得复式记账原理，掌握借贷记账法的基本知识和具体应用。通过学习要求学生掌握本项目的知识点与技能点，如表3-4所示。

表3-4 选择记账方法的知识点与技能点

选择记账方法	一、认知记账方法	（一）记账方法的基本知识 （二）复式记账原理
	二、应用借贷记账法	（一）借贷记账法的基本知识 （二）借贷记账法的应用

项目训练

一、单项选择题

1．在我国，所有企事业单位在进行会计核算时，都必须统一选用（　　）。

A．复式记账法　　B．增减记账法

C．收付记账法　　D．借贷记账法

2．复式记账法是对每项经济业务都必须用相等的金额在两个或者两个以上账户中同时登记，其登记的账户是（　　）。

A．资产类账户　　B．权益类账户

C．相互联系的对应账户　　D．总账户和明细账户

3．在借贷记账法下，为保持账户之间清晰的对应关系，不应编制不同经济业务的（　　）会计分录。

A．一借一贷　　B．多借一贷　　C．一借多贷　　D．多借多贷

4．借贷记账法下的发生额平衡是由（　　）决定的。

A．“有借必有贷、借贷必相等”的规则

B．“资产=权益”的会计等式

C．平行登记要点

D．账户的结构

5．在复合会计分录“借：固定资产 50 000，贷：银行存款 30 000，应付账款 20 000”中：“银行存款”账户的对应账户是（　　）。

A．应付账款　　B．银行存款

C．固定资产　　D．固定资产和应付账款

6．在借贷记账法下，不能编制不同经济业务的多借多贷的会计分录理由是（　　）。

A．编制手续复杂，不便于记账　　B．不能反映账户间的对应关系

C．会计制度不允许　　D．不符合记账规则

7. 在编制“总分类账户试算平衡表”中，若出现三对平衡数字，则（　　）。
A. 全部总账账户记录一定正确
B. 全部总账账户记录正确，但不能认为肯定无错
C. 全部明细分类账户记录一定正确
D. 全部明细分类账户记录正确，但不能认为肯定无错
8. 预收购买单位预付的购买产品款，应看作（　　）加以确认。
A. 资产　B. 负债　C. 所有者权益　D. 收入
9. 在借贷记账法下，账户的何方记增加，何方记减少，取决于（　　）。
A. 账户的格式　B. 账户的结构
C. 账户的用途　D. 账户反映的经济内容
10. 收益类账户的结构与资产类账户的结构（　　）。
A. 一致　B. 无关　C. 基本相同　D. 相反

二、多项选择题

1. 下列有关复式记账法的表述中正确的有（　　）。
A. 复式记账法一般应在两个或两个以上账户中登记，但有时也在一个账户登记
B. 复式记账法能如实反映资金运动的来龙去脉
C. 复式记账法便于检查账户记录是否正确
D. 我国所有企事业单位都必须统一采用复式记账法中的借贷记账法进行会计核算
2. 在借贷记账法下，一般“借”表示（　　）。
A. 资产的增加　B. 费用的增加　C. 权益的增加　D. 收入的减少
3. 下列计入借方的是（　　）。
A. 资产的增加额　B. 负债的增加额
C. 所有者权益的增加额　D. 费用的增加额
4. 下列项目中，属于借贷记账法特点的有（　　）。
A. 以“借”“贷”为记账符号
B. 以“有借必有贷，借贷必相等”为记账规则
C. 可以进行发生额试算平衡和余额试算平衡
D. 记账方向由账户所反映的经济内容来决定
5. 下列哪些错误不会影响借贷双方的平衡关系（　　）。
A. 漏记某项经济业务　B. 重记某项经济业务
C. 记错方向，把借方计入贷方　D. 借贷错误巧合，正好抵消
6. 关于试算平衡法的下列说法正确的是（　　）。
A. 包括发生额试算平衡法和余额试算平衡法
B. 试算不平衡，表明账户记录肯定有错误
C. 试算平衡了，说明账户记录一定正确
D. 理论依据是“有借必有贷、借贷必相等”
7. 对于资产类账户，下列说法正确的是（　　）。
A. 借方登记增加数、贷方登记减少数
B. 借方登记减少数、贷方登记增加数

C．期末余额在借方

D．借方本期发生额一定大于贷方本期发生额

8．在借贷记账法下，复合会计分录表现为（　　）。

A．一借一贷　　B．一借多贷　　C．多借一贷　　D．多借多贷

9．采用复式记账在账户中登记经济业务有以下优点（　　）。

A．可根据账户记录了解每项经济业务的来龙去脉，观察经济业务的过程和结果

B．可通过核对账户记录进行试算平衡，检查账户记录的正确性

C．账户记录的结果不会打破会计等式

D．账户设置完整，各账户间有严密的对应关系

10．采用复式记账法和“借”“贷”符号记录经济业务时（　　）。

A．引起会计要素有关账户的同增同减变化，必然是有借有贷

B．引起会计要素有关账户的有增有减变化，必然是有借有贷

C．记入借方账户的金额必然与记入贷方的金额相等

D．记入一个账户的借方，则也应记入另一个账户的借方，这叫同向登记

三、判断题

1．复式记账法是指对于发生的每一项经济业务都要以相等的金额同时在相互联系的两个账户中进行登记的一种记账方法。（　　）

2．复式记账法可以保持账户之间的平衡关系。（　　）

3．借贷记账法中的记账符号“借”肯定是账户的左方，“贷”肯定是账户的右方。（　　）

4．借贷记账法中的“借”表示增加，“贷”表示减少。（　　）

5．期初余额平衡和期末余额平衡是受“资产=负债+所有者权益”的恒等关系决定的。（　　）

6．借贷二字不仅是作为记账符号，其本身的含义也应考虑，“借”只能表示债权增加，“贷”只能表示债务增加。（　　）

7．借贷记账法下账户的基本结构是：左方为借方，右方为贷方。（　　）

8．借贷记账法不同于其他复式记账法的唯一特点是以“借”“贷”为记账符号。（　　）

9．资产类账户期末余额=期初余额+本期借方发生额−本期贷方发生额。（　　）

10．根据账户记录编制试算平衡表以后，如果所有账户在借方发生额同所有账户的贷方发生额相等，则说明会计分录的编制和账户的登记一般是正确的。（　　）

四、简答题

1．什么是记账方法？什么是单式记账法？什么是复式记账法？

2．复式记账法的优点和种类有哪些？

3．什么是借贷记账法？如何理解“借”“贷”二字？

4．借贷记账法的基本内容包括哪些项目？

5．什么是什么会计分录？什么是简单会计分录？什么是复合会计分录？

6．什么是对应账户？什么是账户对应关系？

五、实训题

实训一、练习借贷记账法“借”“贷”含义和账户功能。

资料：

某公司2017年3月初的资产、负债及所有者权益情况如表3-5所示。

表3-5　资产、负债及所有者权益表

资　　产	金　　额	负债及所有者权益	金　　额
库存现金	1 000	负债：	
银行存款	13 000	短期借款	100 000
应收账款	14 000	应付账款	25 000
其他应收款	2 000	应付职工薪酬	5 000
材料采购	10 000		
生产成本	140 000	所有者权益：	
原材料	50 000	实收资本	500 000
库存商品	70 000	资本公积	50 000
固定资产	400 000	盈余公积	20 000
合　　计	700 000	合　　计	700 000

3月该公司发生下列各项经济业务：

（1）向甲公司购入原材料一批，计价20 000元，材料验收入库，货款未付。

（2）生产车间领用材料45 000元投入A产品的生产。

（3）向银行借入短期借款50 000元存入银行。

（4）以现金暂付职工张强差旅费1 000元。

（5）以银行存款偿还前欠甲公司材料款20 000元。

（6）收到×单位投入资本30 000元存入银行。

（7）收回乙公司前欠货款12 000元存入银行。

（8）从银行提取现金1 000元。

（9）以银行存款购入机器一台，价值20 000元。

（10）以银行存款支付职工医院医药费5 000元。

要求：

1．将该公司期初余额填入表3-6。

2．将该公司3月份发生的经济业务填入下表借方和贷方发生额之中。

3．根据借贷记账法账户结构计算出表3-6中的月末余额。

表 3-6　某公司有关账户期初、本月发生和期末余额表

金额单位：元

资　　产	期初余额	借方发生额	贷方发生额	月末余额	负债及所有者权益	期初余额	借方发生额	贷方发生额	月末余额
库存现金					负债：				
银行存款					短期借款				
应收账款					应付账款				
其他应收款					应付职工薪酬				
材料采购					所有者权益：				
生产成本					实收资本				
原 材 料					资本公积				
库存商品					盈余公积				
固定资产									
总　　计					总　　计				

实训二、练习借贷记账法的具体运用。

资料：

1．某公司 2017 年 7 月资产、负债及所有者权益账户的期初余额如表 3-7 所示。

表 3-7　资产、负债及所有者权益账户的期初余额表

资产类账户	金　　额	负债及所有者权益类账户	金　　额
库存现金	1 000	负债：	
银行存款	135 000	短期借款	60 000
应收账款	10 000	应付账款	8 000
生产成本	40 000	应交税费	2 000
原 材 料	120 000	负债合计	70 000
库存商品	24 000	所有者权益：	
固定资产	600 000	实收资本	860 000
		所有者权益合计	860 000
合　　计	930 000	合　　计	930 000

2．该公司 7 月该公司发生下列经济业务：

（1）购进材料一批，计价 11 700 元（含增值税 17%），材料验收入库，以存款支付。

（2）生产车间领用丙材料 40 000 元，全部投入生产甲产品。

（3）从银行存款户提取现金 400 元备用。

（4）以银行存款购入汽车 1 辆，计价 100 000 元。

（5）用银存款偿还前欠货款 3 000 元。

（6）生产车间从仓库领料 25 000 元生产甲产品。

（7）收到购货单位归还前欠 3 000 元货款存入银行。

（8）其他单位投入资本 20 000 元存入银行。

（9）以银行存款 16 000 元，归还短期借款 12 000 元，归还供货单位货款 4 000 元。

（10）收到购货单位前欠货款 4 000 元，其中支票 3 600 元存入银行，另现金 400 元。

要求：

1．根据 7 月发生的各项经济业务，用借贷记账法编制会计分录。

2．开设各账户（T 形）登记期初余额、本期发生额，结出期末余额。

3．编制“总分类账户试算平衡表”（见表 3-8）。

表 3-8　总分类账户试算平衡表

会计科目	期初余额		本期发生额		期末余额	
	借　方	贷　方	借　方	贷　方	借　方	贷　方
合　计						

实训三、练习借贷记账法下经济业务表述、会计分录和试算平衡表编制。

资料：

某公司 2017 年 9 月有关账户记录如下：

借方 库存现金	贷方	借方 银行存款	贷方
期初余额 160	① 其他应收款 120	期初余额 16 800	④ 现金 400
② 应收账款 100	⑥ 银行存款 400	② 应收账款 5 600	⑤ 其他应付款 6 020
④ 银行存款 400	⑩ 原材料 160	③ 固定资产 42 000	⑧ 应付账款 28 600
⑨ 银行存款 400	⑫ 应付账款 300	⑥ 库存现金 400	⑨ 库存现金 400
⑪ 其他应收款 40		⑦ 应收账款 20 620	⑫ 应付账款 1 700
		⑬ 短期借款 10 000	⑮ 短期借款 24 000
		⑭ 实收资本 20 000	⑯ 固定资产 54 000
本期发生额 940	本期发生额 980	本期发生额 98 620	本期发生额 115 120
期末余额 120		期末余额 300	

借方 应收账款	贷方	借方 其他应收款	贷方
期初余额 30 800	② 银行存款 5 600	① 现金 120	⑪ 原材料 80
	② 库存现金 100		⑪ 库存现金 40
	⑦ 银行存款 20 620		
本期发生额 —	本期发生额 26 320	本期发生额 120	本期发生额 120
期末余额 4 480		期末余额 0	

借方	原材料 贷方	借方	生产成本 贷方
期初额 46 000		期初余额 36 120	
⑩ 库存现金 160			
⑪ 其他应收款 80			
本期发生额 240	本期发生额—	本期发生额 —	本期发生额 —
期末余额 46 240		期末余额 36 120	

借方	库存商品 贷方	借方	固定资产 贷方
期初余额 19 120		期初余额 360 000	③ 银行存款 42 000
		⑯ 银行存款 54 000	
本期发生额 —	本期发生额 —	本期发生额 54 000	本期发生额 42 000
期末余额 19 120		期末余额 372 000	

借方	短期借款 贷方	借方	应付账款 贷方
⑮ 银行存款 24 000	期初余额 32 800	⑧ 银行存款 28 600	期初余额 56 600
	⑬ 银行存款 10 000	⑫ 银行存款 1 700	
		⑫ 应付账款 300	
本期发生额 24 000	本期发生额 10 000	本期发生额 30 600	本期发生额 —
	期末余额 18 800		期末余额 26 000

借方	其他应付款 贷方	借方	实收资本 贷方
⑤ 银行存款 6 020	期初余额 6 420		期初余额 413 180
			⑭ 银行余额 20 000
本期发生额 6 020	本期发生额 —	本期发生额 —	本期发生额 20 000
	期末余额 400		期末余额 433 180

要求：

1．根据上列账户发生额对应关系，逐笔说明发生的经济业务。

2．按照上列账户发生额记录结果，逐笔编会计分录。

3．根据上列账户记录资料编制“总分类账户试算平衡表”。

项目四 核算企业主要经济业务

学习目标

知识目标

- 了解制造类企业主要经济业务内容
- 熟悉资金筹集业务流程、明确账户设置和账务处理
- 熟悉固定资产购置业务流程、明确账户设置和账务处理
- 熟悉材料采购业务流程、明确账户设置和账务处理
- 熟悉产品生产业务流程、明确账户设置和账务处理
- 熟悉产品销售业务流程、明确账户设置和账务处理
- 熟悉利润的形成与分配业务流程、明确账户设置和账务处理

能力目标

- 掌握资金筹集业务核算内容和核算方法
- 掌握固定资产购置业务核算内容和核算方法
- 掌握材料采购业务核算内容和核算方法
- 掌握产品生产业务核算内容和核算方法
- 掌握产品销售业务核算内容和核算方法
- 掌握利润形成与分配业务核算内容和核算方法

典型项目

你的手机成本是多少?

手机是每个学生不可缺少的生活和学习用品，同学们手中有华为、小米、三星、苹果等不同品牌的手机，不同品牌或同一品牌不同型号的手机价格都不一样，一部手机售价少则一两千元，多则五六千元。你知道手中的手机成本是多少吗?

作为制造类企业（如手机生产企业），其主要任务是生产和销售产品，同样会计核算的主要任务也就是产品成本的计算。假定某公司生产一批 10 000 部手机，投入原材料 400 万元，支付生产工人工资 40 万元，发生制造费用 60 万元。

任务提出：

1. 该公司生产的每一部手机成本是多少?
2. 发生的原材料、生产工人工资和制造费用是怎样核算出来的?

任务一 制造业主要经济业务

【任务描述】

制造业是一种典型的企业类型，学习和掌握会计核算方法从制造业主要经济业务开始。要掌握制造业会计核算方法，首先要了解和熟悉制造业主要经济业务。

【任务分析】

本任务包括制造业主要业务内容和制造业经济业务流程两部分内容，通过学习要求学生了解制造业主要业务内容，明确制造业经济业务流程，明确制造业会计核算的主要内容。

【知识准备与应用】

一、制造业主要业务内容

不同企业的经济业务各有特点，其生产经营业务流程也有所不同。本项目介绍制造类企业主要经济业务运用借贷记账法进行会计核算的方法，制造企业主要经济业务包括：资金筹集、设备购置、材料采购、产品生产、商品销售和利润形成与分配等经济业务。

企业从各个渠道筹集生产经营所需资金进入生产经营准备过程，主要使用货币资金购置机器设备等固定资产，购买原材料等为生产产品做好物资准备，随后进入生产过程。产品的生产过程也是成本和费用的发生过程，从其变化过程看，原材料等劳动对象通过加工转化为产成品；从价值形态看，生产过程中发生的各种耗费形成企业的生产费用，使用厂房、机器设备等劳动资源形成折旧费用等，这些耗费的总和形成了产品的生产成本。销售过程是产品价值的实现过程，在销售过程中，各企业通过销售产品并办理结算等，收回货款或者形成债权。各项收入抵偿各项成本、费用之后的差额，形成企业的利润，完成一次资金循环。利润分配后，一部分资金退出企业，一部分资金以留存收益等形式继续参与企业的资金流转。针对企业生产经营过程中发生的上述经济业务，制造业主要会计核算包括：

（1）资金筹集业务的账务处理。

（2）固定资产业务的账务处理。

（3）材料采购业务的账务处理。

（4）产品生产业务的账务处理。

（5）产品销售业务的账务处理。

（6）期间费用的账务处理。

（7）利润形成与分配业务的账务处理。

二、制造业经济业务流程

制造业进行生产经营活动，首先要用货币资金去购买生产设备和材料物资为生产过程做准备，然后将其投入企业生产过程中生产出产品，最后还要将生产出来的产品对外出售并收回因出售产品而取得的货币资金。这样，制造企业的经济业务流程就陆续经过了供应过程、生产过程和销售过程三个阶段。

（一）供应过程阶段业务流程

供应过程阶段即产品生产准备阶段，本阶段业务流程如图 4-1 所示。

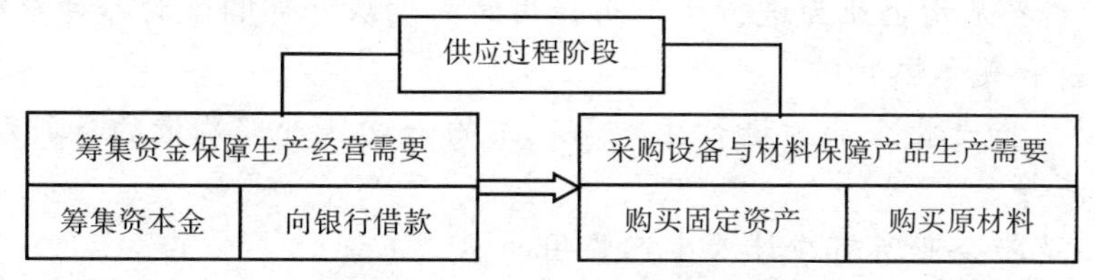

图 4-1　供应过程业务流程

（二）生产过程阶段业务流程

生产过程阶段即产品生产阶段，从投入原材料开始生产、支付工资等各项费用，到产品生产完成验收入库的整个过程。本阶段的业务流程如图 4-2 所示。

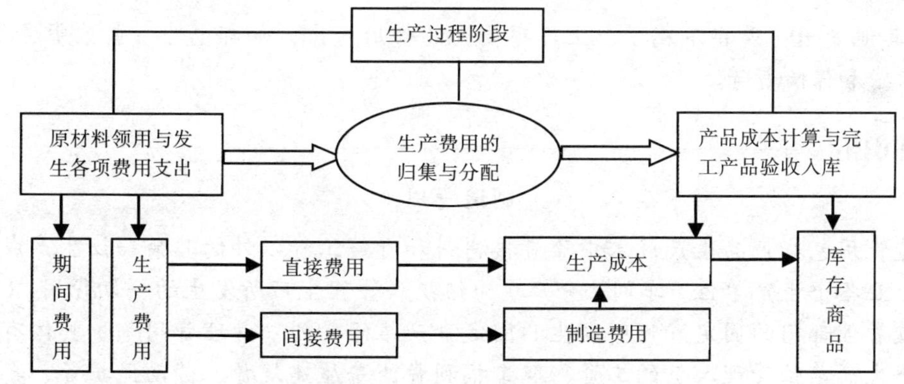

图 4-2　生产过程业务流程

（三）销售过程阶段业务流程

销售过程阶段即完工产品出售、利润形成与分配阶段，本阶段业务流程如图 4-3 所示。

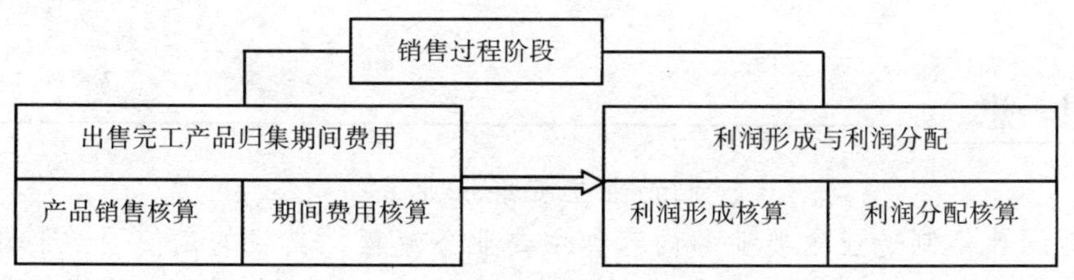

图 4-3　销售过程业务流程

知识链接

生产费用

生产费用是指在企业产品生产的过程中，发生的能用货币计量生产费用的生产耗费，也就是企业在一定时期内产品生产过程中消耗的生产资料的价值和支付的劳动报酬之和。制造产品时消耗的活劳动和物化劳动的货币表现的总和，叫做生产费用。

生产费用要素，主要由下列项目组成：

1. 外购材料：是指企业为进行生产而耗用的一切从外部购进的原材料、主要材料、辅助材料、半成品、包装物、修理用备件和低值易耗品等。

2. 外购燃料：是指企业为进行生产而耗用的一切从外部购进的各种燃料，包括固体燃料、液体燃料和气体燃料。

3. 外购动力：是指企业为进行生产而耗用的一切从外部购进的各种动力，包括电力、热力和蒸汽等。

4. 工资：是指企业所有应计入生产费用的职工工资。

5. 提取的职工福利费：是指企业按职工工资的一定比例计提并计入费用的职工福利费。

6. 折旧费：是指企业按照规定对固定资产计算提取并计入费用的折旧费。

7. 利息支出：是指企业计入期间费用等的借入款项利息净支出（利息支出减利息收入后的净额）。

8. 其他支出：是指不属于以上各项要素的费用支出，如邮电费、差旅费、租赁费、外部加工费和保险费等。

知识拓展

制造费用

制造费用包括产品生产成本中除直接材料和直接工资以外的其余一切生产成本，主要包括企业各个生产单位（车间、分厂）为组织和管理生产所发生的一切费用。（车间生产和行政管理部门的固定资产所发生的固定资产维修费列“管理费用”。）具体有以下项目：各个生产单位管理人员的工资、职工福利费，房屋建筑费、劳动保护费、季节性生产和修理期间的停工损失，等等。

制造费用一般是间接计入成本，当制造费用发生时一般无法直接判定它所归属的成本计算对象，因而不能直接计入所生产的产品成本中去，而须按费用发生的地点先行归集，月终时再采用一定的方法在各成本计算对象间进行分配，计入各成本计算对象的成本中。

想一想

制造业主要经济业务

前面阐述了制造业主要业务内容和主要业务流程，其目的是使同学们对制造企业经济业务内容有大概的了解，为下面要讲的制造业主要经济业务的会计核算打基础。只有熟悉了经济业务内容，才能正确地完成会计核算。

请问：对制造业进行会计业务需要完成哪些主要经济业务的核算？

任务二　资金筹集业务核算

【任务描述】

企业的资金筹集业务按其资金来源通常可以分为所有者权益筹资和负债筹资。所有者权益筹资形成所有者权益，包括投资者的投资及其增值；负债筹资形成债权人的权益（债务资本），主要包括企业向债权人借入的资金和结算形成的负债资金等。

【任务分析】

本任务一是筹集所有者权益资金，二是筹集债务资金。通过学习掌握所有者权益资金中的“实收资本”和“资本公积”业务核算；掌握债务资金中的“短期借款”和“长期借款”业务核算。

【知识准备与应用】

一、筹集所有者权益资金的核算

筹集的所有者权益资金主要包括“实收资本”和“资本公积”两部分内容。

（一）实收资本的核算

实收资本（或股本）是指企业的投资者按照企业章程、合同或协议的约定，实际投入企业的资本金以及按照有关规定由资本公积金、盈余公积金等转增资本的资金。实收资本主要来源于所有者投入资本。

所有者投入资本按照投资主体的不同，可以分为国家资本金、法人资本金、个人资本金和外商资本金等。国家资本金是指有权代表国家投资的政府部门或机构以国有资产投入企业形成的资本金；法人资本金是指其他法人单位以其依法可以支配的资产投入企业形成的资本金；个人资本金是指社会公众以个人合法财产投入企业形成的资本金；外商资本金是指外国投资者以及我国香港、澳门和台湾地区投资者向境内企业投资形成的资本金。

企业的实收资本按照投资者投入资本的不同物质形态又分为货币资金出资，以实物、知识产权和土地使用权等出资。

1. 账户设置

所有者投入的资本设置“实收资本”账户进行核算。

（1）账户性质：“实收资本”账户（股份有限公司一般设置“股本” 账户）属于所有者权益类账户。

（2）账户用途：用以核算企业接受投资者投入的实收资本。

（3）账户结构：实收资本账户结构如图 4-4 所示。

借	实收资本 贷
所有者投入企业资本金的减少额	所有者投入企业资本金的增加额
	余额 （反映期末实收资本总额）

图 4-4 实收资本账户结构

（4）明细账设置：该账户可按投资者的不同设置明细账。

2. 核算方法

（1）投资者投入货币的核算。

借：银行存款 ×××

贷：实收资本 ×××

【同步案例 4-1】 天水公司接到国家投入本公司注册资本 1 000 万元，款项存入银行。

借：银行存款 10 000 000

贷：实收资本——国家 10 000 000

（2）投资者投入固定资产的核算。

借：固定资产 ×××（双方作价）

贷：实收资本 ×××

【同步案例 4-2】 天水公司收到甲公司投入机器一部，双方作价 500 万元。

借：固定资产 5 000 000

贷：实收资本——甲公司 5 000 000

（3）投资者投入无形资产的核算。

借：无形资产 ×××（双方作价）

贷：实收资本 ×××

【同步案例 4-3】 天水公司收到某外商投入一项注册商标，双方作价 200 万元。

借：无形资产 2 000 000

贷：实收资本——某外商 2 000 000

（二）资本公积的核算

资本公积是指企业受到投资者投入的超出其在企业注册资本（或股本）中所占份额的投资，以及直接计入所有者权益的利得和损失等。资本公积是企业所有者权益的重要组成部分，包括资本溢价（或股本溢价）和直接计入所有者权益的利得和损失等。

资本公积的主要用途是转增资本，即在办理增资手续后用资本公积转增实收资本，按所有者原有投资比例增加投资者的实收资本。

1. 账户设置

资本公积设置“资本公积”账户进行核算。

（1）账户性质：“资本积”账户属于所有者权益类账户。

（2）账户用途：用以核算企业受到投资者出资额超出其在注册资本或股本中所占份

额的部分，以及直接计入所有者权益的利得和损失。

（3）账户结构：资本公积账户结构如图 4-5 所示。

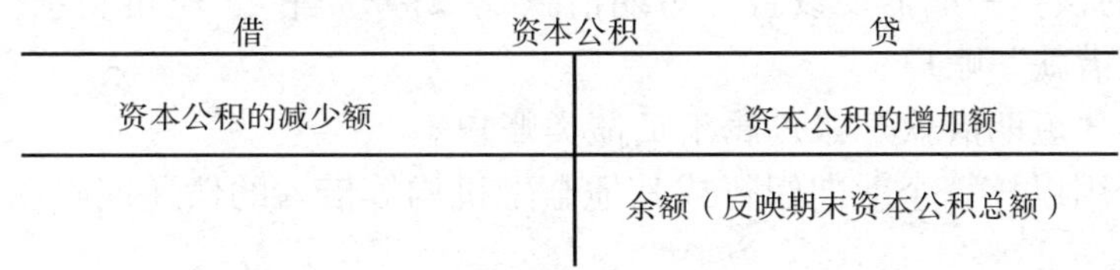

图 4-5　资本公积账户结构

（4）明细账设置：分别对“资本溢价”“其他资本公积”设置明细账。

2. 核算方法

（1）资本溢价的核算。

借：银行存款　　×××

　贷：资本公积　　×××

【同步案例 4-4】 天水公司接受某个人投资，目前本公司所有者权益总额有 5 000 万元，其中“实收资本”总额 4 000 万元。该个人投资要求占本公司股份的 10%，投来资本 400 万元，实际出资 500 万元，款项已存入银行。

借：银行存款　　5 000 000

　贷：实收资本——某个人　　4 000 000

　　资本公积——资本溢价　　1 000 000

（2）所有者权益利得的核算

借：利润分配　　×××

　贷：资本公积　　×××

【同步案例 4-5】 天水公司年终分配利润，按规定提取法定盈余公积 100 万元。

借：利润分配——提取法定盈余公积　　1 000 000

　贷：资本公积——法定盈余公积　　1 000 000

（3）资本公积转增资本金的核算

借：资本公积　　×××

　贷：实收资本　　×××

【同步案例 4-6】 天水公司经董事会批准将资本公积 50 万元，转增为资本金。

借：资本公积　　500 000

　贷：实收资本　　500 000

二、筹集债务资金的核算

筹集的债务资金主要包括短期借款、长期借款以及结算形成的负债等。结算形成的债务资金主要有应付账款、应付职工薪酬、应交税费等，将在后面阐述。

（一）短期借款的核算

短期借款是企业为了满足其生产经营对资金的临时性需要而向银行或其他金融机构

等借入的偿还期限在一年以内（含一年）的各种借款。

1. 账户设置

短期借款的核算一般需要设置“短期借款”“财务费用”“应付利息”三个账户。

（1）“短期借款”账户。

账户性质：“短期借款”账户属于负债类账户。

账户用途：用以核算企业向银行或其他金融机构等借入的偿还期限在 1 年（含 1 年）的各种借款。

账户结构：短期借款账户结构如图 4-6 所示。

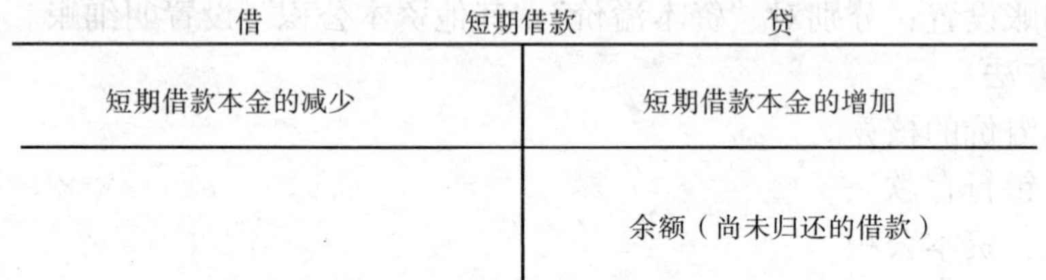

图 4-6　短期借款账户结构

明细账设置：企业可按借款种类、贷款人和币种设置明细账。

（2）“财务费用”账户。

账户性质：“财务费用”账户属于损益类中的费用账户。

账户用途：用以核算企业为筹集生产经营所需资金等而发生的筹资费用，包括利息支出（减利息收入）、汇兑损益以及相关的手续费、企业发生的现金折扣或收到的现金折扣等。为购建或生产满足资本化条件的资产发生的应予资本化的借款费用，通过“在建工程”“制造费用”等账户核算。

账户结构：财务费用账户结构如图 4-7 所示。

借　　　　财务费用	贷
借款手续费、利息费等增加	存款收到利息费的冲减
本期发生的财务费用月末结转到“本年利润”账户，结转后月末无余额	

图 4-7　财务费用账户结构

明细账设置：企业可按财务费用的种类设置明细账。

（3）“应付利息”账户。

账户性质：“应付利息”账户属于负债类账户。

账户用途：用来核算企业按照合同约定应支付的利息。

账户结构：应付利息账户结构如图 4-8 所示。

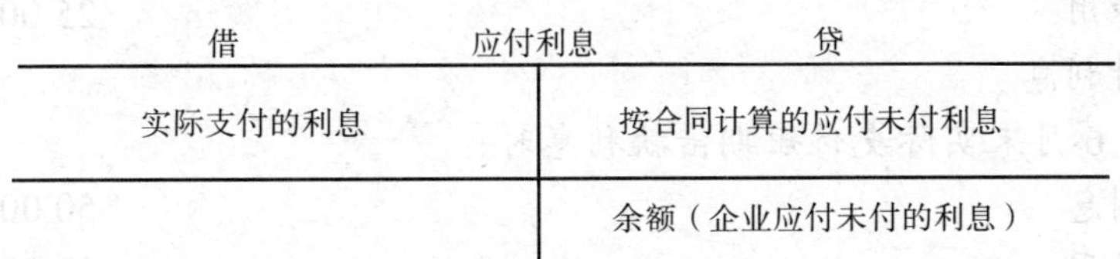

图 4-8　应付利息账户结构

明细账的设置：该账户可按债权人设置明细账。

2. 核算方法

（1）短期借款借入时的核算。

借：银行存款　　　　×××

　贷：短期借款　　　　×××

【同步案例 4-7】 天水公司为生产产品周转需要，向银行借入为期 6 个月的借款 500 万元，于 2017 年 4 月 1 日到账。

借：银行存款　　　　5 000 000

　贷：短期借款　　　　5 000 000

（2）短期借款计提和结付利息的核算

短期借款的利息，银行一般是每个季度向企业结算收取一次。企业按照权责发生制的要求，每季度的第一、二个月需要预提短期借款利息，第三个月实际支付利息。

第一个月预提时：

借：财务费用　　　　×××

　贷：应付利息　　　　×××

第二个月预提时：

借：财务费用　　　　×××

　贷：应付利息　　　　×××

第三个月（季末）实际支付时：

借：应付利息　　　　（前两个月的预提数）

　　财务费用　　　　（银行实收数减去预提数）

　贷：银行存款　　　　（银行实收数）

【同步案例 4-8】 以**【同步案例 4-7】**为例，短期借款的银行贷款利息率为 6%（年利率），银行在第二季度向天水公司收取了 7 万元利息，在第三季度借款到期时收取了 8 万元利息，均以银行存款支付。要求做出天水公司借入的短期借款利息预提和归还的全部分录。

第二季度　4 月末预提短期借款利息=500 万元×6%÷12=2.5 万元

预提分录为：

借：财务费用　　　　25 000

　贷：应付利息　　　　25 000

第二季度　5 月末预提短期借款利息=500 万元×6%÷12=2.5 万元

预提分录为：

借：财务费用　　25 000
　贷：应付利息　　25 000

第二季度　6 月末实际支付短期借款利息时：

借：应付利息　　50 000
　　财务费用　　20 000
　贷：银行存款　　70 000

第三季度　7 月、8 月预提同第二季度 4 月、5 月。

第三季度　9 月末借款到期实际支付短期借款利息时：

借：应付利息　　50 000
　　财务费用　　30 000
　贷：银行存款　　80 000

（3）短期借款到期归还时的核算

借：短期借款　　×××
　贷：银行存款　　×××

【同步案例 4-9】 天水公司于 9 月 30 日，归还到期的短期借款本金 500 万元，以银行存款支付。

借：短期借款　　5 000 000
　贷：银行存款　　5 000 000

（二）长期借款的核算

长期借款是指企业向银行或其他金融机构等借入的偿还期限在一年以上（不含一年）的各种借款。

1. 账户设置

长期借款核算主要设置“长期借款”账户进行核算。

账户性质：“长期借款”账户属于负债类账户。

账户用途：用以核算企业向银行或其他金融机构等借入的偿还期限在 1 年以上（不含 1 年）的各种借款。

账户结构：长期借款账户结构如图 4-9 所示。

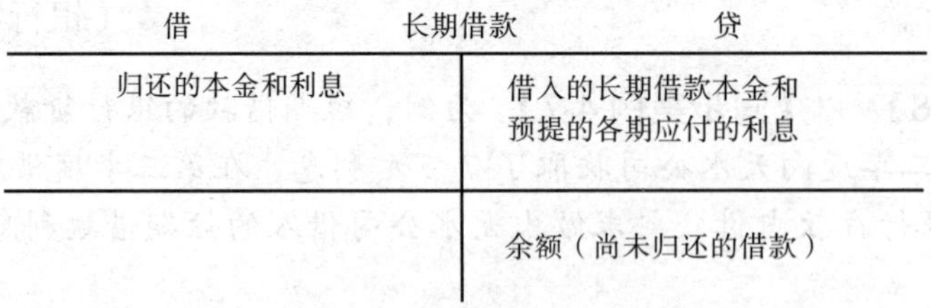

借　　　　长期借款	贷
归还的本金和利息	借入的长期借款本金和预提的各期应付的利息
	余额（尚未归还的借款）

图 4-9　长期借款账户结构

明细账设置：企业可按贷款单位和贷款种类，分别设置“本金”“利息调整”等明细账。

2. 核算方法

（1）长期借款借入时的核算。

借：银行存款　　×××
　贷：长期借款　　×××

【同步案例 4-10】 天水公司于 2017 年 6 月 30 日，借入期限一年半用于生产线建设的银行借款 600 万元。

借：银行存款　　6 000 000
　贷：长期借款—本金　　6 000 000

（2）长期借款的利息核算。

借入的长期借款利息的一般处理是：企业按借款利率每个月预提，预提的利息费用按长期借款的用途列支，每年末或借款到期时向银行支付利息。

每月预提时：　借：在建工程　　×××
　　或制造费用、财务费用、研发支出
　贷：应付利息　　×××
每年末或到期支付时：　借：应付利息　　×××
　贷：银行存款　　×××

【同步案例 4-11】 如上例，天水公司借款的长期借款年利息率为 6%，请编制该企业 7 月利息预提和本年末支付利息的会计分录。

7 月预提：　借：在建工程—生产线　　30 000
　贷：应付利息　　30 000
12 月末支付利息时：　借：应付利息　　180 000
　贷：银行存款　　180 000

（3）长期借款到期归还的核算。

借：长期借款　　×××
　贷：银行存款　　×××

【同步案例 4-12】 天水公司 2017 年 6 月 30 日借入的长期借款，2018 年末到期，现通过银行归还本金 600 万元。

借：长期借款　　6 000 000
　贷：银行存款　　6 000 000

知识链接

公司重组时的实收资本核算

A 公司与 B 公司以合资方式组建 C 公司。A 公司在组建 C 公司后，结束其所有的经营，并将原有厂房设备作为对 C 公司的投资。厂房设备的原值为 2 000 000 元，累计折旧账户余额为 300 000 元，经过资产评估机构的评估，确认厂房设备的价值为 1 800 000 元。B 公司投入价值 150 000 元的材料，投入设备的原值共计 200 000 元，累计折旧 10 000 元，经评估确认，设备的价值为 220 000 元，C 公司在收到投资时，应作如下财务处理：

（1）收到 A 公司投资，作会计分录如下：

借：固定资产　　2 000 000
　贷：实收资本　　1 800 000

累计折旧　　200 000

（2）收到B公司投资，作会计分录如下：

借：原材料　　150 000

　　固定资产　　220 000

　贷：实收资本　　370 000

知识拓展

融资租赁的发展

融资租赁（Financial Leasing）又称设备租赁（Equipment Leasing）或现代租赁（Modern Leasing），是指实质上转移与资产所有权有关的全部或绝大部分风险和报酬的租赁。资产的所有权最终可以转移，也可以不转移。

融资租赁起源于20世纪50年代的美国，中国的现代融资租赁业起步较晚，开始于20世纪80年代，当时为了解决资金不足和引进先进技术、设备、管理的需求，作为增加引进外资的渠道。2013年中国融资租赁业总体发展迅速。2013年融资租赁公司突破了1 000家，达到1 026家，比年初的560家增加466家，增长83.2%；融资租赁行业注册资金突破3 000亿元人民币大关，达到3 060亿元人民币。

2015年8月26日国务院总理李克强主持召开国务院常务会议，确定加快融资租赁和金融租赁行业发展的措施，更好地服务实体经济。会议指出，加快发展融资租赁和金融租赁，是深化金融改革的重要举措，有利于缓解融资难融资贵，拉动企业设备投资，带动产业升级。会议确定，一是厉行简政放权，对融资租赁公司设立子公司不设最低注册资本限制，对船舶、农机、医疗器械、飞机等设备融资租赁简化相关登记许可或进出口手续。在经营资质认定上同等对待租赁方式购入和自行购买的设备。二是突出结构调整，加快发展高端核心装备进口、清洁能源、社会民生等领域的租赁业务，支持设立面向小微企业、“三农”的租赁公司。鼓励通过租赁推动装备走出去和国际产能合作。三是创新业务模式，用好“互联网+”，坚持融资与融物结合，建立租赁物与二手设备流通市场，发展售后回租业务。四是加大政策支持，鼓励各地通过奖励、风险补偿等方式，引导融资租赁和金融租赁更好地服务实体经济。同时，有关部门要协调配合，加强风险管理。融资租赁是新的金融模式，融资公司和承租人所承担的风险都相对比较低。

想一想

所有者权益资金和债务资金有区别吗？

为了生产和经营，企业需要资金，企业需要的资金可通过筹集所有者权益资金和筹集债务资金取得。

请问：所有者权益资金和债务资金是否统称为权益资金？二类资金的根本区别是什么？

任务三　固定资产购置业务核算

【任务描述】

企业生产经营需要各种设施和设备，办公楼、办公设备，厂房、生产机器、材料与产品保管和运输工具等都是固定资产。固定资产购置业务就是购买固定资产，为产品的生产和经营提供设备保障。

【任务分析】

本任务介绍了固定资产的概况，阐述购置固定资产业务核算，关于建造固定资产业务将由以后的专业会计介绍。通过本任务学习，要求学生懂得固定资产的概念、特征、分类和计价，掌握固定资产购置业务的核算。

【知识准备与应用】

一、固定资产的概况

（一）固定资产的概念与特征

1. 固定资产的概念

固定资产是指同时具有以下特征的有形资产：

（1）为生产商品、提供劳务、出租或经营管理而特有的。

（2）使用寿命超过一个会计年度。

2. 固定资产的特征

（1）固定资产是为生产商品、提供劳务、出租或经营管理而特有的。企业持有固定资产的目的是生产商品、出租或经营管理，而不是直接用于出售的产品。

（2）固定资产使用寿命超过一个会计年度。固定资产的使用寿命，是指企业使用固定资产的预计期间，或者该固定资产所能生产产品或提供劳务的数量。固定资产使用寿命超过一个会计年度，表明固定资产属于长期资产，随着使用和磨损，通过计提折旧方式逐渐减少账面价值。

（3）固定资产为有形资产。固定资产具有实物特征，这一特征将固定资产与无形资产区别开来，有些无形资产可能同时符合固定资产的其他特征，如无形资产为生产商品、提供劳务而持有，使用寿命超过一个会计年度，但是，由于其没有实物形态，所以不属于固定资产。

（二）固定资产的分类

固定资产按照经济用途可分为生产经营用固定资产和非生产经营用固定资产。

生产经营用固定资产，是指直接服务于企业生产、经营过程的各种固定资产，如生产经营用的房屋、建筑物、机器、设备、器具、工具等。

非生产经营用固定资产，是指不直接服务于企业生产、经营过程的各种固定资产，如职工宿舍、食堂、医务室等固定资产。

在实际工作中，大部分企业结合固定资产的经济用途和使用情况进行综合分类，将固定资产分为以下七大类。

（1）生产经营用固定资产。

（2）非生产经营用固定资产。

（3）租出固定资产。

（4）不需用固定资产。

（5）未使用固定资产。

（6）土地。

（7）融资租入固定资产。

（三）固定资产的计价

购置的固定资产分为不需要安装和需要安装两种情况，其入账价格的计算有所区别。

（1）购入不需要安装的固定资产入账价格（成本）=购买价款+相关税费（可抵扣的增值税除外）+运输费、包装费、装卸费、保险费等购进发生的所有费用。

（2）购入需要安装的固定资产入账价格（成本）=上述不需要安装固定资产成本+安装过程中发生所有费用。

二、固定资产核算的账户

企业通常设置以下账户对固定资产购置业务进行会计核算。

（一）“在建工程”账户

1. 账户性质

“在建工程”账户属于资产类账户。

2. 账户用途

用以核算企业基建、更新改造等在建工程发生的支出。

3. 账户结构

在建工程账户结构如图 4-10 所示。

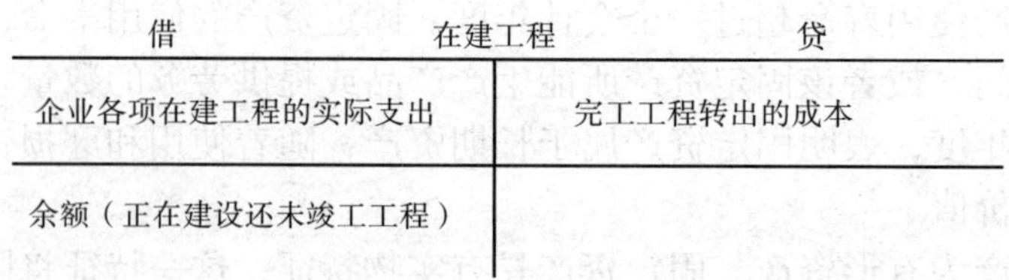

图 4-10 在建工程账户结构

4. 明细账的设置

该账户可按“在建工程”“安装工程”“在安装设备”“待摊支出”以及单项工程等设置明细账。

（二）“工程物资”账户

1. 账户性质

“工程物资”账户属于资产类账户。

2. 账户用途

用以核算企业为在建工程准备的各种物质的成本，包括工程用材料、尚未安装的设备以及为生产准备的工器具等。

3. 账户结构

工程物资账户结构如图 4-11 所示。

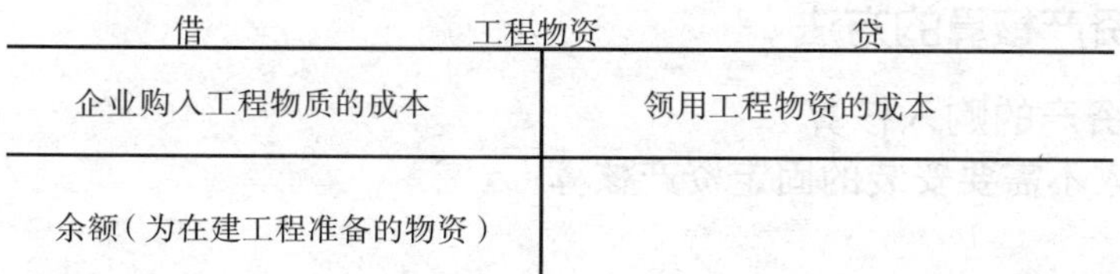

图 4-11　工程物资账户结构

4. 明细账的设置

该账户可按“专用材料”“专用设备”“工器具”　等设置明细账。

（三）“固定资产”账户

1. 账户性质

“固定资产”账户属于资产类账户。

2. 账户用途

用以核算企业持有的固定资产原价。

3. 账户结构

固定资产账户结构如图 4-12 所示。

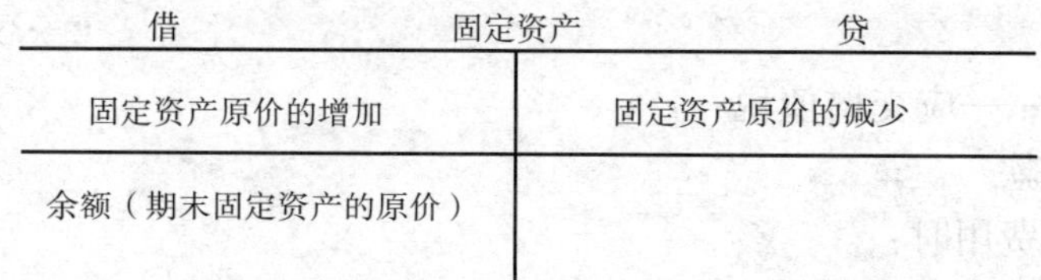

图 4-12　固定资产账户结构

4. 明细账的设置

该账户可按固定资产类别和项目设置明细账。

（四）“累计折旧”账户

1. 账户性质

“累计折旧”账户属于资产类备抵账户。

2. 账户用途

用以核算企业固定资产计提的累计折旧。

3. 账户结构

累计折旧账户结构如图 4-13 所示。

借　　累计折旧	贷
因减少固定资产而转出的折旧	企业按月提取的折旧额
	余额（期末固定资产的累计折旧）

图 4-13　累计折旧账户结构

4. 明细账的设置

该账户可按固定资产类别和项目设置明细账。

三、固定资产核算的方法

（一）固定资产的购入核算

1. 企业购入不需要安装的固定资产核算

购入时：

借：固定资产　×××
　　应交税费——应交增值税　×××
　贷：银行存款　×××

【同步案例4-13】 天水公司2017年6月15日，购入一台不需要安装即可投入使用的设备，取得的增值税专用发票上注明的设备价款为500 000元，增值税税额为85 000元，款项以银行存款支付。应编制会计分录为：

借：固定资产　500 000
　　应交税费——应交增值税　85 000
　贷：银行存款　585 000

2. 企业购入需要安装的固定资产核算

（1）购入时：

借：在建工程　×××
　　应交税费——应交增值税　×××
　贷：银行存款　×××

（2）安装发生费用时：

借：在建工程　×××
　贷：银行存款　×××

（3）安装完毕交付使用时：

借：固定资产　×××
　贷：在建工程　×××

【同步案例4-14】 天水公司2017年8月15日，购入一台需要安装的机器设备，取得的增值税专用发票上注明的设备价款为130 000元，增值税税额为22 100元，安装设备时，支付的安装费为5 600元。所有款项已通过银行转账支付。应编制的会计分录为：

（1）购进支付设备价款、增值税时：

借：在建工程　130 000
　　应交税费——应交增值税　22 100
　贷：银行存款　152 100

（2）支付安装费时：

借：在建工程　5 600
　贷：银行存款　5 600

（3）设备安装完毕交付使用时：

借：固定资产 135 600

贷：在建工程 135 600

（二）固定资产折旧的核算

固定资产折旧是指在固定资产使用寿命内，按照确定的方法对应计折旧额进行的系统分摊。企业应当根据与固定资产有关的经济利益的预期实现方式合理选择折旧方法，可选用的折旧方法包括年限平均法、工作量法、双倍余额递减法和年数总和法等。

企业选用不同的固定资产折旧方法，将影响固定资产使用寿命期间内不同时期的折旧费用，固定资产的折旧方法一经确定，不得随意变更。

固定资产折旧的基本方法为年限平均法和工作量法。

（1）年限平均法又称直线法，是指将固定资产的应计折旧额均衡地分摊到固定资产预计使用寿命内的一种方法，计算公式如下：

年折旧率=（1–预计净残值率）÷预计使用寿命（年）×100%

月折旧率=年折旧率÷12 月折旧率=固定资产原价×月折旧率

（2）工作量法，是根据实际工作量计算每期应提折旧额的一种方法，计算公式如下：

单位工作量折旧额=［固定资产原价×（1–预计净产值率）］÷预计总工作量

某项固定资产月折旧额=该项固定资产当月工作量×单位工作量折旧额

固定资产应按月计提折旧，当月增加的固定资产，当月不计提折旧，从下月起计提折旧；当月减少的固定资产，当月仍计提折旧，从下月起不计提折旧。

固定资产提足折旧额后，不论能否继续使用，均不再计提折旧；提前报废的固定资产，也不再补提折旧。

企业按月计提的固定资产折旧时的核算：

借：制造费用（用于产品生产的固定资产） ×××

管理费用（用于行政管理的固定资产） ×××

销售费用（用于销售机构的固定资产） ×××

贷：累计折旧 ×××

【同步案例 4-15】 天水公司有设备一台，原价为 100 000 元，预计净残值率为 4%，预计使用 10 年，按年限平均法计算该项固定资产的年折旧率、年折旧额、月折旧率、月折旧额。

该项固定资产的年折旧率=（1–4%）÷10×100%＝9.6%

该项固定资产的年折旧额=100 000×9.6%=9 600（元）

该项固定资产的月折旧率=9.6%÷12=0.8%

该项固定资产的月折旧额=100 000×0.8%=800（元）

【同步案例 4-16】 天水公司有一辆运货卡车的原价为 78 000 元，预计总行驶里程为 50 万公里，预计净残值率为 5%，本月行驶 4 500 公里。请计算该辆汽车本月应提的折旧额。

该辆汽车的月折旧额计算如下：

单位里程折旧额=［78 000×（1–5%）］÷500 000=0.148 2（元/公里）

本月折旧额=4 500×0.148 2=666.9（元）

【同步案例 4-17】 天水公司 2017 年 11 月应计提的固定资产折旧为 12 400 元，其中生产车间折旧为 7 000 元，行政管理部门折旧为 3 000 元，专设销售机构折旧为 2 400 元。据以编制计提固定资产折旧的会计分录。

借：制造费用	7 000	
管理费用	3 000	
销售费用	2 400	
贷：累计折旧		12 400

知识链接

加速折旧法

加速折旧法，是一种使用前期提取折旧较多，固定资产成本在使用年限内尽早得到价值补偿的折旧方法。我国现行财会制度规定允许使用的加速折旧法主要有两种：即年数总和法和双倍余额递减法。

年数总和法又称总和年限法、折旧年限积数法、年数比率法、级数递减法或年限合计法，是固定资产加速折旧法的一种。它是将固定资产的原值减去残值后的净额乘以一个逐年递减的分数计算，确定固定资产折旧额的一种方法。

双倍余额递减法，是在固定资产使用年限最后两年的前面各年，用年限平均法折旧率的两倍作为固定的折旧率乘以逐年递减的固定资产期初净值，得出各年应提折旧额的方法；在固定资产使用年限的最后两年改用年限平均法，将倒数第 2 年初的固定资产账面净值扣除预计净残值后的余额在这两年平均分摊。

知识拓展

年数总和法与双倍余额递减法的计算公式

（1）年数总和法

逐年递减分数的分子代表固定资产尚可使用的年数；分母代表使用年数的逐年数字之总和，假定使用年限为 n 年，分母即为 $1+2+3+\cdots\cdots+n=n(n+1)\div2$，相关计算公式如下：

年折旧率=尚可使用年数/年数总和×100%

年折旧额=（固定资产原值–预计残值）×年折旧率

月折旧率=年折旧率/12

月折旧额=（固定资产原值–预计净残值）×月折旧率

（2）双倍余额递减法

计算公式：

（1）年折旧率=2÷预计的折旧年限×100%，年折旧额=固定资产期初折余价值×年折旧率。

（2）月折旧率=年折旧率÷12

（3）月折旧额=年初固定资产折余价值×月折旧率

（4）固定资产期初账面净值=固定资产原值–累计折旧

（5）最后两年，每年折旧额=（固定资产原值–累计折旧–净残值）/2

想一想

购置的固定资产增值税为什么不计入固定资产成本？

前面介绍购置的固定资产，其入账价格包括相关税费（可抵扣的增值税除外）。请问：购置的固定资产增值税为什么不计入固定资产成本？

任务四　材料采购业务核算

【任务描述】

产品生产需要各种各样的原材料，原材料包括原材及主要材料、燃料、包装物、低值易耗品，等等。材料采购业务就是购买各种各样的原材料，这些原材料保存在企业仓库之中，为产品的生产做好领用的准备。

【任务分析】

本任务介绍材料采购成本的组成，阐述材料采购业务的核算方法。通过本任务学习，要求学生明确材料采购成本的组成，懂得材料采购核算的有关账户的用途和结构，掌握材料采购成本的计算和采购业务的核算。

【知识准备与应用】

一、材料采购成本

材料采购成本是指企业物资从采购到入库前所发生的全部合理、必要的支出，包括购买价款、相关税费、运输费、装卸费、保险费以及其他可归属于材料采购成本的费用。

材料采购成本一般由以下各项内容组成。

（1）买价，指取得发票上标明的价格，一般情况下就是不含税的价格。

（2）运杂费，包括材料在运输过程中发生的运输费、装卸费、包装费、保险费、仓储费等。

（3）运输途中的合理损耗。

（4）入库前的挑选整理费用等。

二、材料采购核算的账户

企业核算材料采购业务通常需要设置以下账户进行会计核算。

1.“原材料”账户

（1）账户性质：“原材料”账户属于资产类账户。

（2）账户用途：用以核算企业库存的各种材料，包括原料及主要材料、辅助材料、外购半成品（外购件）、修理用备件（备品备件）、包装材料、燃料等的计划成本或实际成本。

企业受到来料加工装配业务的原料、零件等，应当设置备查簿进行登记。

（3）账户结构：原材料账户结构如图 4-14 所示。

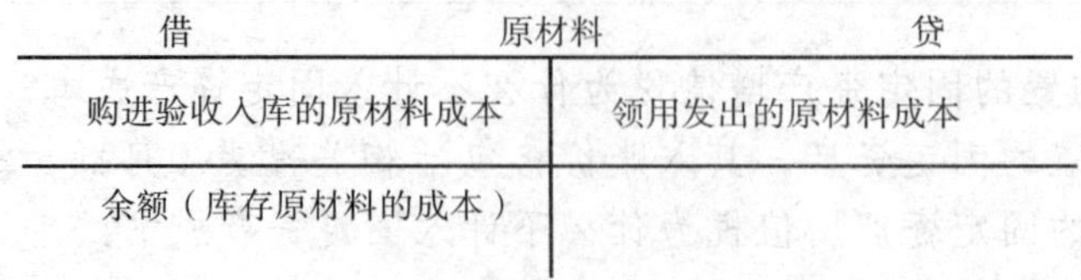

图 4-14 原材料账户结构

（4）明细账的设置：该账户可按材料的保管地点（仓库）、材料的类别、品种和规格等设置明细账。

2.“材料采购”账户

（1）账户性质：“材料采购”账户属于资产类账户。

（2）账户用途：用以核算企业进行材料日常核算而购入材料的采购成本。

（3）账户结构：材料采购账户结构如图 4-15 所示。

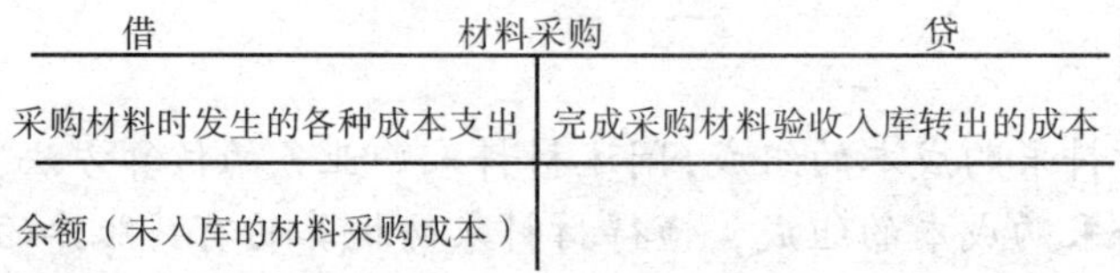

图 4-15 材料采购账户结构

（4）明细账的设置：该账户可按提供单位和材料品种设置明细账。

3.“应付账款”账户

（1）账户性质：“应付账款”账户属于负债类账户。

（2）账户用途：用以核算企业因购买材料、商品和接受劳务等经营活动应支付的款项。

（3）账户结构：应付账款账户结构如图 4-16 所示。

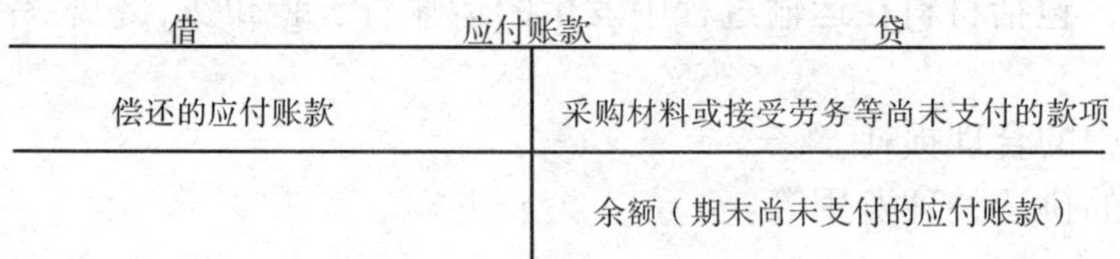

图 4-16 应付账款账户结构

（4）明细账的设置：该账户可按供应单位设置明细账。

4.“预付账款”账户

（1）账户性质：“预付账款”账户属于资产类账户。

（2）账户用途：用以核算企业因购买材料、商品和接受劳务等按合同预付的款项。

（3）账户结构：预付账款账户结构如图 4-17 所示。

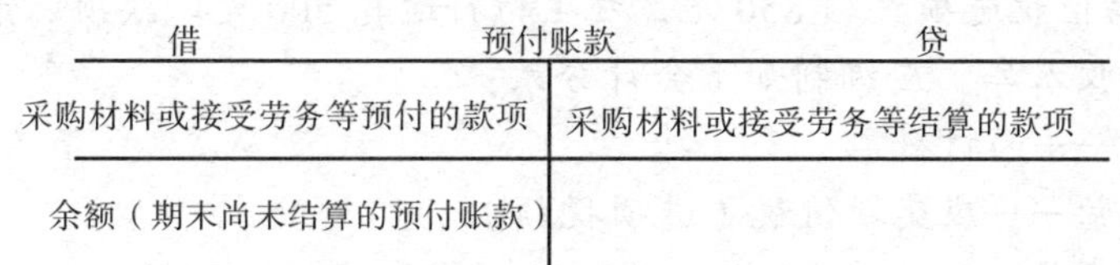

图 4-17　预付账款账户结构

（4）明细账的设置：该账户可按采购单位设置明细账。

5.“应交税费”账户

（1）账户性质：“应交税费”账户属于负债类账户。

（2）账户用途：用以核算企业按照税法等规定计算应交纳的各种税费，包括增值税、消费税、营业税、所得税、资源税、土地增值税、城市维护建设税、房产税、土地使用税、车船税、教育费附加、矿产资源补偿费等，企业代扣代交的个人所得税等，也通过本账户核算。

《中华人民共和国增值税暂行条例》将纳税人按其经营规模及会计核算健全与否分为一般纳税人和小规模纳税人。一般纳税人使用增值税专用发票，实行税款抵扣制度，使用基本税率为 17%，低税率为 13%。一般纳税人的“应交税费—应交增值税”账户核算企业应交和实交增值税等结算情况。一般纳税人从销项税额中抵扣进项税额后向税务部门交纳增值税。一般纳税人的“应交税费——应交增值税”账户应设置“进项税额”“销项税额”等专栏。

（3）账户结构：应交税费——应交增值税账户结构如图 4-18 所示。

借　　应交税费——应交增值税	贷
本期增值税的进项税额和上交的本期增值税	本期增值税的销项税额
余额（反映多交或尚未抵扣的增值税）	余额（反映尚未交纳的增值税）

图 4-18　应交税费——应交增值税账户结构

（4）明细账的设置：该账户可按税种设置明细账。

三、材料采购核算的方法

材料采购入库情况一般有购进材料当天验收入库、购进材料若干天后验收入库二种；材料采购付款情况一般有购进材料当即付款、购进材料货款尚欠、预付账款购进三种。

由于材料采购入库时间的不同和付款情况的不同，其材料采购核算的方法有多种类型。

1．购进材料当天验收入库，货款当即支付的核算

借：原材料——××材料　　　　　　　　×××

　　应交税费——应交增值税（进项税额）　　×××

　贷：银行存款　　　　　　　　　　　　　　×××

【同步案例 4-18】天水公司 2017 年 8 月 10 日，从星光公司购入丙材料 200 千克，每千克 25 元，增值税进项税额 850 元，发生材料运费 500 元。款项以银行存款支付，材料已到达企业验收入库。应编制如下会计分录：

借：原材料——丙材料 5 500
　　应交税费——应交增值税（进项税额） 850
　贷：银行存款 6 350

2. 购进材料当天验收入库，货款尚未支付的核算

借：原材料——××材料 ×××
　　应交税费——应交增值税（进项税额） ×××
　贷：应付账款——××单位 ×××

【同步案例 4-19】天水公司 2017 年 8 月 15 日，从星光公司购入甲材料 1 000 千克，每千克 20 元，增值税率 17%，发生材料运费 1 000 元。材料已到达企业验收入库，货款尚未支付。应编制如下会计分录：

借：原材料——甲材料 21 000
　　应交税费——应交增值税（进项税额） 3 400
　贷：应付账款——星光公司 24 400

若干天后签发支票归还星光公司的货款时，应编制的会计分录：

借：应付账款——星光公司 24 400
　贷：银行存款 24 400

3. 购进材料若干天后验收入库，货款当即支付的核算

购进时：

借：材料采购——××材料 ×××
　　材料采购——××材料 ×××
　　应交税费——应交增值税（进项税额） ×××
　贷：银行存款 ×××

支付材料运费等时：

借：材料采购——××材料 ×××
　　材料采购——××材料 ×××
　贷：银行存款 ×××

材料验收入库时：

借：原材料——××材料 ×××
　　原材料——××材料 ×××
　贷：材料采购——××材料 ×××
　　　材料采购——××材料 ×××

【同步案例 4-20】 天水公司 2017 年 8 月 20 日，从远东公司购进 A、B 两种材料，A 材料 5 吨，买价 20 000 元，B 材料 10 吨，买价 30 000，增值税率 17%，价税款均以银行存款支付，材料尚未入库。8 月 21 日，以银行存款支付 A、B 两种材料运费 1 500 元，另有增值税费 170 元。8 月 25 日，A、B 两种材料到达公司验收入库。据以编制会计分录如下：

（1）8 月 20 日

借：材料采购——A 材料　　20 000

　　材料采购——B 材料　　30 000

　　应交税费——应交增值税（进项税额）　　8 500

　贷：银行存款　　58 500

（2）8 月 21 日

计算分摊运费：A、B 两种材料运费 1 500 元，一般以重量为标准分摊。

A 材料应分摊的材料运费=1 500÷（5+10）×5=500（元）

B 材料应分摊的材料运费=1 500÷（5+10）×10=1 000（元）

编制会计分录：

借：材料采购——A 材料　　500

　　材料采购——B 材料　　1 000

　　应交税费——应交增值税（进项税额）　　170

　贷：银行存款　　1 670

（3）8 月 25 日

计算材料采购成本：

根据以上资料，编制“材料采购成本计算表”，如表 4-1 所示。

表 4-1　材料采购成本计算表　　单位：元

材料名称	采购数量	发票单价	买价	采购费用	采购总成本	采购单位成本
A 材料	5 吨	4 000 元/吨	20 000	500	20 500	4 100 元/吨
B 材料	10 吨	3 000 元/吨	30 000	1 000	31 000	3 100 元/吨
合　计	15 吨	—	50 000	1 500	51 500	—

编制会计分录：

借：原材料——A 材料　　20 500

　　原材料——B 材料　　310 00

　贷：材料采购——A 材料　　20 500

　　　材料采购——B 材料　　31 000

4. 以预付账款方式采购材料的核算

预付账款时：

借：预付账款——××单位　　×××

　贷：银行存款　　×××

以预收账款购进材料时：

借：原材料——××材料　　×××

　　应交税费——应交增值税（进项税额）　　×××

　贷：预付账款——××单位　　×××

【同步案例 4-21】 天水公司 8 月 25 日，向宏大公司采购乙 10 吨，买价 10 万元，增值税 17 000 元，要求预付账款 12 万元，以银行存款支付。9 月 10 日，采购的乙材料运回验收入库，发生运费 2 000 元，退回余款 1 000 元存入银行。编制会计分录如下：

8月25日

借：预付账款——宏大公司　120 000

　贷：银行存款　120 000

9月10日

借：原材料——乙材料　102 000

　　应交税费——应交增值税（进项税额）　17 000

　　银行存款　1 000

　贷：预付账款——宏大公司　120 000

知识链接

采购多种材料共同发生的采购费用分摊方法

对采购多种材料共同发生的采购费用，应分配计入每种材料的采购成本。在分配共同负担的采购费用时，首先，根据材料的特点确定分配的标准，一般来说可以选择的分配标准有材料的重量、体积、买价等；其次，计算材料采购费用分配率；最后，计算各种材料的采购费用负担额。即：

材料采购费用分配率=共同性采购费用÷分配标准的合计数

某种材料应负担的采购费用=该材料的分配标准×材料采购费用分配率

知识拓展

一般纳税人与小规模纳税人的区别

区别一：认定条件不同

（1）主要从事生产或提供应税劳务（特指加工、修理修配劳务）的：年销售额在100万元以上的，可以认定为一般纳税人，100万元以下的为小规模。

（2）主要从事货物批发零售的：年销售额180万元以上的可以认定为一般纳税人，180万元以下为小规模。工业企业年销售额在100万元以下的，商品流通企业年销售额在180万元以下的，属于小规模纳税人；反之，为一般纳税人。

区别二：税收管理规定不同

（1）一般纳税人：销售货物或提供应税劳务可以开具增值税专用发票；购进货物或应税劳务可以作为当期进项税抵扣；计算方法为销项减进项。

（2）小规模纳税人：只能使用普通发票；购进货物或应税劳务即使取得了增值税专用发票也不能抵扣；计算方法为销售额×征收率。

区别三：税率与征收率不同

（1）一般纳税人：基本税率为17%，税法还列举了5类适应13%低税率的货物，还有几项特殊业务按简易办法征收（参照小规模）。还有零税率应税劳务和货物。

（2）小规模纳税人：商业小规模按4%征收率；商业以为小规模按6%，（免税的除外）。

想一想

领用材料时按什么成本计算?

购进材料的目的是用于产品生产，购进的材料价格有买价，有材料采购成本。请问：当你在领用这些材料时，材料价格按买价计算，还是按采购成本计算?

任务五　产品生产业务核算

【任务描述】

制造企业的根本任务就是生产产品，通过完工产品的出售而获得收益。产品生产业务核算就是要核算在产品生产过程中发生的各种生产费用，通过生产费用的归集分配计算出完工产品的总成本和单位，并将完工产品验收入库，为销售产品做好准备。

【任务分析】

本任务阐述产品生产成本组成，完成产品生产核算需要设置的账户，以及产品的生产过程核算。通过本任务的学习要求学生掌握，产品生产领用材料的核算、支付与分配职工薪酬的核算、固定资产折旧计提的核算和生产中发生其他费用的核算；掌握制造费用的归集与分配；掌握完工产品和在产品成本计算；掌握完工产品验收入库的核算。

【知识准备与应用】

一、产品成本核算的主要内容

产品生产业务核算是制造业会计核算的重点。产品生产业务是指从原材料投入生产、支付有关生产费用到产品生产完工，计算出完成产品总成本和单位成本，并将完工产品验收入库的过程。

企业产品的生产过程同时也是生产资料的耗费过程。企业在生产过程中发生的各项生产费用，是企业为获得收入而预先垫支并需要得到补偿的资金耗费。这些费用最终都要归集、分配给特定的产品，形成产品的成本。

产品成本的核算是指把一定时期内企业生产过程中所发生的费用，按期性质和发生地点，分类归集、汇总、核算、计算出该时期内生产费用发生总额，并按适当方法分别计算出各种产品的实际成本和单位成本等。

生产费用是指企业日常生产经营活动有关的费用，按其经济用途可分为直接材料、直接人工和制造费用。

（一）直接材料

直接材料是指构成产品实体的原材料以及有助于产品形成的主要材料和辅助材料。

（二）直接人工

直接人工是指直接从事产品生产的工人的职工薪酬。

（三）制造费用

制造费用是指企业为生产产品和提供劳务而发生的各项间接费用，包括企业生产部门（如生产车间）发生的水电费、固定资产折旧、无形资产摊销、管理人员的职工薪酬、劳动保护费、国家规定的有关环保费用、季节性和修理期间的停工损失等。

直接材料、直接人工、制造费用，构成了产品成本项目。

二、产品生产核算账户设置

企业通常设置以下账户对产品生产业务进行会计核算。

（一）"生产成本"账户

1. 账户性质

"生产成本"账户属于成本类账户。

2. 账户用途

用以核算企业进行工业性生产发生的各项生产成本，包括生产各种产品（产成品、自制半成品等）、自制材料、自制工具、自制设备等。

3. 账户结构

生产成本账户结构如图 4-19 所示。

借　　　生产成本	贷
计入产品生产而发生的各种费用 包括：直接材料、直接人工和期末按一定方法分配计入的制造费用	完工产品验收入库结转成本
余额（正在生产过程中的在产品）	

图 4-19　生产成本账户结构

4. 明细账的设置

该账户可按生产产品的品种设置明细账户。

（二）"制造费用"账户

1. 账户性质

"制造费用"账户属于成本类账户。

2. 账户用途

用以核算企业生产车间（部门）为生产产品和提供劳务而发生的各项间接费用。

3. 账户结构

制造费用账户结构如图 4-20 所示。

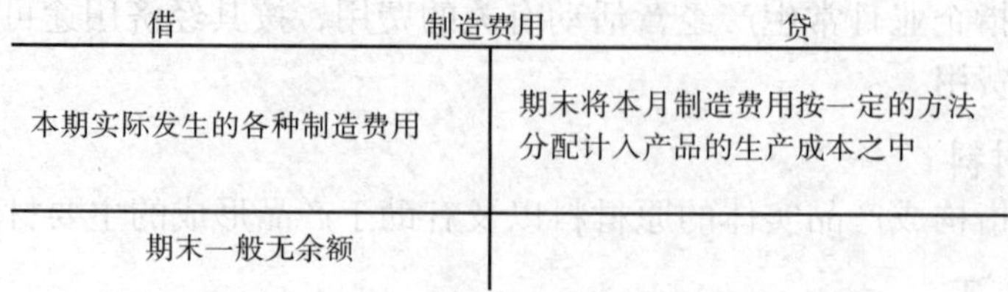

图 4-20　制造费用账户结构

4．明细账的设置

该账户可按不同的生产车间、部门和费用设置明细账。

（三）“库存商品”账户

1．账户性质

“库存商品”账户属于资产类账户。

2．账户用途

用以核算企业库存的各种商品的实际成本（或进价）或计划成本（或售价），包括库存产成品、外购商品、存放在门市部准备出售的商品、发出展览的商品以及寄存在外的商品等。

3．账户结构

库存商品账户结构如图 4-21 所示。

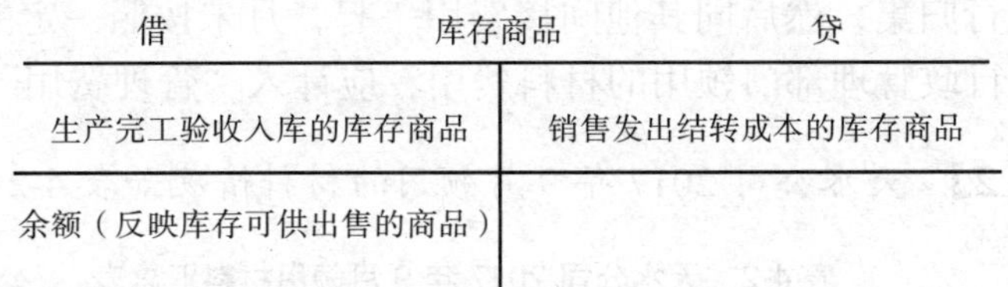

图 4-21　库存商品账户结构

4．明细账的设置

该账户可按库存商品的种类、品种和规格等设置明细账。

（四）“应付职工薪酬”账户

1．账户性质

“应付职工薪酬”账户属于负债类账户。

2．账户用途

用以核算企业根据有关规定应付给职工的各种薪酬。

3．账户结构

应付职工薪酬账户结构如图 4-22 所示。

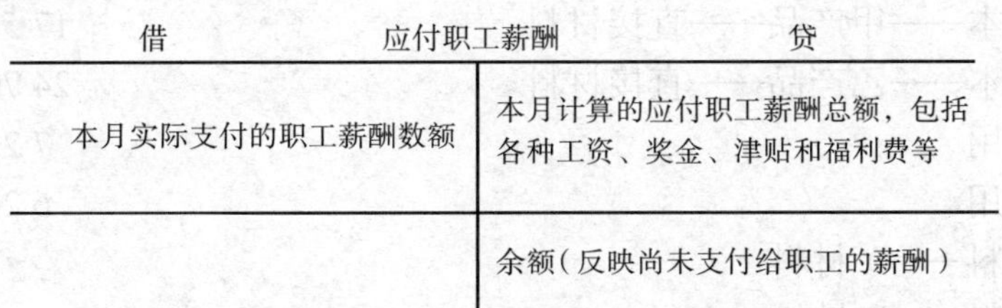

图 4-22　应付职工薪酬账户结构

4．明细账的设置

该账户可按“工资”“职工福利”“社会保险费”“住房公积金”“工会经费”“职工教育经费”“非货币性福利”“辞退福利”“股份支付”等设置明细账。

三、产品生产核算的方法

假定天水公司2017年9月投入生产甲产品500件，乙产品800件，发生下列经济业务来说明产品生产核算的方法。

（一）领用材料的核算

企业从仓库领用的材料，应根据领料凭证区分产品、车间、部门和不同用途后，按照确定的结果将发出材料的成本借记“生产成本”“制造费用”“管理费用”等科目，贷记“原材料”等科目。

对于直接用于某种产品生产的材料费用，应直接计入该产品成本明细账中的直接材料费用项目；对于由多种产品共同耗用、应由这些产品共同负担的材料费用，应选择适当的标准在这些产品之间进行分配，按分担的金额计入相应的成本计算对象（生产产品的品种、类别等）；对于为创造生产条件等需要而间接消耗的各种材料费用，应先在“制造费用”科目中进行归集，然后同其他间接费用一起，月末按照一定的标准分配计入有关产品成本；对于行政管理部门领用的材料费用，应计入“管理费用”科目。

【同步案例4-22】 天水公司2017年9月领用的材料情况如表4-2所示。

表4-2 天水公司2017年9月领用材料汇总表

单位：元

用途及领料部门		A材料			B材料			合 计
		数 量	单 价	金 额	数 量	单 价	金额	
		吨	元/吨		吨	元/吨		
生产领用	甲产品	2	4 100	8 200	3	3 100	9 300	17 500
	乙产品	3	4 100	12 300	4	3 100	12 400	24 700
车间管理领用		1	4 100	4 100	1	3 100	3 100	7 200
厂部行政领用					2	3 100	6 200	6 200
合 计		6	4 100	24 600	10	3 100	31 000	55 600

根据天水公司领用材料汇总表，按照原材料的用途及领料部门，应编制的会计分录如下：

借：生产成本——甲产品——直接材料　　17 500
　　生产成本——乙产品——直接材料　　24 700
　　制造费用　　7 200
　　管理费用　　6 200
　贷：原材料——A材料　　24 600
　　　原材料——B材料　　31 000

（二）职工薪酬的核算

职工薪酬是指企业为获得职工提供的服务或解除劳动关系而给予各种形式的报酬或补偿，具体包括：短期薪酬、离职后福利、辞退福利和其他长期职工福利。企业提供给职工配偶、子女、受赡养人、已故员工遗属及其他受益人等的福利，也属于职工薪酬。

企业应当在职工为其提供服务的会计期间，将应付的职工薪酬确定为负债。除因解除与职工的劳动关系给予的补偿直接计入当期损益（管理费用）外，应当根据职工提供服务的受益对象，分别按下列情况处理。

（1）在生产车间的职工薪酬，区分二种情况，一是能直接明确为××产品生产的职工薪酬，直接计入“生产成本——××产品——直接人工”之中；二是不能直接明确××产品生产的职工薪酬，如车间管理人员的薪酬等，先计入“制造费用”账户，月末将制造费用分配到××产品之中。

（2）应由在建工程、无形资产负担的职工薪酬，计入建造固定资产或无形资产成本。

（3）除上述两种情况之外的其他职工薪酬应当计入当期损益。如企业行政管理部门人员和专设销售机构销售人员的职工薪酬均属于期间费用，应分别借记“管理费用”“销售费用”等科目，贷记“应付职工薪酬”科目。

【同步案例 4-23】 天水公司 2017 年 9 月应付职工薪酬汇总如表 4-3 所示。

表 4-3 天水公司 2017 年 9 月职工薪酬汇总表 单位：元

用途		工资费用	福利费（工资的 14%）	工会经费（工资的 2%）	职工教育经费（工资的 2.5%）	合计
生产工人	甲产品	40 000	5 600	800	1 000	47 400
	乙产品	20 000	2 800	400	500	23 700
车间管理人员		6 000	840	120	150	7 110
厂部管理人员		10 000	1 400	200	250	11 850
合计		76 000	10 640	1 520	1 900	90 060

本月职工薪酬的具体核算为：

（1）根据本月职工薪酬汇总表分配本月职工工资。

借：生产成本——甲产品——直接人工 47 400
　　生产成本——乙产品——直接人工 23 700
　　制造费用 7 110
　　管理费用 11 850
　贷：应付职工薪酬——工资 76 000
　　　　　　　　——福利费 10 640
　　　　　　　　——工会经费 1 520
　　　　　　　　——职工教育经费 1 900

（2）根据本月职工的工资费用合计数从银行提取现金，并发放本月职工工资。

提取现金时： 借：库存现金 76 000
　　　　　　　　贷：银行存款 76 000

发放工资时： 借：应付职工薪酬——工资 76 000
　　　　　　　　贷：库存现金 76 000

（3）以银行存款支付本月工会经费和职工教育经费。

借：应付职工薪酬——工会经费 1 520
　　　　　　　　——职工教育经费 1 900

贷：银行存款 3 420

（4）本月的职工福利待以后使用时再核算。

【同步案例 4-24】 天水公司 2017 年 9 月，报销职工医药费 500 元，支付职工困难补助 1 000 元，均以现金付讫。编制会计分录为：

借：应付职工薪酬——福利费 1 500

　贷：库存现金 1 500

（三）计提固定资产折旧的核算

企业每月应当按照固定资产折旧的计算方法提取固定资产折旧，提取的折旧费根据固定资产的使用情况分别计入产品成本和期间费用之中。

【同步案例 4-25】 天水公司 2017 年 9 月固定资产折旧计算如表 4-4 所示。

表 4-4　天水公司 2017 年 9 月固定资产折旧计算表　　单位：元

使用部门	上月末固定资产余额	折旧提取率（年）	本月应提折旧额
生产车间	8 000 000	6%	40 000
厂　部	2 000 000	6%	10 000
合　计	10 000 000	6%	50 000

根据本月份固定资产折旧计算表，提取固定资产折旧应编制的会计分录：

借：制造费用 40 000

　　管理费用 10 000

　贷：累计折旧 50 000

（四）计提无形资产摊销的核算

无形资产是指企业拥有或者控制的没有实物形态的可辨认非货币性资产。无形资产主要包括专利权、非专利技术、商标权、著作权、土地使用权、特许权等。

企业每月都应对无形资产进行摊销。无形资产摊销额按其用途各自分担，如专利权一般用于产品生产，应由“制造费用”负担；商标权一般用于产品销售，应由“销售费用”负担。

【同步案例 4-26】 天水公司 2017 年 9 月计提本月无形资产摊销。其中：用于产品生产的专利权应分摊 2 000 元，用于产品销售的商标权应分摊 1 000 元。根据经济业务编制的会计分录为：

借：制造费用 2 000

　　销售费用 1 000

　贷：累计摊销 3 000

（五）支付其他费用的核算

企业在产品生产过程中会支付各种各样的费用，下面列举经常发生的一些费用来阐述支付其他费用的核算。

1. 支付办公费的核算

【同步案例 4-27】 天水公司 2017 年 9 月以银行存款购买办公用品 1 200 元，购回后厂部领用 800 元，车间领用 400 元。编制会计分录为：

借：制造费用　　　　400
　　管理费用　　　　800
　贷：银行存款　　　　1 200

2. 摊销保险费的核算

【同步案例 4-28】 天水公司 2017 年 9 月摊销应由本月负担的财产保险费，该保险费年初预付了全年 12 万元，其中：车间 6 万元，厂部 6 万元。编制会计分录为：

借：制造费用　　　　60 000
　　管理费用　　　　60 000
　贷：预付账款　　　　120 000

3. 支付水电费的核算

【同步案例 4-29】 天水公司 2017 年 9 月收到供电公司电费托收单 6 000 元，收到自来水公司水费托收单 2 000 元，均以银行存款支付。本公司水电费的使用比例为车间 70%，厂部 30%。编制会计分录为：

借：制造费用　　　　5 600
　　管理费用　　　　2 400
　贷：银行存款　　　　8 000

4. 支付修理费的核算

【同步案例 4-30】 天水公司 2017 年 9 月发生车间机器修理费 600 元，发生厂部门窗修理费 200 元，均以现金支付。编制会计分录为：

借：制造费用　　　　600
　　管理费用　　　　200
　贷：库存现金　　　　800

（六）制造费用归集和分配的核算

1. 制造费用的归集

每月将发生的制造费用通过设置“制造费用”账户进行归集，如天水公司 2017 年 9 月为生产甲乙两种产品发生的制造费用归集如图 4-23 所示。

2. 制造费用的分配

本月归集的制造费用，月末采用一定的方法分配计入生产的产品之中。分配制造费用的方法一般有：生产工人工资比例法、生产工时比例法、机器工时比例法等。具体分配方法由各企业根据生产特点加以确定，分配方法一经确定，一般不得随意变更。

【同步案例 4-31】 天水公司 2017 年 9 月末将本月发生的制造费用按生产工时分配计入甲乙两种产品之中。为生产 500 件甲产品，累计发生 4 000 工时；为生产 800 件乙产品，累计发生 6 000 工时。据以分配制造费用。

借	制造费用	贷
4-22 领用材料	7 200	
4-23 分配工资	7 110	
4-25 提取折旧	40 000	
4-26 摊销无形资产	2 000	
4-27 领用办公用品	400	
4-28 摊销保险费	5 000	
4-29 支付水电费	5 600	
4-30 支付修理费	600	
本月发生合计	67 910	

图 4-23 制造费用归集

（1）根据资料编制制造费用分配表，如表 4-5 所示。

表 4-5 制造费用分配表

2017 年 9 月 30 日

单位：元

应借科目		分配标准（工时）	分配率	分配金额
总 账	明细账			
生产成本	甲产品	4 000	6 791	27 164
	乙产品	6 000	6 791	40 746
合 计		10 000	6.791	67 910

（2）根据制造费用分配表编制会计分录

借：生产成本——甲产品——制造费用 27 164

　　生产成本——乙产品——制造费用 40 746

　贷：制造费用 67 910

（七）完工产品验收入库的核算

1. 归集产品生产费用

企业应设置“生产成本”明细账分别归集生产的各种产品的材料费用、人工费用和制造费用，在此基础上，根据“生产成本”明细账记录，按照一定的方法计算确定各完工产品的总成本和单位成本。

【同步案例 4-32】将天水公司 2017 年 9 月生产的甲产品、乙产品发生的生产费用，开设并登记“生产费用”明细账，如表 4-6、表 4-7 所示。

表 4-6 生产成本明细账

产品名称：甲产品

单位：元

2017 年		凭证	摘 要	借 方				贷 方	余 额
月	日	号数		直接材料	直接人工	制造费用	合 计		
9	×	××	领用材料	17 500			17 500		17 500
	×	××	分配工资		47 400		47 400		64 900

续表

2017 年		凭证	摘　要	借　方				贷　方	余　额
月	日	号数		直接材料	直接人工	制造费用	合　计		
	×	××	分配制造费用			27 164	27 164		92 064
			本月合计	17 500	47 400	27 164	92 064		92 064

表 4-7　生产成本明细账

产品名称：乙产品　　　　单位：元

2017 年		凭证	摘　要	借　方				贷　方	余　额
月	日	号数		直接材料	直接人工	制造费用	合　计		
9	×	××	领用材料	24 700			24 700		24 700
	×	××	分配工资		23 700		23 700		48 400
	×	××	分配制造费用			40 746	40 746		89 146
			本月合计	24 700	23 700	40 746	89 146		89 146

2. 计算完工产品成本

月末，将本月发生的生产费用登记入“生产成本”明细账后，各产品生产发生的生产费用就已归集完毕。接着这些生产费用就需要在完工产品和月末在产品之间进行分配。如果本月投入生产的某产品月末全部完工，则某产品归集的生产费用全部归完工产品所有；如果本月投入生产的某产品月末完工一部分，还有一部分未完工，则某产品归纳的生产费用就需要在完工产品和在产品之间进行分配，具体的分配方法一般有定额成本法和约当产量法。通过分配确定了完工产品的成本之后，就需要编制产品成本计算表，计算出完工产品的总成本和单位，并编制结转完工产品的会计分录，即：

借：库存商品——××产品　　　×××
　　库存商品——××产品　　　×××
　贷：生产成本——××产品　　　×××
　　　生产成本——××产品　　　×××

【同步案例 4-33】 天水公司 2017 年 9 月投入生产甲产品 500 件，月末已全部完工验收入库。投入生产的乙产品 800 件，完工 600 件验收入库，月末在产品 200 件，在产品成本 15 546 元，其中：直接材料 6 100 元，直接人工 3 700 元，制造费用 5 746 元。根据上述资料编制完工产品成本计算，如表 4-8 所示。编制结转完工产品成本的会计分录并登记“生产成本”明细账。

表 4-8　完工产品成本计算表

2017 年 9 月 30 日　　单位：元

成本项目	甲产品（500 件）		乙产品（600 件）	
	总成本	单位成本	总成本	单位成本
直接材料	17 500	35.00	18 600	31.00
直接人工	47 400	94.80	20 000	33.33
制造费用	27 164	54.33	35 000	58.33
合　计	92 064	184.13	73 600	122.67

结转完工产品成本的会计分录：

借：库存商品——甲产品　　92 064

　　库存商品——乙产品　　73 600

　贷：生产成本——甲产品　　92 064

　　　生产成本——乙产品　　73 600

完成“生产成本”明细账的登记，如表 4-9、表 4-10 所示。

表 4-9　生产成本明细账

产品名称：甲产品　　单位：元

2017 年		凭证	摘　要	借方				贷　方	余　额
月	日	号数		直接材料	直接人工	制造费用	合计		
9	×	××	领用材料	17 500			17 500		17 500
	×	××	分配工资		47 400		47 400		64 900
	×	××	分配制造费用			27 164	27 164		92 064
			本月合计	17 500	47 400	27 164	92 064		92 064
	×	××	结转完工产品	−17 500	−47 400	−27 164	−92 064	92 064	平

表 4-10　生产成本明细账

产品名称：乙产品　　单位：元

2017 年		凭证	摘　要	借　方				贷　方	余　额
月	日	号数		直接材料	直接人工	制造费用	合计		
9	×	××	领用材料	24 700			24 700		24 700
	×	××	分配工资		23 700		23 700		48 400
	×	××	分配制造费用			40 746	40 746		89 146
			本月合计	24 700	23 700	40 746	89 146		89 146
	×	××	结转完工产品	−18 600	−20 000	−35 000	−73 600	73 600	15 546
			月末在产品	6 100	3 700	5 746	15 546		15 546

知识链接

约当产量法

所谓“约当产量比例法”，就是把月末在产品的数量按其完工程度，折合成相当于完工产品的产量（约当产量），然后把完工产品的产量和在产品的“约当量”相加，构成“约当总产量”。再和发生的生产费用相除，得出费用分配率，用分配率去乘完工产品产量和在产品约当量，从而计算出完工产品应负担的成本和在产品应留存的成本，简称约当产量法。

从上述概念我们得出计算约当产量可分四步：

第一步：计算在产品约当产量

在产品约当产量=在产品数量×完工率（完工程度）

第二步：计算费用分配率（每件完工产品应分配的费用）

费用分配率=（期初在产品成本+本期生产费用）/（完工产品产量+期末在产品约当量）

第三步：求出在产品的成本

月末在产品成本=月末在产品约当产量×费用分配率

第四步：求出完工产品的成本

完工产品成本=完工产品数量×费用分配率

知识拓展

职工薪酬的内容

职工薪酬，是指企业为获得职工提供的服务而给予各种形式的报酬以及其他相关支出。

根据《企业会计准则第 9 号—职工薪酬》，职工薪酬包括：

（1）职工工资、奖金、津贴和补贴；

（2）职工福利费；

（3）医疗保险费、养老保险费、失业保险费、工伤保险费和生育保险费等社会保险费；

（4）住房公积金；

（5）工会经费和职工教育经费；

（6）非货币性福利；

（7）因解除与职工的劳动关系给予的补偿；

（8）其他与获得职工提供的服务相关的支出。

想一想

产品生产成本的用途是什么？

天水公司 2017 年 9 月生产的甲产品成本每件为 183.33 元，生产的乙产品成本每件 122.67 元。

请问：在销售甲产品或乙产品时，是按该价格出售吗？如不是，该价格有什么用处？

任务六　销售业务核算

【任务描述】

企业生产产品的目的是出售产品，并从中盈利。销售业务核算主要包括主营业务销售核算、其他业务销售核算、营业税金及附加的核算，通过销售业务核算为企业利润形成的核算做好准备。

【任务分析】

本任务将阐述销售业务的主要内容，完成销售业务核算需要设置的账户，以及销售过程的核算。通过本任务的学习要求学生掌握，主营业务收入和主营业务成本的核算、其他业务收入和其他业务成本的核算以及营业税金及附加的核算。

【知识准备与应用】

一、销售业务核算的主要内容

销售过程是企业生产经营过程的最后一个阶段。在销售过程中，企业要取得生产耗费的补偿，要获得再生产正常进行的资金保证。为此，企业不仅要将产品按预定的售价销售出去，及时回笼资金；还会发生各种销售费用，并且需要按照国家规定计算应缴纳的销售税金及附加，结转销售成本，以确定销售业务成果。

二、销售业务核算的账户设置

（一）“主营业务收入”账户

1. 账户性质

“主营业务收入”账户属于损益类账户。

2. 账户用途

用以核算企业在销售商品、提供劳务及让渡资产使用权等日常活动中所产生的收入。

3. 账户结构

主营业务收入账户结构如图 4-24 所示。

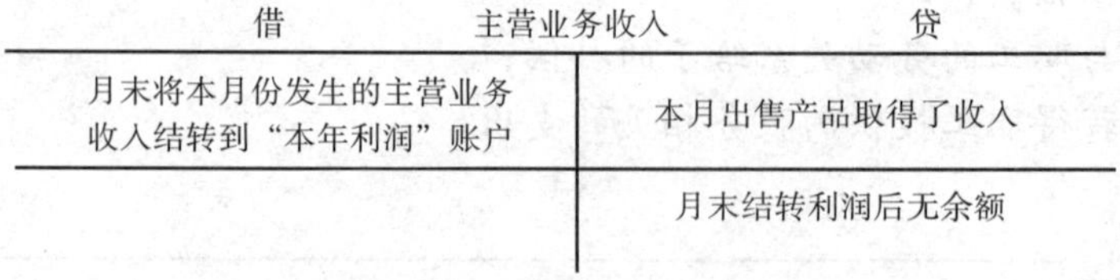

借　　　　主营业务收入	贷
月末将本月份发生的主营业务收入结转到“本年利润”账户	本月出售产品取得了收入
	月末结转利润后无余额

图 4-24　主营业务收入账户结构

4. 明细账的设置

该账户可按照主营业务的种类设置明细账。

（二）“其他业务收入”账户

1. 账户性质

“其他业务收入”账户属于损益类账户。

2. 账户用途

用以核算企业确认的除主营业务收入以外的其他经营活动实现的收入，包括出租固定资产、出租无形资产、出租包装物和商品、销售材料等。

3. 账户结构

其他业务收入账户结构如图 4-25 所示。

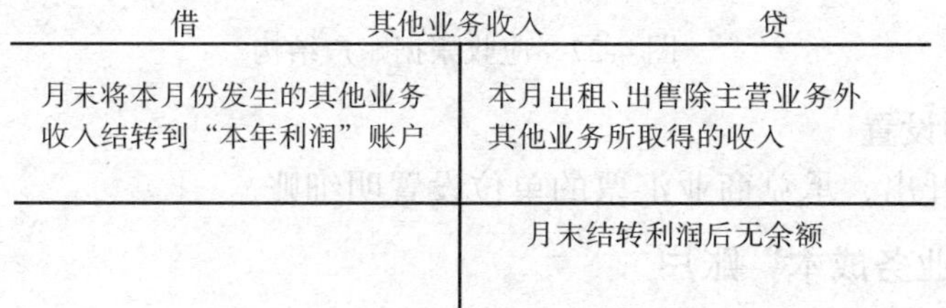

图 4-25　其他业务收入账户结构

4. 明细账的设置

该账户可按照其他业务的种类设置明细账。

（三）"应收账款"账户

1. 账户性质

"应收账款"账户属于资产类账户。

2. 账户用途

用以核算企业因销售商品、提供劳务等经营活动应收取的款项。

3. 账户结构

应收账款账户结构如图 4-26 所示。

借　　　　　应收账款	贷
由于销售商品以及提供劳务等发生的应收账款，包括应收的价款、税款和代垫款等	收回的应收账款
余额（月末尚未收回的账款）	余额（反映企业预收的账款）

图 4-26　应收账款账户结构

4. 明细账的设置

该账户应按不同的债务人设置明细账。

（四）"应收票据"账户

1. 账户性质

"应收票据"账户属于资产类账户。

2. 账户用途

用以核算企业因销售商品、提供劳务等而收到的商业汇票，包括银行承兑汇票和商业承兑汇票。

3. 账户结构

应收票据账户结构如图 4-27 所示。

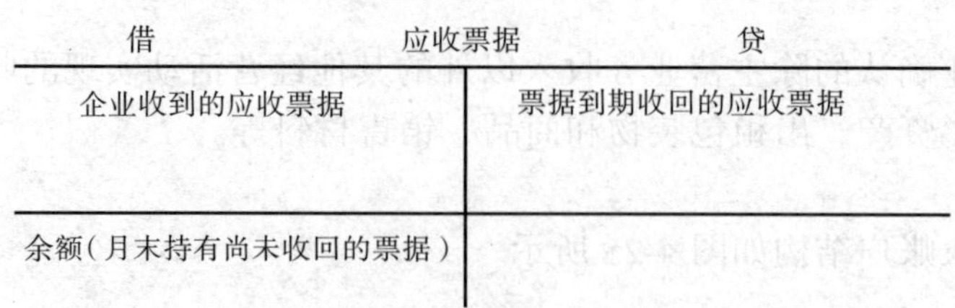

图 4-27 应收票据账户结构

4. 明细账的设置

该账户可按开出、承兑商业汇票的单位设置明细账。

（五）“主营业务成本”账户

1. 账户性质

“主营业务成本”账户属于损益类账户。

2. 账户用途

用以核算企业确认销售商品、提供劳务等主营业务收入时应结转的成本。

3. 账户结构

主营业务成本账户结构如图 4-28 所示。

借 主营业务成本	贷
本月销售商品等主营业务结转的销售成本	月末将本月发生的主营业务成本结转到“本年利润”账户
月末结转利润后无余额	

图 4-28 主营业务成本账户结构

4. 明细账的设置

该账户可按主营业务的种类设置明细账。

（六）“其他业务成本”账户

1. 账户性质

“其他业务成本”账户属于损益类账户。

2. 账户用途

用以核算企业确认的除主营业务活动以外的其他经营活动所发生的支出，包括销售材料的成本、出租固定资产的折旧额、出租无形资产的摊销额、出租包装物的成本或摊销额等。

3. 账户结构

其他业务成本账户结构如图 4-29 所示。

4. 明细账的设置

该账户可按其他业务的种类设置明细账。

（七）“营业税金及附加”账户

1. 账户性质

“营业税金及附加”账户属于损益类账户。

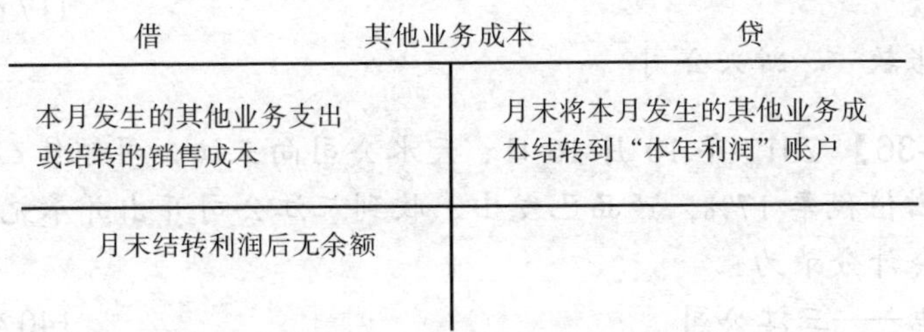

图 4-29　其他业务成本账户结构

2. 账户用途

用以核算企业经营活动发生的消费税、城市维护建设税、资源税和教育费附加等相关税费。需要注意的是，房产税、车船使用税、土地使用税、印花税在“管理费用”账户核算，但与投资性房地产相关的房产税、土地使用税在本账户核算。

3. 账户结构

营业税金及附加的账户结构如图 4-30 所示。

借　　　营业税金及附加	贷
本月发生的与经营活动有关的营业税金及附加	月末将本月发生的营业税金及附加结转到“本年利润”账户
月末结转利润后无余额	

图 4-30　营业税金及附加账户结构

4. 明细账的设置

该账户可按发生的税种设置明细账。

三、销售业务核算的方法

（一）主营业务收入的核算

企业销售商品或提供劳务实现的收入，应按实际收到或应收的金额，借记“银行存款”“应收账款”“应收票据”等科目，按确认的营业收入，贷记“主营业务收入”科目。

对于增值税，一般纳税人应根据销项税额贷记“应交税费——应交增值税（销项税额）”科目，小规模纳税人应根据应交增值税额贷记“应交税费——交增值税”科目。

【同步案例 4-34】 2017 年 10 月 10 日，天水公司（一般纳税人）向新兴公司出售甲产品 200 件，每件售价 500 元，增值税率为 17%，产品已发出，货款尚未收到。应编制的会计分录为：

借：应收账款——新兴公司	117 000	
贷：主营业务收入——甲产品		100 000
应交税费——应交增值税（销项税额）		17 000

【同步案例 4-35】 2017 年 10 月 15 日，天水公司收到新兴公司通过银行转来的汇款，支付前欠货税款 117 000 元。应编制的会计分录为：

借：银行存款　　117 000

　贷：应收账款——新兴公司　　117 000

【同步案例 4-36】 2017 年 10 月 16 日，天水公司向三江公司销售乙产品 300 件，每件售价 400 元，增值税率 17%，产品已发出，收到三江公司开出并承兑的商业承兑汇票一张。应编制的会计分录为：

借：应收票据——三江公司　　140 400

　贷：主营业务收入——乙产品　　120 000

　　　应交税费——应交增值税（销项税额）　　20 400

【同步案例 4-37】 2017 年 11 月 16 日，三江公司的商业承兑汇票到期，以银行转账方式向天水公司支付货税款 140 400 元。应编制的会计分录为：

借：银行存款　　140 400

　贷：应收票据——三江公司　　140 400

（二）主营业务成本的核算

期（月）末，企业应根据本期（月）销售各种商品、提供各种劳务等实际成本，计算应结转的主营业务成本，借记“主营业务成本”科目，贷记“库存商品”“劳务成本”等科目。

【同步案例 4-38】 2017 年 10 月 31 日，天水公司确认本月销售甲产品 200 件，乙产品 300 件，按产品生产成本甲产品每件 183.33 元，乙产品每件 122.67 元，结转销售商品成本。应编制的会计分录为：

借：主营业务成本——甲产品　　36 666

　　主营业务成本——乙产品　　36 801

　贷：库存商品——甲产品　　36 666

　　　库存商品——乙产品　　36 801

（三）其他业务收支的核算

对于不同企业而言，主营业务和其他业务的划分并不是绝对的，一个企业的主营业务可能是另一个企业的其他业务，及时在同一个企业，不同期间的主营业务和其他业务的内容可能不是固定不变的。当企业发生其他业务收入时，借记“银行存款”“应收账款”“应收票据”“其他应收款”等科目，按确定的收入金额，贷记“其他业务收入”科目。

在核算其他业务收入的同时，企业应根据其他业务成本金额，借记“其他业务成本”科目，贷记“原材料”“累计折旧”“应付职工薪酬”等科目。

【同步案例 4-39】 2017 年 10 月 20 日，天水公司出售多余的原材料一批，开出的增值税专用发票上注明的售价为 10 000 元，增值税税额为 1 700 元，款项已由银行收妥。该批原材料的实际成本为 8 000 元。应编制的会计分录为：

借：银行存款　　11 700

　贷：其他业务收入　　10 000

　　　应交税费——应交增值税（销项税额）　　1 700

同时结转原材料销售成本：

借：其他业务成本　8 000

　贷：原材料　8 000

【同步案例 4-40】 2017 年 10 月 31 日，天水公司收到出租给沪杭公司的厂房租金 5 000 元存入银行，同时计提该厂房的折旧费 3 000 元。应编制的会计分录为：

借：银行存款　5 000

　贷：其他业务收入　5 000

同时：

借：其他业务成本　3 000

　贷：累计折旧　3 000

（四）营业税金及附加的核算

按照我国现行税法规定，企业销售产品、材料除了缴纳增税外，还需要缴纳消费税、城市维护建设税和教育费附加等税金。这些税金与增值税不同，它们属于价内税，一般通过“营业税金及附加”科目进行核算。

1. 消费税的核算

消费税是在对货物普遍征收增值税的基础上，选择少数消费品再征收的一个税种，主要是为了调节产品结构、引导消费方向、保证国家财政收入。现行消费税的征收范围主要包括：烟、酒、鞭炮、焰火、化妆品、成品油、贵重首饰及珠宝玉石、高尔夫球及球具、高档手表、游艇、木制一次性筷子、实木地板、摩托车、小汽车、汽车轮胎、成品油等税目，有的税目还会进一步划分若干子目。

【同步案例 4-41】 2017 年 10 月，天水公司生产经营的丙产品属于高档消费品，应按销售收入的 10%征收消费税，本月份丙产品销售 4 万元，据以计提应交消费税。应编制的会计分录为：

借：营业税金及附加　4 000

　贷：应交税费——应交消费税　4 000

2. 城市维护建设税和教育费附加的核算

企业在缴纳增值税、消费税后（营改增后取消了营业税），按国家政策规定还需要缴纳城市建设维护税和教育费附加。

（1）应交的城市维护建设税=应交增值税和消费税的税额×规定税率

规定税率：市区为 7%，县城、建制镇为 5%，其他地区为 1%。

（2）应交教育费附加=应交增值税和消费税的税额×规定税率（3%）

（3）应交地方教育附加费=应交增值税和消费税的税额×规定税率（2%）

【同步案例 4-42】 2017 年 10 月，天水公司编制城市维护建设税和教育费附加计算表，如表 4-11 所示，计算提取本月应交的城市建设维护税和教育费附加。

表 4-11 城市维护建设税和教育费附加计算表

2017 年 10 月 31 日　　单位：元

项　目	计税依据	城建税		教育费附加		地方教育费附加	
		税　率	提取额	税　率	提取额	税　率	提取额
增值税	100 000	7%	7 000	3%	3 000	2%	2 000
消费税	200 000	7%	14 000	3%	6 000	2%	4 000
合　计	300 000	7%	21 000	3%	9 000	2%	6 000

应编制的会计分录为：

借：营业税金及附加　　36 000

　贷：应交税费——应交城市维护建设税　　21 000

　　　　　　——应交教育费附加　　9 000

　　　　　　——应交地方教育附加费　　6 000

知识链接

营改增

营业税改增值税（以下简称营改增）是指将以前缴纳营业税的应税项目改成缴纳增值税，增值税只对产品或者服务的增值部分纳税，减少了重复纳税的环节，是党中央、国务院，根据经济社会发展新形势，从深化改革的总体部署出发做出的重要决策，目的是加快财税体制改革，进一步减轻企业赋税，调动各方积极性，促进服务业尤其是科技等高端服务业的发展，促进产业和消费升级、培育新动能、深化供给侧结构性改革。

营业税和增值税是我国两大主体税种。营改增在全国的推广，大致经历了以下三个阶段。2011 年，经国务院批准，财政部、国家税务总局联合下发营业税改增值税试点方案。从 2012 年 1 月 1 日起，在上海交通运输业和部分现代服务业开展营业税改征增值税试点。自 2012 年 8 月 1 日起至年底，国务院将扩大营改增试点至 8 省市；2013 年 8 月 1 日，“营改增”范围已推广到全国试行，将广播影视服务业纳入试点范围。2014 年 1 月 1 日起，将铁路运输和邮政服务业纳入营业税改征增值税试点，至此交通运输业已全部纳入营改增范围。2016 年 3 月 18 日召开的国务院常务会议决定，自 2016 年 5 月 1 日起，中国已全面推开营改增试点，将建筑业、房地产业、金融业、生活服务业全部纳入营改增试点，至此，营业税退出历史舞台，增值税制度将更加规范。这是自 1994 年分税制改革以来，财税体制的又一次深刻变革。

知识拓展

地方教育费附加

地方教育附加是指各省、自治区、直辖根据国家有关规定，为实施“科教兴省”战略，增加地方教育的资金投入，促进本各省、自治区、直辖教育事业发展，开征的一项地方政府性基金。

全面开征地方教育附加。各省（区、市）人民政府应根据《中华人民共和国教育法》

的相关规定和《财政部关于统一地方教育附加政策有关问题的通知》（财综〔2010〕98号）的要求，全面开征地方教育附加。地方教育附加统一按增值税、消费税、营业税实际缴纳税额的2%征收。

想一想

城建税和教育费附加提取时的增值税哪里来?

购进材料时会发生“借：应交税费——应交增值税（进项税额）”，销售产品时会发生“贷：应交税费——应交增值税（销项税额）”，二者相抵后就是实际应交的增值税或待抵扣的增值税。

请问：这样表述正确吗？

任务七　利润形成和分配核算

【任务描述】

利润形成和分配核算是企业会计核算的终点，也是企业追求的最终结果。利润形成和分配核算主要包括期间费用的核算、利润形成的核算和利润分配的核算，通过利润形成和分配的核算实现企业生产经营的最终目标。

【任务分析】

本任务阐述期间费用、利润形成和利润分配核算，以及完成这些业务核算需要设置的账户。通过本任务的学习要求学生掌握期间费用的构成与核算、营业外收支的核算、利润的基本概念及形成的核算、利润分配的程序和利润分配的核算。

【知识准备与应用】

一、期间费用的核算

（一）期间费用的构成

期间费用是指企业日常活动中不能直接归属某个特定成本核算对象的，在发生时应直接计入当期损益的各种费用。期间费用包括管理费用、财务费用和销售费用。

管理费用是指企业为组织和管理企业生产经营所发生的各种费用，包括企业在筹建期间内发生的开办费、董事会和行政管理部门在企业的经营管理中发生的或者应由企业统一负担的公司经费（包括行政管理职工薪酬、物料消耗、低值易耗品摊销、办公费和差旅费等）、董事会费（包括董事会成员津贴、会议费和差旅费等）、聘请中介机构费、咨询费（含顾问费）、诉讼费、业务招待费、房产税、车船税、土地使用税、印花税、技术转让费、矿产资源补偿费、研究费用、排污费，以及企业生产车间（部门）和行政管理部门等发生的固定资产修理费用后续支出等。

销售费用是指企业销售商品和材料、提供劳务的过程中发生的各种费用，包括保险费、包装费、展览费和广告费、商品维修费、预计产品质量保证损失费、运输费、装卸费等，为销售本企业商品而专设的销售机构（含销售网点、售后服务网点等）的职工薪酬、业务费、折旧费，以及企业发生的与专设销售机构相关的固定资产修理费用等后续支出。

财务费用是指企业为筹资生产经营所需资金而发生的筹资费用，包括利息支出（减利息收入）、汇兑损益以及相关的手续费、企业发生的现金折扣或收到的现金折扣等。

（二）期间费用的账户设置

企业通常设置以下账户对期间费用业务进行会计核算。

1.“管理费用”账户

（1）账户性质：“管理费用”账户属于损益类账户。

（2）账户用途：用以核算企业行政管理部门为组织和管理企业的经济活动而发生的各项管理费用。

（3）账户结构：管理费用的账户结构如图 4-31 所示。

借　　　　管理费用	贷
本月发生的各种管理费用	月末将本月发生的全部管理费用结转到“本年利润”账户
月末结转利润后无余额	

图 4-31　管理费用账户结构

（4）明细账设置：该账户可按费用项目设置明细账。

2.“销售费用”账户

（1）账户性质：“销售费用”账户属于损益类账户。

（2）账户用途：用以核算企业发生的各项销售费用。

（3）账户结构：销售费用的账户结构如图 4-32 所示。

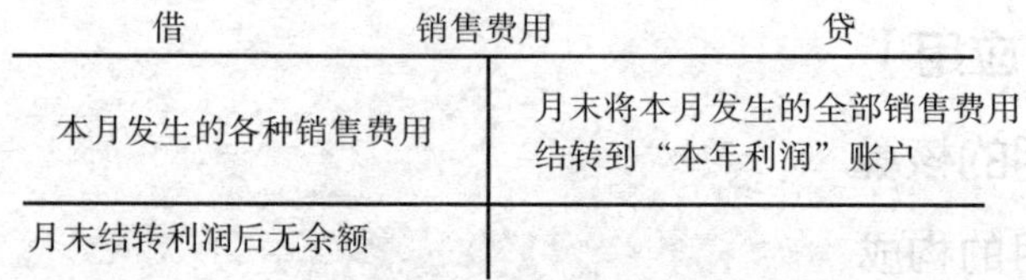

图 4-32　销售费用账户结构

（4）明细账设置：该账户可按费用项目设置明细账。

另外：“财务费用”账户已在负债筹资业务的账务处理中介绍。

（三）期间费用的核算方法

1. 管理费用的核算

企业在筹建期间内发生的开办费，包括人员工资、办公费、培训费、差旅费、印刷费、注册登记以及不计入固定资产成本的借款费用等在实际发生时，借记“管理费用”科目，贷记“银行存款”科目。

行政管理部门人员的职工薪酬，借记“管理费用”科目，贷记“应付职工薪酬”科目。行政管理部门计提的固定资产折旧，借记“管理费用”科目，贷记“累计折旧”科目。

行政管理部门发生的办公费、诉讼费、技术转让费、企业研究费用，借记“管理费用”科目，贷记“银行存款”“研发支出”等科目。

按规定计算确定的应交矿产资源补偿费、房产税、车船使用税、土地使用税、印花税，借记“管理费用”科目，贷记“应交税费”“银行存款”科目等。

【同步案例 4-43】 2017 年 10 月 9 日，天水公司开出转账支票支付在筹期间发生的培训费、办公费、印刷费等共计 46 000 元。应编制的会计分录为：

借：管理费用　46 000

　贷：银行存款　46 000

【同步案例 4-44】 2017 年 10 月 12 日，天水公司开出一张转账支票支付业务招待费 1 200 元。应编制的会计分录为：

借：管理费用　1 200

　贷：银行存款　1 200

【同步案例 4-45 】2017 年 10 月 31 日，天水公司计算本月应交房产税 3 400 元、车船税 2 600 元、土地使用税 5 000 元，并开出转账支票支付本月印花税 800 元。应编制的会计分录为：

借：管理费用　11 800

　贷：应交税费——应交房产税　3 400

　　　　　　——应交车船税　2 600

　　　　　　——应交土地使用税　5 000

　　　银行存款　800

2. 销售费用的核算

企业在销售商品过程中发生的包装费、保险费、展览费和广告费、运输费、装卸等费用，借记“销售费用”科目，贷记“库存现金”“银行存款”科目。

企业发生的为销售本企业商品而专设的销售机构的职工薪酬、业务费等费用，借记“销售费用”科目，贷记“应付职工薪酬”“银行存款”“累计折旧”等科目。

【同步案例 4-46】 2017 年 10 月 17 日，天水公司开出转账支票支付产品广告费 500 000 元。会计部门根据支票存根、广告费发票，应编制如下会计分录：

借：销售费用　500 000

　贷：银行存款　500 000

3. 财务费用的核算

企业发生的财务费用，借记“财务费用”科目，贷记“银行存款”“未确认融资费用”等科目。发生的应冲减财务费用的利息收入、汇兑损益、现金折扣，借记“银行存款”“应付账款”等科目，贷记“财务费用”科目。

【同步案例 4-47】 2017 年 10 月 31 日，天水公司收到银行通知，本月银行存款利息收入为 57 800 元。会计部门根据银行收款通知，应编制如下会计分录：

借：银行存款　57 800

　贷：财务费用　57 800

【同步案例 4-48】 2017 年 10 月 25 日，天水公司以存款支付上月欠光明公司原材料款，共计 400 000 元，因提前付款，光明公司给予 3%的现金折扣，实际支付 388 000 元。会计部门根据银行付款通知，应编制如下会计分录：

借：应付账款—光明公司　　400 000
　贷：银行存款　　388 000
　　　财务费用　　12 000

二、利润形成的核算

（一）利润的基本概念

利润是指企业在一定会计期间的经营成果，包括收入减去费用后的净额、直接计入当期损益的利得和损失等。利润由营业利润、利润总额和净利润三个层次构成。

1. 营业利润

营业利润这一指标能够比较恰当地反映企业管理者的经营业绩，其计算公式如下：

营业利润=营业收入–营业成本–营业税金及附加–销售费用–管理费用–财务费用–资产减值损失+公允价值变动收益（–公允价值变动损失）+投资收益（–投资损失）

其中，营业收入=主营业务收入+其他业务收入

营业成本=主营业务成本+其他业务成本

2. 利润总额

利润总额又称税前利润，是营业利润加上营业外收入减去营业外支出后的金额，其计算公式如下：

利润总额=营业利润+营业外收入–营业外支出

3. 净利润

净利润，又称税后利润，是利润总额扣除所得税费用后的净额，其计算公式如下：

净利润=利润总额–所得税费用

（二）利润形成核算的账户设置

企业通常设置如下账户对利润形成业务进行核算：

1. “本年利润”账户

（1）账户性质：“本年利润”账户属于所有者权益类账户。

（2）账户用途：用以核算企业当期实现的净利润（或发生的净亏损）。

（3）账户结构：本年利润的账户结构如图 4-33 所示。

借　　本年利润	贷
月末转入本年利润的各项支出，包括：主营业务成本、其他业务成本、营业税金及附加、管理费用、财务费用、销售费用、营业外支出、投资损失和所得税费用等	月末转入本年利润的各项收入，包括：主营业务收入、其他业务收入、营业外收入、投资收益等
余额（反映累计发生的亏损）	余额（反映累计发生的利润）

图 4-33　本年利润账户结构

年末应将该账户的余额转入“利润分配——未分配利润”账户。年末结转后，该账户无余额。

2. “投资收益”账户

（1）账户性质：“投资收益”账户属于损益类账户。

（2）账户用途：用以核算企业确认的投资收益或投资损失。

（3）账户结构：投资收益的账户结构如图 4-34 所示。

借　　　投资收益	贷
发生的投资损失和月末转入“本年利润”账户的投资净收益	实现的投资收益和月末转入“本年利润”账户的投资损失
	月末结转利润后无余额

图 4-34　投资收益账户结构

（4）明细账设置：该账户可按投资项目设置明细账。

3. “营业外收入”账户

（1）账户性质：“营业外收入”账户属于损益类账户。

（2）账户用途：用以核算企业发生的各项营业外收入，主要包括非流动资产处置利得、非货币性资产交换利得、债务重组利得、政府补助、盘盈利得、捐赠利得等。

（3）账户结构：营业外收入的账户结构如图 4-35 所示。

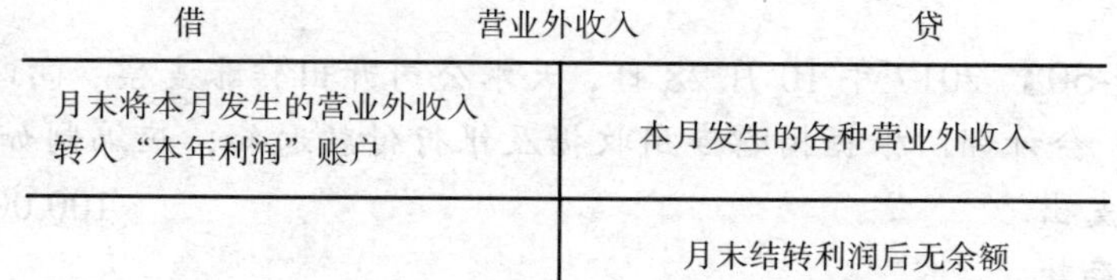

图 4-35　营业外收入账户结构

（4）明细账设置：该账户可按营业外收入项目设置明细账。

4. “营业外支出”账户

（1）账户性质：“营业外支出”账户属于损益类账户。

（2）账户用途：用以核算企业发生的各项营业外支出，包括非流动资产处置损失、非货币性资产交换损失、债务重组损失、公益性捐献支出、非常损失、盘亏损失等。

（3）账户结构：营业外支出的账户结构如图 4-36 所示。

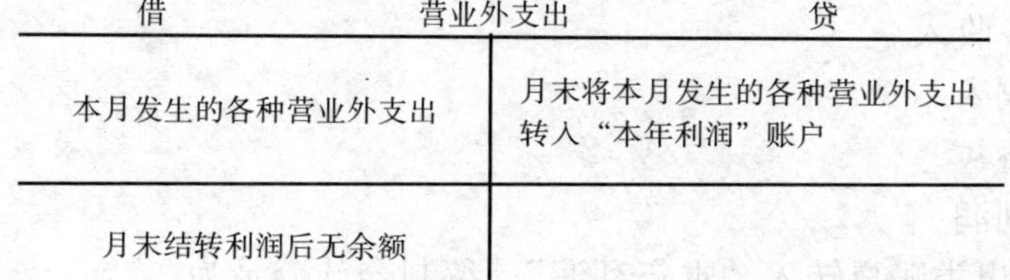

图 4-36　营业外支出账户结构

（4）明细账设置：该账户可按支出项目设置明细账。

5. **“所得税费用”账户**

（1）账户性质：“所得税费用”账户属于损益类账户。

（2）账户用途：用以核算企业确认的应当从当期利润总额中扣除的所得税费用。

（3）账户结构：所得税费用的账户结构如图4-37所示。

借	所得税费用 贷
本月按照应税所得额计提的所得税费用	月末将计提的所得税费用转入“本年利润”账户
月末结转后无余额	

图4-37 所得税费用账户结构

（4）明细账设置：该账户可按“当期所得税费用”“递延所得税费用”设置明细账。

（三）利润形成的核算方法

（1）结转利润前将所有损益类账户检查核算正确。假定本月还有营业外收入、营业外支出和投资收益业务需要核算。

【同步案例4-49】2017年10月26日，天水公司收到某公司无偿捐献的专利权一项，价值20 000元。会计部门根据捐赠协议，应编制如下会计分录：

借：无形资产 20 000

  贷：营业外收入 20 000

【同步案例4-50】 2017年10月28日，天水公司开出转账支票，向四川某希望小学捐款100 000元，会计部门根据捐赠专用收据及银行付款通知，应编制如下会计分录：

借：营业外支出 100 000

  贷：银行存款 100 000

【同步案例4-51】2017年10月31日，天水公司收到投资国库券的利息收入35 000元，存入银行。会计部门根据银行收款通知，应编制如下会计分录：

借：银行存款 35 000

  贷：投资收益 35 000

（2）本月将所有损益类账户检查核算正确后，结转“本年利润”。

1）将所有收入类账户转入“本年利润”。编制会计分录为：

借：主营业务收入 ×××

  其他业务收入 ×××

  营业外收入 ×××

  投资收益 ×××

  贷：本年利润 ×××

2）将所有支出类账户转入“本年利润”。编制会计分录为：

借：本年利润 ×××

  贷：主营业务成本 ×××

其他业务成本　×××
销售费用　×××
管理费用　×××
财务费用　×××
营业外支出等　×××

3）计提"所得税费用"：

计算应交所得税额=［本年利润（贷方）–本年利润（借方）］×所得税率

编制计提的会计分录：

借：所得税费用　×××
　贷：应交税费——应交所得税　×××

同时：

借：本年利润　×××
　贷：所得税费用　×××

【同步案例 4-52】 2017 年 10 月 31 日，天水公司完成本月所有业务核算后，经检查汇总本月损益类账户，其发生额如表 4-12 所示。

表 4-12　损益类账户发生额汇总表

2017 年 10 月 31 日　　单位：元

账户名称	借方发生额	贷方发生额
主营业务收入		3 000 000
其他业务收入		500 000
营业外收入		60 000
投资收益		240 000
主营业务成本	2 000 000	
其他业务成本	300 000	
营业税金及附加	40 000	
销售费用	200 000	
管理费用	300 000	
财务费用	60 000	
营业外支出	100 000	

要求：根据天水公司资料，编制结转 10 月利润的会计分录。

（1）结转收入

借：主营业务收入　3 000 000
　其他业务收入　500 000
　营业外收入　60 000
　投资收益　240 000
　贷：本年利润　3 800 000

（2）结转支出

借：本年利润 3 000 000
  贷：主营业务成本 2 000 000
    其他业务成本 300 000
    营业税金及附加 40 000
    销售费用 200 000
    管理费用 300 000
    财务费用 60 000
    营业外支出 100 000

（3）计提所得税

应交所得税=（3 800 000–3 000 000）×25%=200 000 元

借：所得税费用 200 000
  贷：应交税费——应交所得税 200 000

同时：借：本年利润 200 000
  贷：所得税费用 200 000

三、利润分配的核算

利润分配是指企业根据国家法律、公司章程和董事会决议，提请股东大会或者类似权力机构批准，对企业可供分配利润按规定程序和用途进行分配的一种行为。股份公司实现的净利润应按公司法、公司章程以及股东大会决议的要求进行分配。利润分配的过程和结果不仅关系到每个股东的合法权益是否得到保障，而且还关系到企业的未来发展。

企业利润分配每年末组织安排一次。

（一）利润分配的顺序

企业实现的净利润，应按照国家的规定和投资者的决议进行合理的分配，即首先应弥补以前年度尚未弥补的亏损，对于剩余部分，应按照下列顺序进行分配。

1. 提取法定盈余公积金

法定盈余公积金应按照本年实现利润的一定比例提取。公司法规定，公司制企业按净利润的 10%提取，其他企业可以根据需要确定提取比例，但不得低于 10%，企业提取的法定盈余公积金累计额超过注册资本 50%以上的，可以不再提取。

2. 提取任意盈余公积金

公司制企业经股东大会决议后，可从税后利润中提取任意盈余公积；非公司制企业经类似权力机构批准后，也可提取任意盈余公积。任意盈余公积金提取的比例由各公司章程确定。

如果不存在年初累计亏损，提取法定盈余公积的基数为当年实现的净利润；如果存在年初累计亏损，提取法定盈余公积的基数应为当年实现的净利润超过年初累计亏损的金额，当年实现的净利润低于或等于年初累计亏损时，不应计提盈余公积。

3. 向投资者分配利润

企业实现的净利润在提取盈余公积后，再加上年初未分配利润和其他转入的金额（如盈余公积弥补的亏损等），形成可供分配的利润，用公式表示为：

可供投资者分配的利润=净利润–弥补以前年度的亏损–提取的盈余公积+年初未分

配利润+其他转入的金额

企业可以用现金、财产以及股票等形式向投资者分配股利。

可供投资者分配的利润扣除向投资者分配利润的余额形成企业的未分配利润。它是所有者权益的重要组成部分，是企业留待以后年度进行分配的利润或等待分配的利润，相对于所有者权益的其他部分而言，企业对于未分配利润的使用有较大的自主权。

（二）利润分配的账户设置

为了核算利润的分配，企业应当设置如下账户：

1.“利润分配”账户

（1）账户性质：“利润分配”账户属于所有者权益类账户。

（2）账户用途：用以核算企业利润的分配（或亏损的弥补）和历年分配（或弥补）后的余额。

（3）账户结构：利润分配的账户结构如图 4-38 所示。

借　　利润分配	贷
（1）每年实际分配的利润，包括：提取的盈余公积和投资者利润； （2）年末从“本年利润”转入的全年累计亏损	（1）用盈余公积金弥补的亏损等其他转入数； （2）年末从“本年利润”转入的全年实现的净利润额
余额（反映未弥补亏损额）	余额（反映未分配利润额）

图 4-38　利润分配账户结构

（4）明细账设置：该账户应当分别对“提取法定盈余公积”“提取任意盈余公积”“应付现金股利或利润”“转作股本的股利”“盈余公积补亏”和“未分配利润”等设置明细账。

2.“盈余公积”账户

（1）账户性质：“盈余公积”账户属于所有者权益类账户。

（2）账户用途：用以核算企业从净利润中提取的盈余公积。

（3）账户结构：盈余公积的账户结构如图 4-39 所示。

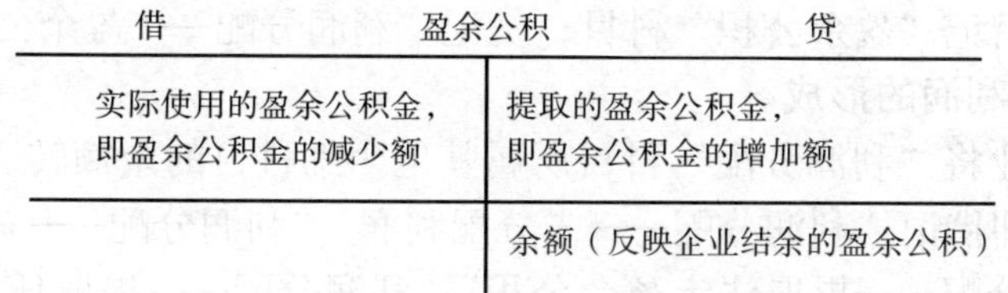

借　　盈余公积	贷
实际使用的盈余公积金， 即盈余公积金的减少额	提取的盈余公积金， 即盈余公积金的增加额
	余额（反映企业结余的盈余公积）

图 4-39　盈余公积账户结构

（4）明细账设置：“盈余公积”账户应当分别对“法定盈余公积”“任意盈余公积”设置明细账。

3.“应付股利”账户

（1）账户性质：“应付股利”账户属于负债类账户。

（2）账户用途：用以核算企业分配的现金股利或利润。

（3）账户结构：应付股利的账户结构如图 4-40 所示。

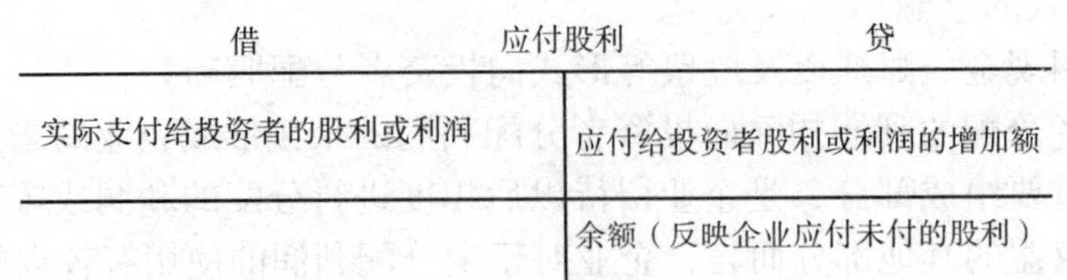

图 4-40 应付股利账户结构

（4）明细账设置：该账户可按投资者进行明细账核算。

（三）利润分配的核算方法

1. 净利润转入利润分配

每年年末，企业将实现的净利润转入“利润分配”科目，借记“本年利润”科目，贷记“利润分配——未分配利润”科目。企业如为亏损，则做相反分录。

“利润分配——未分配利润”明细科目余额表示历年累积的未分配利润或未弥补的亏损。在资产负债表日后，企业应根据批准的利润分配方案进行分配或弥补亏损。

2. 弥补以前年度亏损

按照税法规定企业可以用以后年度实现的利润或净利润以前年度亏损。税法规定 5 年弥补亏损的，可以用实现的税前弥补亏损，即税前补亏；5 年后则利用净利润弥补亏损，即税后补亏。在用未分配利润弥补亏损时，不需编制分录。

3. 提取盈余公积

企业对于提取的盈余公积，借记“利润分配——提取法定盈余公积”或“利润分配——提取任意盈余公积”科目，贷记“盈余公积”科目。

4. 向投资者分配利润或股利

企业对于以现金向投资者分配的利润或股利，借记“利润分配——应付现金股利”科目，贷记“应付股利”等科目；以股票股利转作股本的金额，借记“利润分配——转作股本股利”科目，贷记“股本”等科目。

5. 盈余公积补亏

企业发生的亏损，可以用实现的利润弥补，也可以用累积的盈余公积弥补。用盈余公积弥补亏损时，借记“盈余公积”科目，贷记“利润分配——盈余公积补亏”科目。

6. 企业未分配利润的形成

年度终了，企业将“利润分配”科目所属其他明细科目的余额转入本科目“未分配利润”明细科目，即借记“利润分配——未分配利润”“利润分配——盈余公积补亏”等科目，贷记“利润分配——提取法定盈余公积”“利润分配——提取任意盈余公积”“利润分配——应付现金股利”“利润分配——转作股本股利”等科目。

结转后，“利润分配”科目中除“未分配利润”明细科目外，所属其他明细科目无余额。“未分配利润”明细科目的贷方余额表示累积未分配的利润，该账户可能出现借方余额，则表示累积未弥补的亏损。

【同步案例 4-53】 2017 年 12 月 31 日，天水公司“本年利润”账户贷方余额为 100 万元，“利润分配——未分配利润”账户贷方余额为 50 万元。

1. 将“本年利润”账户余额结转到“利润分配——未分配利润”账户。应编制会计分录为：

借：本年利润　　1 000 000

　贷：利润分配——未分配利润　　1 000 000

2. 按本年可供分配利润的10%提取法定盈余公积。应编制的会计分录为：

借：利润分配——提取法定盈余公积　　150 000

　贷：盈余公积——法定盈余公积　　150 000

3. 按本年可供分配利润的5%提取任意盈余公积。应编制的会计分录为：

借：利润分配——提取任意盈余公积　　75 000

　贷：盈余公积——任意盈余公积　　75 000

4. 按本年可供分配利润的30%提取应付现金股利。应编制的会计分录为：

借：利润分配——应付现金股利　　450 000

　贷：应付股利　　450 000

5. 利润分配结束，结转本年利润分配。应编制的会计分录为：

借：利润分配——未分配利润　　675 000

　贷：利润分配——提取法定盈余公积　　150 000

　　　利润分配——提取任意盈余公积　　75 000

　　　利润分配——应付现金股利　　450 000

知识链接

企业所得税

企业所得税是对我国内资企业和经营单位的生产经营所得和其他所得征收的一种税。纳税人范围比公司所得税大。企业所得税纳税人即所有实行独立经济核算的中华人民共和国境内的内资企业或其他组织，包括以下6类：（1）国有企业；（2）集体企业；（3）私营企业；（4）联营企业；（5）股份制企业；（6）有生产经营所得和其他所得的其他组织。企业所得税的征税对象是纳税人取得的所得。包括销售货物所得、提供劳务所得、转让财产所得、股息红利所得、利息所得、租金所得、特许权使用费所得、接受捐赠所得和其他所得。

企业的所得税率都是法定的，所得税率愈高，净利润就愈少。我国现在有两种所得税率，一是一般企业 25%的所得税率，即利润总额中的 25%要作为税收上交国家财政；另外对三资企业和部分高科技企业采用的优惠税率，所得税率为 15%。当企业的经营条件相当时，所得税率较低企业的经营效益就要好一些。

知识拓展

“本年利润”的表结法

表结法即用“利润表”结转期末损益类项目，计算体现期末财务成果的方法。每月月末只结出损益类科目（包括期间费用）的月末余额，但不结转到“本年利润”科目，只有在年末结转时才使用“本年利润”科目。“本年利润”科目集中反映当年利润财务费用的本月发生额合计并填入利润表的本月栏，将本月余额填入利润表的本年累计栏，科目不结转。表结法在平时直接在利润表结转，省去了转账环节并可以从科目余额得出本年累计的指标，同时并不影响利润表的编制及有关损益指标的利用。到了年末再使用账结法结转整个年度的累计余额。

账结法和表结法的区别如下：

（1）账结法：每个会计期间期末将损益类科目净发生额结转到本年利润科目中，损益类科目月末不留余额。利润表上本年利润科目填列的是科目实际余额。

（2）表结法：在1~11月，各损益类科目的余额在账务处理上暂不结转至“本年利润”，而是在损益表公式中定义中按收入、支出结出净利润，然后将净利润在负债表中的“未分配利润”行中列示。到12月年终结算时，再将各损益类科目的余额结转至“本年利润”，结转后各损益类科目的余额为0，同时也不产生凭证，只是把数据库中的损益科目结转到下一个年度。

想一想

企业分配利润是否需要按月进行？

企业的利润按月进行结算，企业实现的利润进行分配是按年进行的。这是因为月度仅是会计的一个结算期，而年度才是会计核算的决算期。

请问：企业分配利润是否需要按月进行？

项目总结

核算企业主要经济业务，一方面是为了巩固借贷记账法的具体应用，特别是会计分录编制的学习成果，另一方面是通过对制造业的主要经济业务进行会计核算，让学生对企业经济业务和会计核算有全面认识。通过对本项目的学习，要求学生掌握制造类企业会计核算的知识点与技能点，如表4-13所示。

表4-13 核算企业主要经济业务的知识点与技能点

核算企业主要经济业务	一、制造业主要经济业务	（一）制造业主要业务内容 （二）制造业经济业务流程
	二、资金筹集业务核算	（一）筹集所有者权益资金的核算 （二）筹集债务资金的核算
	三、固定资产购置业务核算	（一）固定资产的概况 （二）固定资产核算的账户 （三）固定资产核算的方法
	四、材料采购业务核算	（一）材料采购成本 （二）材料采购核算的账户 （三）材料采购核算的方法
	五、产品生产业务核算	（一）产品成本核算的主要内容 （二）产品生产核算的账户设置 （三）产品生产核算的方法 1. 领用材料的核算

续表

核算企业主要经济业务	五、产品生产业务核算	2. 职工薪酬的核算 3. 计提固定资产折旧的核算 4. 计提无形资产摊销的核算 5. 支付其他费用的核算 6. 制造费用归集和分配 7. 完工产品验收入库
	六、销售业务核算	（一）销售业务核算的主要内容 （二）销售业务核算的账户设置 （三）销售业务核算的方法
	七、利润形成和分配核算	（一）期间费用的核算 （二）利润形成的核算 （三）利润分配的核算

项目训练

一、单项选择题

1．产品制造企业因采购材料而发生的装卸费用，支付时应计入（　　）账户。

A．产品生产成本　　B．库存商品成本

C．材料采购成本　　D．产品销售成本

2．能够直接确定并计入某种产品成本的费用为（　　）。

A．制造费用　　B．间接费用

C．直接费用　　D．期间费用

3．下列项目中不构成材料采购实际成本的是（　　）。

A．买价　　B．采购费用　　C．进口关税　　D．增值税

4．某企业应付账款账户期初贷方余额为2 500元，本期新增加的应付款项为7 000元。实际归还的应付款项为4 000元，则该账户期末余额为（　　）。

A．借方7 000元　　B．贷方7 000元

C．借方4 000元　　D．贷方5 500元

5．为了反映企业库存材料的增减变化及其结存情况，应设置（　　）账户。

A．原材料　　B．库存材料　　C．在途物资　　D．存货

6．企业在筹集资金时发生的费用为（　　）。

A．管理费用　　B．直接费用　　C．销售费用　　D．财务费用

7．企业行政管理部门为组织和管理生产经营活动而发生的各项费用为（　　）。

A．制造费用　　B．直接费用　　C．管理费用　　D．销售费用

8．从企业所有者的角度看，只有交纳（　　）后的利润才是企业最终的财务成果。

A．城建税　　B．所得税　　C．增值税　　D．教育费附加

9．本年利润账户的借方余额反映（　　）。

A．费用额　　B．收益额　　C．亏损总额　　D．利润总额

10．企业收到投资人的资本时，应贷记（　　）。

A．资本公积　　B．盈余公积　　C．实收资本　　D．短期投资

二、多项选择题

1．产品制造企业主要生产经营过程的成本计算有（　　）。

A．材料采购成本计算　　B．产品生产成计算

C．基建工程成本的计算　　D．主营业务成本计算

E．其他销售业务成本计算

2．下列项目中，属于利润分配内容的有（　　）。

A．计算所得税费用　　B．提取法定盈余公积

C．向投资者分配利润　　D．提取任意盈余公积

E．弥补上年度亏损

3．产品制造企业的主要经营过程包括（　　）。

A．预测过程　　B．供应过程　　C．生产过程　　D．销售过程

E．核算过程

4．分配工资费用，可以通过（　　）科目核算。

A．生产成本　　B．制造费用　　C．管理费用

D．应付职工薪酬　　E．销售费用

5．产品销售环节发生的各项税金，在“营业税金及附加”账户中核算的有（　　）。

A．城建税　　B．所得税　　C．增值税

D．教育费附加　　E．消费税

6．产品成本的构成项目主要有（　　）。

A．直接材料　　B．直接人工　　C．制造费用

D．期间费用　　E．管理费用

7．投资者向企业投资时，可以是（　　）。

A．固定资产　　B．无形资产　　C．原材料

D．现金　　E．银行存款

8．下列账户中，应于期末转入“本年利润”账户的有（　　）。

A．制造费用　　B．财务费用　　C．管理费用

D．销售费用　　E．开办费用

9．下列项目中可计入“制造费用”账户的有（　　）。

A．车间一般耗用的材料　　B．车间管理人员的工资

C．行政管理人员的工资　　D．车间计提的固定资产折旧

E．车间发生的水电费

三、判断题

1．固定资产折旧方法的选用应当遵循一致性原则。（　　）

2．企业因大修理停用的固定资产也要计提折旧。（　　）

3．为银行承兑汇票支付的手续费，应记入财务费用中核算。（　　）

4．为购建固定资产而借入的专门借款的利息应全部计入固定资产的成本。(　　)

5．短期借款的利息可以预提，也可以在实际支付时直接记入当期损益。(　　)

6．长期借款是为了满足生产经营周转资金的不足的临时需要。(　　)

7．用盈余公积转增资本后，留存的盈余公积数额不得低于注册资本的25%。(　　)

8．企业以前年度亏损未弥补完，不能提取法定盈余公积金和法定公益金。(　　)

9．所得税费用是企业的一项费用支出，而非利润分配。(　　)

10．生产车间管理人员的福利费用记入管理费用中核算。(　　)

四、简答题

1．简述材料采购业务流程。

2．简述产品生产业务流程。

3．简述产品销售业务流程。

4．简述资金筹集业务流程、核算利润哪些账户？

5．简述固定资产的特征和固定资产的分类。

6．材料采购成本包括哪些内容？

7．什么是成本项目？产品成本包括哪些项目？

8．什么是制造费用？制造费用如何归集分配？

9．什么是期间费用？期间费用包括哪些内容？

10．营业利润、利润总额、净利润是如何计算的？

11．简述利润分配的程序。

五、实训题

实训一、练习资金筹集业务的核算

资料：

沪杭公司本年度发生下列筹集资金业务：

1．收到国家财政投入资金500万元用于新产品开发，款项已存入银行。

2．收到卡洛公司投来机器设备一批，双方确认按80万元入账。

3．张某将自己的一项专利技术作为投资入股，经第三方鉴定按20万元入账。

4．2017年4月1日借入为期六个月的银行借款100万元，已存入银行，借款年利率为6%。

5．2017年4月1日从银行借入为期二年用于固定资产建造的借款300万元，存入银行。

6．2017年4月30日计提本月短期借款利息。

7．2017年5月31日计提本月短期借款利息。

8．2017年6月25日银行转来本季度短期借款利息收账通知，共计11 000元，以银行存款支付。

9．2017年9月30日短期借款到期，以银行存款归还。

10．2017年12月31日，按长期借款利息率的5%计提本年度长期借款利息，计入固定资产建造成本之中。

要求：

根据上述发生的经济业务据以编制会计分录。

实训二、练习固定资产购置业务的核算

资料：

沪杭公司本年度发生下列固定资产购置业务：

1．企业购入一台需要安装的设备，价款为20 000元，增值税为3 400元，支付运费500元，保险费150元。款项以银行存款支付。

2．购进的设备在安装过程中以银行存款支付安装费2 000元，另外向仓库领用原材料5 000元。

3．设备安装完毕，正式交付使用。

4．投资者投入汽车一辆，双方确认的价值为250 000元。

5．接受某企业捐赠设备一台，根据有关发票确定其入账价值为20 000元。

6．计提本月固定资产折旧：基本生产车间5 000元，行政管理部门2 000元，专设销售机构3 000元。

7．对管理用固定资产进行维修，以库存现金支付维修费用1 000元。

8．收到出租固定资产租金15 000元，款项已存入银行。

要求：

根据上述发生的经济业务据以编制会计分录。

实训三、练习材料采购业务的核算

资料：

沪杭公司本月份发生下列材料采购业务：

1．购进材料A材料2 000千克，价款10万元，增值税1.7万元，运费1 000元。材料验收入库，款项以银行存款支付。

2．以银行存款支付上月欠红星工厂进货款3万元。

3．从天津森达公司购进B材料5 000千克，每千克买价20元，购进C材料7 000千克，每千克买价30元，增值税率17%，货款税款以银行存款支付，材料在运输途中。

4．从天津购进的B、C材料以银行存款支付2 000元运输费，按材料重量进行分配。

5．采购员赵婷婷出差向财务部门预借2 000元差旅费，以库存现金支付。

6．从华云公司购进A材料1 000千克，每千克买价50元，发生运杂费500元。增值税率17%，材料验收入库，款项尚欠。

7．以银行存款向天柱公司预付D材料购货款5万元，以银行存款支付。

8．从天津森达公司购进的B、C材料，今天运到验收入库。

9．采购员赵婷婷出差归来，报销差旅费1 800元，退回现金200元。

10．向天柱公司购进的D材料今天验收入库，共计500千克，每千克买价70元，发生运费1 000元，增值税率17%，多余款项退回并存入银行。

要求：

根据上述发生的经济业务据以编制会计分录。

实训四、练习产品生产业务的核算

资料：

沪杭公司2017年11月，为生产甲、乙两种产品发生下列经济业务。

1. 11 月 5 日，向仓库领用材料一批，领料汇总如表 4-14 所示。

表 4-14　沪杭公司 2017 年 11 月 5 日领用材料汇总表　单位：元

用途及领料部门		A 材料			B 材料			合　计
		数量	单价	金额	数量	单价	金额	
		元/千克	元/千克		千克	元/千克		
生产领用	甲产品	300	55	16 500				16 500
	乙产品				400	25	10 000	10 000
车间管理领用		100	55	5 500				5 500
厂部行政领用					100	25	2 500	2 500
合　计		400	55	22 000	500	25	12 500	34 500

2. 11 月 8 日，接银行通知，供电公司托收本月电费 6 000 元，以银行存款付讫。经查，生产车间使用电费 4 000 元，厂部使用电费 2 000 元。

3. 11 月 10 日，沪杭公司 2017 年 11 月应付职工薪酬汇总如表 4-15 所示。

表 4-15　沪杭公司 2017 年 11 月职工薪酬汇总表　单位：元

用　途		工资费用	福利费（工资的 14%）	工会经费（工资的 2%）	职工教育经费（工资的 2.5%）	合　计
生产工人	甲产品	50 000				
	乙产品	30 000				
车间管理人员		8 000				
厂部管理人员		12 000				
合　计		100 000				

请将 11 月职工薪酬汇总表填写完整，并分配本月职工工资。

4. 11 月 10 日，据 11 月职工薪酬汇总表的工资费用总额，从银行提取现金并发放工资。

5. 11 月 11 日，据 11 月职工薪酬汇总表的工会经费和职工教育经费，开出转账支付通过银行支付。

6. 11 月 13 日，沪杭公司提取本月份固定资产折旧，折旧计算表如表 4-16 所示。

表 4-16　沪杭公司 2017 年 11 月固定资产折旧计算表　单位：元

使用部门	上月末固定资产余额	折旧提取率（年）	本月应提折旧额
生产车间	7 000 000	6%	35 000
厂　部	3 000 000	6%	15 000
合　计	10 000 000	6%	50 000

7. 11 月 15 日，向仓库领用材料一批，领料汇总如表 4-17 所示。

表 4-17 沪杭公司 2017 年 11 月 15 日领用材料汇总表 单位：元

用途及领料部门		C 材料			D 材料			合 计
		数量	单价	金额	数量	单价	金额	
		千克	元/千克		千克	元/千克		
生产领用	甲产品	600	35	21 000				21 000
	乙产品				200	75	15 000	15 000
车间管理领用					100	75	7 500	7 500
厂部行政领用		200	35	7 000				7 000
合 计		800	35	28 000	300	75	22 500	50 500

8. 11 月 18 日，职工张三生病报销职工医药费 800 元，另支付职工困难补助 700 元，均以现金付讫。

9. 11 月 20 日，沪杭公司计提本月无形资产摊销。其中：用于产品生产的专利权应分摊 1 000 元，用于产品销售的商标权应分摊 2 000 元。

10. 11 月 22 日，沪杭公司以银行存款购买办公用品 2 000 元，购回后厂部领用 1 000 元，车间领用 1 000 元。

11. 11 月 25 日，沪杭公司摊销应由本月负担的财产保险费，该保险费年初预付了全年 12 万元，其中：车间 6 万元，厂部 6 万元。

12. 11 月 27 日，沪杭公司生产车间发生机器修理费 1 500 元，厂部发生房屋修理费 500 元，均以现金支付。

13. 11 月 30 日，沪杭公司收到自来水公司水费托收单 3 000 元，其中生产车间 2 000 元，厂部 1 000 元，水费已通过银行支付。

14. 11 月 30 日，将本月发生的制造费用进行归集，编制制造费用分配表，如表 4-18 所示，并根据制造费用分配表分配结转制造费用。

表 4-18 制造费用分配表

2017 年 11 月 30 日 单位：元

应借科目		分配标准（生产工人工资）	分配率	分配金额
总账	明细账			
生产成本	甲产品	50 000		
	乙产品	30 000		
合 计		80 000		

15. 11 月 30 日，将沪杭公司 2017 年 11 月生产的甲产品、乙产品发生的生产费用，开设并登记“生产费用”明细账，明细账如表 4-19、表 4-20 所示。

表 4-19　生产成本明细账

产品名称：甲产品　　单位：元

2017 年		凭证	摘要	借方				贷方	余额
月	日	号数		直接材料	直接人工	制造费用	合计		

表 4-20　生产成本明细账

产品名称：乙产品　　单位：元

2017 年		凭证	摘要	借方				贷方	余额
月	日	号数		直接材料	直接人工	制造费用	合计		

16．11 月 30 日，沪杭公司 2017 年 11 月投入生产的甲产品 1 000 件，月末已全部完工验收入库。投入生产的乙产品 500 件，完工 400 件验收入库，月末在产品 100 件，在产品成本 13 000 元，其中：直接材料 5 000 元，直接人工 7 000 元，制造费用 1 000 元。根据上述资料编制完工产品成本计，如表 4-21 所示。编制结转完工产品成本的会计分录并登记“生产成本”明细账。

表 4-21　完工产品成本计算表

2017 年 11 月 30 日　　单位：元

成本项目	甲产品（1 000 件）		乙产品（400 件）	
	总成本	单位成本	总成本	单位成本
直接材料				
直接人工				
制造费用				
合　　计				

要求：

1．根据资料要求编制完善有关计算表。

2．根据资料编制有关会计分录。

3．根据编制的会计分录登记“生产成本”明细账。

实训五、练习产品销售业务的核算

资料：

沪杭公司本月份发生下列经济业务：

1．销售给大华公司甲产品 400 件，每件售价 300 元，增值税率 17%，产品已发出，货税款未收到。

2．以银行存款支付产品广告费用 20 000 元。

3．销售给红星公司乙产品 500 件，每件售价 200 元，增值税率 17%，产品已发出，货税款已收到存入银行。

4．收到大华公司归还的前欠购货款 140 400 元，存入银行。

5．以银行存款支付本月利息费用 3 000 元。

6．收到天华公司预付甲产品的购货款 40 000 元，存入银行。

7．出售多余 A 材料 200 千克，总售价 8 000 元，增值税 1 360 元，款项已收到存入银行。该批材料的总成本 6 500 元。

8．收到出租门面房收入 10 000 元，存入银行。

9．销售给天华公司甲产品 100 件，每件售价 300 元，增值税率 17%，产品已发出，款项已预收。同时将多余的预收账款退还给大华公司。

10．结转本月销售甲产品 500 件，乙产品 500 件的生产成本，经查甲产品生产成本每件 150 元，乙产品生产成本每件 90 元。

要求：

根据上述发生的经济业务编制会计分录。

实训六、练习利润形成与分配的核算

资料：

沪杭公司 2017 年 12 月发生的部分经济业务如下：

1．2017 年 12 月 30 日，公司收到社会人士无偿捐献的一项专有技术，价值 50 000 元。

2．2017 年 12 月 31 日，公司向敬老院捐赠 100 000 元，开出转账支票支付。

3．2017 年 12 月 31 日，公司收到对外投资分来利润 200 000 元，已存入银行。

4．2017 年 12 月 31 日，本月损益类账户发生额汇总如表 4-22 所示。

表 4-22 损益类账户汇总表

2017 年 12 月 31 日

单位：元

账户名称	借方发生额	贷方发生额
主营业务收入		5 000 000
其他业务收入		500 000
营业外收入		100 000
投资收益		300 000
主营业务成本	3 000 000	
其他业务成本	400 000	
营业税金及附加	100 000	
销售费用	500 000	
管理费用	300 000	
财务费用	100 000	
营业外支出	100 000	

5．本年前 11 个月累计“本年利润”账户贷方余额为 1 000 万元。按全年净利润结

转到“利润分配——未分配利润账户”。

6．本年度可供分配的利润为 1 500 万元，按 10%提取法定盈余公积，按 5%提取任意盈余公积，按 30%分配投资者现金股利。

7．利润分配结束，结转利润分配。

要求：

1．根据前 3 笔经济业务编制会计分录。

2．根据第 4 笔业务资料，编制结转本月利润的会计分录，企业所得税率为 25%。

3．根据第 5 笔至第 7 笔业务资料，编制本年度利润分配的会计分录。

4．3 日，以现金支付上述甲、乙材料运费 1 200 元，按材料重量分摊运费。

项目五 填制会计凭证

学习目标

知识目标

- 懂得会计凭证在会计核算中的作用
- 理解会计凭证的概念和分类
- 懂得原始凭证的概念、作用和分类
- 懂得记账凭证的概念、作用和分类
- 懂得会计凭证的传递、装订和保管

能力目标

- 掌握原始凭证的填制要求和填制方法
- 掌握原始凭证的审核要求和审核方法
- 掌握记账凭证的填制要求和填制方法
- 掌握记账凭证的审核要求和审核方法
- 掌握会计凭证的装订方法

典型项目

会计核算的依据

小张在学校学习会计，老师们常说，会计是对企事业单位发生的经济业务进行核算和监督。小张回到家里，向当财务处长的父亲询问，会计核算的依据就是企业发生的经济业务吗？父亲回答说："不准确！"接着说："会计核算的依据是证明经济业务发生的各种原始凭证，例如：从银行提取2 000元现金备用，会计核算的依据是证明该业务发生的'现金支票'存根。所以说，会计完整的概念是：会计是以会计凭证为依据，以货币为主要计量单位，运用一系列专门的技术方法，全面、连续、系统、综合地反映和监督企、事业单位的经济活动，并向相关会计信息使用者提供符合会计法律、法规和规章制度要求的会计信息的一项管理工作。"

任务提出：

1. 会计核算的依据是证明经济业务发生的原始凭证吗？

2. 会计凭证包括原始凭证和记账凭证，原始凭证就是证明经济业务发生，记账凭证就是依据审核无误的原始凭证编制，用于记账的凭证吗？

3. 如何理解会计是以会计凭证为依据的吗？

通过本项目的学习，要求掌握原始凭证的填制、原始凭证的审核和记账凭证的编制和审核。

任务一　填制和审核原始凭证

【任务描述】

会计核算和监督的依据是企事业单位发生的经济业务，而证明经济业务发生的就是原始凭证，或者说会计核算和监督的依据是原始凭证。会计对原始凭证的处理主要是做好两项工作，一是会填制原始凭证，二是会审核原始凭证。按照会计法规定，只有审核无误的原始凭证才能作为会计核算的依据。

【任务分析】

本任务要求学生了解会计凭证的概念、作用和分类，懂得原始凭证种类和内容，掌握原始凭证的填制，学会原始凭证的审核。

【知识准备与应用】

一、会计凭证的概念、作用与分类

（一）会计凭证的概念

会计凭证是记录经济业务事项发生或完成情况的书面证明，也是登记账簿的依据。会计主体办理任何一项经济业务，都必须办理凭证手续，由执行和完成该项经济业务的有关人员取得或填制会计凭证，记录经济业务的发生日期、具体内容以及数量和金额，并在凭证上签名或盖章，对经济业务的合法性、真实性和正确性负完全责任。

（二）会计凭证的作用

（1）可以记录经济业务的发生和完成情况，为会计核算提供原始依据。

（2）可以检查经济业务的真实性、合法性和合理性，为会计监督提供重要依据。

（3）可以明确经济责任，为落实岗位责任制提供重要文件。

（4）可以反映相关经济利益关系，为维护合法权益提供法律证据。

（5）可以监督经济活动，控制经济运行。

（三）会计凭证的分类

会计凭证照编制的程序和用途不同，分为原始凭证和记账凭证。

1. 原始凭证

原始凭证又称单据，是在经济业务发生或完成时取得或填制的，用以记录或证明经济业务的发生或完成情况、明确有关经济责任的文字凭据。如出差乘坐的车船票、采购材料的发货票、到仓库领料的领料单等，都是原始凭证。

2. 记账凭证

记账凭证又称记账凭单，是会计人员根据审核无误的原始凭证对经济业务事项的内容加以归类，并据以确定会计分录后填制的会计凭证。

会计凭证类别如表 5-1 所示。

表 5-1 会计凭证类别

<table>
<tr><td colspan="10">会计凭证类别</td></tr>
<tr><td colspan="4">原始凭证</td><td colspan="6">记账凭证</td></tr>
<tr><td colspan="3">自制原始凭证</td><td rowspan="3">外来原始凭证</td><td colspan="5">专用记账凭证</td><td rowspan="3">通用记账凭证</td></tr>
<tr><td rowspan="2">一次原始凭证</td><td rowspan="2">累计原始凭证</td><td rowspan="2">汇总原始凭证</td><td colspan="2">收款凭证</td><td colspan="2">付款凭证</td><td rowspan="2">转账凭证</td></tr>
<tr><td>库存现金收款凭证</td><td>银行存款收款凭证</td><td>库存现金付款凭证</td><td>银行存款付款凭证</td></tr>
</table>

二、原始凭证的种类和内容

（一）原始凭证的种类

1. 按照来源不同分类

（1）外来原始凭证，是指在同外单位发生经济往来事项时，从外单位取得的凭证。如发票、飞机和火车的票据、银行收付款通知单、企业购买商品、材料时，从供货单位取得的发货票等。如图 5-1 所示为外来增值税发票。

增值税专用发票

发票联

开票日期：2017 年 9 月 15 日　　No:02245831

<table>
<tr><td rowspan="2">购货单位</td><td>名称</td><td colspan="3">大华机械厂</td><td>纳税人登记号</td><td colspan="2">×××010011008888</td></tr>
<tr><td>地址电话</td><td colspan="3">淮安市建国路 1 号
22233457</td><td>开户银行及账号</td><td colspan="2">淮安市支行 518-128</td></tr>
<tr><td colspan="2">商品或应税劳务名称</td><td>计量单位</td><td>数量</td><td>单价</td><td>金额</td><td>税率</td><td>税额</td></tr>
<tr><td colspan="2">B 材料</td><td>千克</td><td>900</td><td>28</td><td>25 200</td><td>17%</td><td>4 284</td></tr>
<tr><td colspan="2">合计</td><td></td><td></td><td></td><td>25 200</td><td>17%</td><td>4 284</td></tr>
<tr><td colspan="2">价税合计（大写）</td><td colspan="6">贰万玖千肆百捌拾肆元整￥29 484</td></tr>
<tr><td rowspan="2">销售单位</td><td>名称</td><td colspan="3">华明物贸公司</td><td>纳税人登记号</td><td colspan="2">×××010012006666</td></tr>
<tr><td>地址电话</td><td colspan="3">扬州市幸福路 5 号
55876421</td><td>开户银行及账号</td><td colspan="2">扬州市支行 1238-444</td></tr>
<tr><td colspan="2">备注</td><td colspan="6"></td></tr>
</table>

收款人：张磊　　开票单位：（未盖章无效）华明物贸公司

图 5-1 增值税发票

（2）自制原始凭证，是指在经济业务事项发生或完成时，由本单位内部经办部门或人员填制的凭证。如收料单、领料单、开工单、成本计算单、出库单等。如图 5-2 所示为 A 公司领料单。

A 公司领料单

领料部门：第三车间　　　　　　　　　　　　　　　　　　　　No 2-39

用途：制造分离器　　　　　　2016 年 2 月 16 日　　　　　　发料仓库：1 号

材料类别	材料编号	名称	规格	单位	数量		单价	金额	第二联记账联
					请领	实发			
Ⅱ	01	甲材料	Φ57×3	米	8	8	50	400	
合　计								400	

发料部门核准人：周九　　发料人：张七　　发料部门负责人：江十　　　　领料人：杨四

图 5-2　A 公司领料单

2. 按照填制手续及内容不同分类

自制原始凭证按填制手续及内容的不同，又可分为一次凭证、累计凭证、汇总原始凭证。

（1）一次凭证：一次凭证是指只反映一项经济业务或同时记录若干项同类性质经济业务的原始凭证，其填制手续是一次完成的。如各种外来原始凭证都是一次凭证；企业有关部门领用材料的“领料单”、职工“借款单”。购进材料“入库单”以及根据账簿记录和经济业务的需要而编制的记账凭证，如：“材料费用分配表”等都是一次凭证。

根据以上资料，编制“材料采购成本计算表”，如表 5-2 所示。

表 5-2　材料采购成本计算表　　　　单位：元

材料名称	采购数量	发票单价	买价	采购费用	采购总成本	采购单位成本
A 材料	5 吨	4 000 元/吨	20 000	500	20 500	4 100 元/吨
B 材料	10 吨	3 000 元/吨	30 000	1 000	310 000	3 100 元/吨
合　计	15 吨	—	50 000	1 500	51 500	—

（2）累计凭证：累计凭证是指在一定时期内（一般以一个月为限）连续发生的同类经济业务的自制原始凭证，其填制手续是随着经济业务事项的发生而分次进行的。如“限额领料单”是累计凭证。如图 5-3 所示为限额领料单。

（3）汇总原始凭证：汇总原始凭证是指根据一定时期内反映相同经济业务的多张原始凭证，汇总编制而成的自制原始凭证，以集中反映某项经济业务总括发生情况。汇总原始凭证既可以以简化会计核算工作，又便于进行经济业务的分析比较。如“工资汇总表”“现金收入汇总表”“发料凭证汇总表”等都是汇总原始凭证。如表 5-3 所示为信用材料汇总表。

限额领料单

领料部门：生产车间　　　　　　　　　　　　发料仓库：2 号

用　途：B 产品生产　　　　20××年 2 月　　　　编　号：008

<table>
<tr><td>材料类别</td><td colspan="2">材料编号</td><td colspan="2">材料名称及规格</td><td>计量单位</td><td>领料限额</td><td>实际领用</td><td>单价</td><td>金额</td><td>备注</td></tr>
<tr><td>型钢</td><td colspan="2">0348</td><td colspan="2">圆钢ϕ10mm</td><td>千克</td><td>500</td><td>480</td><td>4.40</td><td>2 112</td><td></td></tr>
<tr><td rowspan="2">日期</td><td colspan="2">请领</td><td colspan="3">实发</td><td></td><td colspan="2">限额结余</td><td colspan="2">退库</td></tr>
<tr><td>数量</td><td>签章</td><td>数量</td><td>发料人</td><td>领料人</td><td></td><td></td><td></td><td>数量</td><td>退库单</td></tr>
<tr><td>2.3</td><td>200</td><td></td><td>200</td><td>姜同</td><td>领料人</td><td></td><td>300</td><td></td><td></td><td></td></tr>
<tr><td>2.12</td><td>100</td><td></td><td>100</td><td>姜同</td><td>王立</td><td></td><td>200</td><td></td><td></td><td></td></tr>
<tr><td>2.20</td><td>180</td><td></td><td>180</td><td>姜同</td><td>王立</td><td></td><td>20</td><td></td><td></td><td></td></tr>
<tr><td>合计</td><td>480</td><td></td><td>480</td><td>姜同</td><td>王立</td><td></td><td>20</td><td></td><td></td><td></td></tr>
</table>

供应部门负责人 李微　　生产计划部门负责人 佟伟　　仓库负责人签章 刘俊

图 5-3　限额领料单

表 5-3　天水公司 2017 年 9 月领用材料汇总表　　单位：元

<table>
<tr><td colspan="2" rowspan="3">用途及领料部门</td><td colspan="3">A 材料</td><td colspan="3">B 材料</td><td rowspan="3">合　计</td></tr>
<tr><td>数量</td><td>单价</td><td rowspan="2">金　额</td><td>数量</td><td>单价</td><td rowspan="2">金　额</td></tr>
<tr><td>吨</td><td>元/吨</td><td>吨</td><td>元/吨</td></tr>
<tr><td rowspan="2">生产领用</td><td>甲产品</td><td>2</td><td>4 100</td><td>8 200</td><td>3</td><td>3 100</td><td>9 300</td><td>17 500</td></tr>
<tr><td>乙产品</td><td>3</td><td>4 100</td><td>12 300</td><td>4</td><td>3 100</td><td>12 400</td><td>24 700</td></tr>
<tr><td colspan="2">车间管理领用</td><td>1</td><td>4 100</td><td>4 100</td><td>1</td><td>3 100</td><td>3 100</td><td>7 200</td></tr>
<tr><td colspan="2">厂部行政领用</td><td></td><td></td><td></td><td>2</td><td>3 100</td><td>6 200</td><td>6 200</td></tr>
<tr><td colspan="2">合　计</td><td>6</td><td>4 100</td><td>24 600</td><td>10</td><td>3 100</td><td>31 000</td><td>55 600</td></tr>
</table>

3. 按照格式不同分类

（1）通用凭证：由有关部门统一印制、在一定范围内使用的具有统一格式和使用方法的原始凭证（全国通用的增值税发票、银行转账结算凭证等）。如图 5-4 所示为银行进账单。

（2）专用凭证：由单位自行印制、仅在本单位内部使用的原始凭证（收料单、领料单、工资费用分配单、折旧计算表等）。如表 5-4 所示为固定资产折旧计算表。

（二）原始凭证的基本内容

一张规范的原始凭证一般应包括以下七方面的基本内容。

（1）原始凭证名称。

（2）填制凭证的日期和编号。

（3）填制凭证单位名称或者填制人姓名。

（4）对外凭证要有接受凭证单位的名称。

中国工商银行进账单（收账通知）No:0120138

填制日期：2017 年 5 月 7 日

出票人	全称	海浩股份公司	收款人	全称	化州化工公司
	账号	450076220033		账号	3566007788022
	开户银行	工行无锡市支行		开户银行	工行常州市支行
人民币（大写） 捌拾陆万伍千柒百元整					￥865 700.00
票据种类	转账支票				
票据张数	1 张				
票据号码	3322004521				

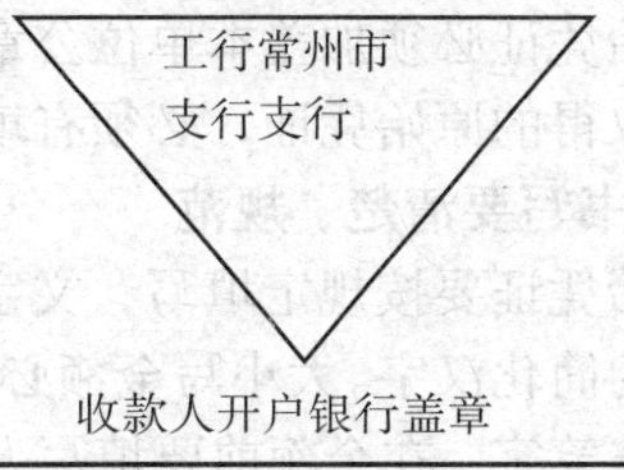

复核：记账：　　　　收款人开户银行盖章

图 5-4　银行进账单

表 5-4　天水公司 2017 年 9 月固定资产折旧计算表　　单位：元

使用部门	上月末固定资产余额	折旧提取率（年）	本月应提折旧额
生产车间	8 000 000	6%	40 000
厂　部	2 000 000	6%	10 000
合　计	10 000 000	6%	50 000

（5）经济业务所涉及的数量、计量单位、单价和金额。

（6）经济业务的内容摘要。

（7）经办业务部门或人员的签章。

除应当具备原始凭证的上述内容外，还应当有以下的附加条件。

（1）从外单位取得的原始凭证，应使用统一发票，发票上应印有税务专用章；必须加盖填制单位的公章。

（2）自制的原始凭证，必须要有经办单位负责人或者由单位负责人指定的人员签名或者盖章。

（3）支付款项的原始凭证，必须要有收款单位和收款人的收款证明，不能仅以支付款项的有关凭证代替。

（4）购买实物的原始凭证，必须有验收证明。

（5）销售货物发生退回并退还货款时，必须以退货发票、退货验收证明和对方的收款收据作为原始凭证。

（6）职工公出借款填制的借款凭证，必须附在记账凭证之后。

（7）经上级有关部门批准的经济业务事项，应当将批准文件作为原始凭证的附件。

三、原始凭证的填制

（一）原始凭证填制的基本要求

1. 记录要真实

原始凭证所填列的经济业务内容和数字，必须真实可靠，符合国家有关政策、法令、法规、制度的要求；原始凭证上填列的内容、数字，必须真实可靠，符合有关经济业务的实际情况，不得弄虚作假，更不得伪造凭证。

2. 内容要完整

原始凭证所要求填列的项目必须逐项填列齐全，不得遗漏和省略；必须符合手续完备的要求，经办业务的有关部门和人员要认真审核，签名盖章。

3. 手续要完备

单位自制的原始凭证必须有经办单位领导人或者其他指定的人员签名盖章；对外开出的原始凭证必须加盖本单位公章；从外部取得的原始凭证，必须盖有填制单位的公章；从个人取得的原始凭证，必须有填制人员的签名盖章。

4. 书写要清楚、规范

原始凭证要按规定填写，文字要简要，字迹要清楚，易于辨认，不得使用未经国务院公布的简化汉字。大小写金额必须相符且填写规范，小写金额用阿拉伯数字逐个书写，不得写连笔字，在金额前要填写人民币符号“￥”，人民币符号“￥”与阿拉伯数字之间不得留有空白，金额数字一律填写到角分，无角分的，写“00”或符号“–”，有角无分的，分位写“0”，不得用符号“—”；大写金额用汉字壹、贰、叁、肆、伍、陆、柒、捌、玖、拾、佰、仟、万、亿、元、角、分、零、整等，一律用正楷或行书字书写，大写金额前未印有“人民币”字样的，应加写“人民币”三个字，“人民币”字样和大写金额之间不得留有空白，大写金额到元或角为止的，后面要写"整"或“正”字，有分的，不写“整”或“正”字。如小写金额为￥1 008.00，大写金额应写成“壹仟零捌元整”。

5. 编号要连续

如果原始凭证已预先印定编号，在写坏作废时，应加盖“作废”戳记，妥善保管，不得撕毁。

6. 不得涂改、刮擦、挖补

原始凭证有错误的，应当由出具单位重开或更正，更正处应当加盖出具单位印章。原始凭证金额有错误的，应当由出具单位重开，不得在原始凭证上更正。

7. 填制要及时

各种原始凭证一定要及时填写，并按规定的程序及时送交会计机构、会计人员进行审核。

8. 统一格式

一般情况下，如增值税专用发票之类的原始凭证是由税务机关统一印制和监制的，一般发票是由财政部门统一印制和监制的。

（二）原始凭证的具体填制

1. 自制一次凭证的填制

一次凭证的填制手续是在经济业务发生或完成时，由经办人员填制的，一般只反映一项经济业务，或者同时反映若干项同类性质的经济业务。如图 5-5 所示为现金支票的填制。

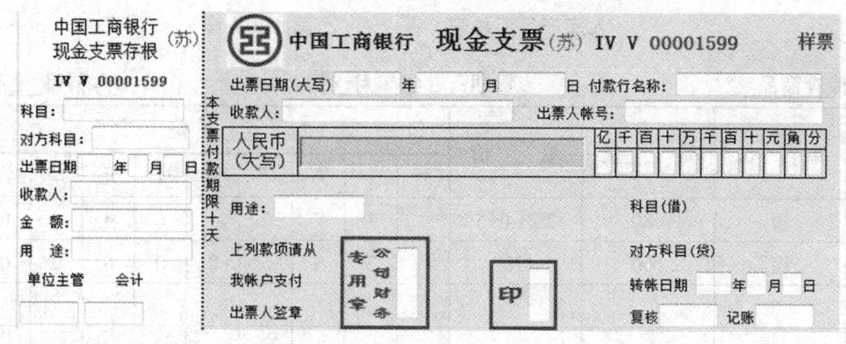

中国工商银行
现金支票存根（苏）
IV V 00001599
科目：
对方科目：
出票日期 年 月 日
收款人：
金 额：
用 途：
单位主管 会计

本支票付款期限十天

中国工商银行 现金支票（苏） IV V 00001599 样票
出票日期（大写） 年 月 日 付款行名称：
收款人： 出票人帐号：
人民币（大写） 亿 千 百 十 万 千 百 十 元 角 分
用途： 科目（借）
上列款项请从我帐户支付 对方科目（贷）
出票人签章 公司财务专用章 印 转帐日期 年 月 日
复核 记账

图 5-5 工商银行现金支票

2. 自制累计凭证的填制

累计凭证是在一定时期不断重复地反映同类经济业务的完成情况，它是由经办人每次经济业务完成后在其上面重复填制而成的。如图 5-6 所示为限额领料单的填制。

限额领料单

领料部门：

用途： 年 月 发料仓库：

材料编号	材料名称规格	计量单位	计划投产量	单位消耗定额	信用限额	实发																
						数量	单价							金额								
							万	千	百	十	元	角	分	百	十	万	千	百	十	元	角	分

日期	领用			退料			限额结余数量
	数量	领料人	发料人	数量	退料人	收料人	

生产计划部门： 供销部门： 仓库：

图 5-6 限额领料单

3. 自制汇总原始凭证的填制

汇总原始凭证是指在会计的实际工作日，为了简化记账凭证的填制工作，将一定时期若干份记录同类经济业务的原始凭证汇总编制一张汇总凭证，用以集中反映某项经济业务的完成情况。汇总原始凭证是有关责任者根据经济管理的需要定期编制的。如图 5-7 所示为入库产品汇总表。

4. 外来凭证的填制

外来原始凭证是在企业同外单位发生经济业务时，由外单位的经办人员填制的。外来原始凭证一般由税务局等部门统一印制，或经税务部门批准由经济单位印制，在填制时加盖出具凭证单位公章方有效，对于一式多联的原始凭证必须用复写纸套写。如图 5-8 所示为增值税发票。

入库产品汇总表　　　　第 1201 号

科目：库存商品　　　　日期：　年　月　日　　　　对方科目 生产成本

名　称	单　位	数　量	单　价	金额									备注
				百	十	万	千	百	十	元	角	分	
甲产品	箱	80	2 214.55		1	7	7	1	6	4	0	0	
乙产品	箱	160	1 470		2	3	5	2	0	0	0	0	
合　计					4	1	2	3	6	4	0	0	

主管：　　会计：　　质检员：　　保管员：　　经手人：

图 5-7　入库产品汇总表

开票日期：2017 年 11 月 20 日　　　　增值税专用发票发票联　　　　No:0004567731

购货单位	名　称	天津华威机械厂			纳税人登记号	××××00110077711	
	地址电话	天津江苏路 22 号 22233457			开户银行及账号	天津市分行 南市支行 6661128	
商品或应税劳务名称		计量单位	数量	单价	金额	税率	税额
甲材料		千克	1 000	50	50 000	17%	8 500
合计					50 000	17%	8 500
价税合计（大写）		伍万捌仟伍百元整￥58500.00					
销售单位	名称	太湖物贸公司			纳税人登记号	××××010012006666	
	地址电话	无锡市吴都路 2250 号 88552233			开户银行及账号	无锡市分行 滨湖支行 88822-238	
备　注							

收款人：王琦　　　　开票单位：（未盖章无效）太湖物贸公司

图 5-8　增值税发票

四、原始凭证的审核

（一）原始凭证审核的主要内容

1. 审核原始凭证的合法性和真实性

审核所发生的经济业务是否符合国家有关规定的要求，有否违反财经制度的现象；原始凭证中所列的经济业务事项是否真实，有无弄虚作假情况。如在审核原始凭证中发现有多计或少计收入、费用，擅自扩大开支范围、提高开支标准，巧立名目、虚报冒领、滥发奖金、津贴等违反财经制度和财经纪律的情况，不仅不能作为合法真实的原始凭证，而且要按规定进行处理。

2. 审核原始凭证的合理性

审核所发生的经济业务是否符合厉行节约、反对浪费、有利于提高经济效益的原则，有否违反该原则的现象。如经审核原始凭证后确定有突击使用预算结余购买不需要的物品，有对陈旧过时设备进行大修理等违反上述原则的情况，不能作为合理的原始凭证。

3. 审核原始凭证的完整性

审核原始凭证是否具备基本内容，有否应填未填或填写不清楚的现象。如经审核原始凭证后确定有未填写接受凭证单位名称，无填证单位或制证人员签章，业务内容与附件不符等情况，不能作为内容完整的原始凭证。

4. 审核原始凭证的正确性

审核原始凭证在计算方面是否存在失误。如经审核凭证后确定有业务内容摘要与数量、金额不相对应，业务所涉及的数量与单价的乘积与金额不符，金额合计错误等情况，不能作为正确的原始凭证。对于审核后的原始凭证，如发现有不符合上述要求，有错误或不完整之处，应当按照有关规定进行处理；如符合有关规定，一定要根据审核无误的原始凭证来编制记账凭证。

5. 真实性审核

对原始凭证的审核，从一般意义上来讲，主要是审核凭证所反映的内容是否符合所发生的实际情况，数字、文字有无伪造、涂改、重复使用和大头小尾、各联之间数字不符等情况。特别要注意的是：

（1）内容记载是否清晰，有无掩盖事情真相的现象。

（2）凭证抬头不是本单位。

（3）数量、单价与金额是否相符。

（4）认真核对笔迹，有无模仿领导笔迹签字冒领现象。

（5）有无涂改，有无添加内容和金额。

（6）有无移花接木的凭证。

6. 完整性审核

主要是审核原始凭证各个项目是否填写齐全，数字是否正确；名称、商品规格、计量单位、数量、单价、金额和填制日期的填写是否清晰，计算是否正确。对要求统一使用的发票，应检查是否存在伪造、挪用或用作废的发票代替等现象，凭证中应有的印章、签名是否齐全、审批手续是否健全等。特别应注意的是：

（1）外来的发票、收据等是否用复写纸套写？是否是“报销”一联？不属此例的一般不予受理，对于剪裁发票要认真核对剪裁金额是否与大小写金额一致。

（2）购买商品、实物的各种原始凭证，必须附有保管人的验单或其他领用者签名才能受理。

（3）对外支付款项的凭证应附有收款人的收款手续方能转账注销。

（4）自制的原始凭证附有原始单据的，要审核金额是否相符；无原始单据的是否有部门负责人的批准、签章。

7. 合法性审核

审核原始凭证的合法性，这是对原始凭证进行实质性的审核，也是重要的审核。

（二）原始凭证审核结果的处理

经过审核的原始凭证应区别不同情况处理。

（1）对于完全符合要求的原始凭证，应及时编制记账凭证入账。

（2）对于真实、合理、合法但不完整的会计原始凭证，应退回有关经办人，由其负责将有关凭证补充完整，更正错误或重开后，再办理会计手续。

（3）对于不真实、不合法的原始凭证，会计机构、会计人员有权不予接受，并向单位负责人报告。

知识链接

会计法对原始凭证审核的规定

《会计法》第十四条第三款对审核原始凭证问题做出了规定：

（1）会计机构、会计人员必须审核原始凭证，这是法律职责。

（2）会计机构、会计人员审核原始凭证应对按照国家统一的会计制度的规定进行，也就是说，会计机构、会计人员审核原始凭证的具体程序、要求应当由国家统一的会计制度规定，会计机构、会计人员应当据此执行。

（3）会计机构、会计人员对不真实、不合法的原始凭证有权不予受理，并向单位负责人报告，请求查明原因，追究有关当事人的责任；对记载不准确、不完整的原始凭证予以退回，并要求经办人按照国家统一的会计制度规定进行更正、补充。

知识拓展

实际工作中对原始凭证审核的主要内容

（1）发票的真伪辨别。以下为假发票：一是发票号码与单位归属地址不一致；二是地税局印制的最大面额，凡是超过最大面额的为假发票，国税除外；三是机打发票须精确到年月日，无精确到年月日为假发票。

（2）发票是否盖有发票专用章或财务专用章。

（3）原始凭证的金额合计是否正确，且大小金额必须一致。

（4）原始凭证是否有经办人签字。

（5）签字手续及单据是否齐全，如招待费是否有分管领导批准，培训费、固定资产购置及大额支出是否有申请批示。

（6）原始凭证的填写是否完整规范，包括单位、数量、单价、金额、规格型号等。

（7）手写发票是否双面复印。

（8）原始单据的粘贴是否规范。

（9）原始单据是否有经办人签字。

（10）汇总发票是否附有机打小票或销售清单，且盖有发票专用章或财务专用章。

（11）由于供货方原因无法取得有效凭证，是否向对方索取收据或其他证据，且盖有印章，并由证明人和经办人签字。

想一想

审核无误原始凭证的用途是什么？

会计核算首先要完成对原始凭证的填制和审核，只有审核无误的原始凭证才能作为会计核算的依据。

请问：审核无误的原始凭证是作为登记账簿的依据吗？还是作为编制记账凭证的依据？

任务二　填制和审核记账凭证

【任务描述】

原始凭证只能证明经济业务的发生，经济业务要求在账簿（账户）中登记必须依据记账凭证，也就是说审核无误的原始凭证是编制记账凭证的依据，审核无误的记账凭证是登记账簿的依据。编制和审核记账凭证就成为会计核算的重点。

【任务分析】

依据原始凭证编制记账凭证，由于记账凭证分为专用凭证和通用凭证两种，编制和审核各有不同。另外为简化总账的登记还需要依据编制的记账凭证编制科目汇总表。通过本任务学习要求掌握记账凭证、科目汇总表的编制和审核。

【知识准备与应用】

一、记账凭证的种类

记账凭证可按不同的标准进行分类，按照用途可分为专用记账凭证和通用记账凭证；按照填列方式可分为单式记账凭证和复试记账凭证。

（一）按凭证的用途分类

1. 专用记账凭证

专用记账凭证是指分类反映经济业务的记账凭证，只适用于某一类经济业务。按其反映的经济业务内容，可分为收款凭证、付款凭证和转账凭证。

（1）收款凭证。收款凭证是指用于记录库存现金和银行存款收款业务的记账凭证。它是根据有关库存现金和银行存款收入业务的原始凭证编制的。收款凭证又可以分为库存现金收款凭证和银行存款收款凭证两种。

（2）付款凭证。付款凭证是指用于记录库存现金和银行存款付款业务的记账凭证。它是根据有关库存现金和银行存款付出业务的原始凭证填制的。付款凭证，又可以分为库存现金付款凭证和银行存款付款凭证两种。

涉及银行存款与现金之间对转业务只填付款凭证不填收款凭证。

（3）转账凭证。转账凭证是指用于记录不涉及库存现金和银行存款业务的记账凭证。它是根据不涉及库存现金和银行存款收付的有关转账业务的原始凭证填制的。

专用记账凭证如图 5-9、图 5-10、图 5-11 所示。

收款凭证

借方科目：　　　　　　　　　　　　年　月　日　　　　　　　　收字第　号

摘　要	贷方科目		金　额	记账符号	附单据　张
	总账科目	明细科目			
合　计					

会计主管：　　记账：　　出纳：　　审核：　　制单：

图 5-9　收款凭证

付款凭证

贷方科目：　　　　　　　　　　　　年　月　日　　　　　　　　付字第　号

摘　要	借方科目		金　额	记账符号	附单据　张
	总账科目	明细科目			
合　计					

会计主管：　　记账：　　出纳：　　审核：　　制单：

图 5-10　付款凭证

转账凭证

年　月　日　　　　　　　　转字第　号

摘　要	会计科目		金　额		记账符号	附单据　张
	总账科目	明细科目	借　方	贷　方		
合　计						

会计主管：　　记账：　　出纳：　　审核：　　制单：

图 5-11　转账凭证

2. 通用记账凭证

通用记账凭证是指用来反映所有经济业务的记账凭证，为各类经济业务所共同使用。其格式通常与转账凭证的格式基本相同。如图 5-12 所示。

记账凭证

年　月　日　　　　　　　　　　　　编号：第　号

摘　要	会计科目		金　额		记账	附单据张
	总账科目	明细科目	借　方	贷　方	符号	
合　计						

会计主管：　记账：　出纳：　审核：　制单：

图5-12　记账凭证

专用记账凭证划分收款凭证、付款凭证、转账凭证，有利于区别不同经济业务，进行分类管理，有利于经济业务的检查。但工作量大，适用于规模较大、收付款业务较多的单位。对于经济业务较少的单位则可以采用通用记账凭证来记录所有经济业务。

（二）按照凭证的填列方式分类

1. 单式记账凭证

单式凭证是指每一张记账凭证只填制经济业务事项所涉及的一个会计科目及其金额的记账凭证。填列借方科目的称为借项凭证，填列贷方科目的称为贷项凭证。某项经济业务涉及几个会计科目，就编制几张单式记账凭证。

单式记账凭证反映内容单一，便于分工记账，便于按会计科目汇总，但一张凭证不能反映每一笔经济业务的全貌，不便于检验会计分录的正确性。

2. 复式记账凭证

复式凭证是指将每一笔经济业务事项所涉及的全部会计科目及其发生额均在同一张记账凭证中反映的一种凭证。它是实际工作中应用最普遍的记账凭证。

上述收款凭证、付款凭证、转账凭证和通用记账凭证均为复式记账凭证。

复式记账凭证全面反映了经济业务的账户对应关系，有利于检查会计分录的正确性，但不便于会计岗位上的分工记账。

二、记账凭证的基本内容

（1）填制凭证的日期。

（2）凭证编号。

（3）经济业务摘要。

（4）会计科目。

（5）金额。

（6）所附原始凭证张数。

（7）填制凭证人员、稽核人员、记账人员会计机构负责人、会计主管人员签名或者盖章。

三、记账凭证的编制

记账凭证根据审核无误的原始凭证或者汇总原始凭证填制。记账凭证编制正确与否，直接影响整个会计系统最终提供信息的质量。与原始凭证的填制相同，记账凭证也有记录真实，内容完整、手续齐全、填制及时等要求。

（一）记账凭证编制的基本要求

（1）记账凭证各项内容必须完整。

（2）记账凭证应连续编号（按月）。一笔经济业务需要填制两张以上记账凭证的，可以采用分数编号法编号。假定第 10 笔业务需要填制 2 张记账凭证，则这 2 张记账凭证的编号为：$10\frac{1}{2}$和 $10\frac{2}{2}$ 。

（3）记账凭证的书写应清楚、规范。相关要求同原始凭证。

（4）填制记账凭证的依据，必须是经审核无误的原始凭证，可以根据每一张原始凭证填制，或根据若干张同类原始凭证汇总编制，也可以根据原始凭证汇总表填制；但不得将不同内容和类别的原始凭证汇总填制在一张记账凭证上。

（5）除结账和更正错误的记账凭证可以不附原始凭证外，其他记账凭证必须附有原始凭证。记账凭证上应注明所附的原始凭证张数，以便查核。

（6）填制记账凭证时若发生错误，应当重新填制。已登记入账的记账凭证在当年内发现填写错误，可以用红字填写一张与原内容相同的记账凭证，在摘要栏注明“注销某月某日某号凭证”字样，同时再用蓝字重新填制一张正确的记账凭证，注明“订正某月某日某号凭证”字样。如果会计科目没有错误，只是金额错误，也可将正确数字与错误数字之间的差额另编一张调整的记账凭证，调增金额用蓝字，调减金额用红字。发现以前年度记账凭证有误的，应当用蓝字填制一张更正的记账凭证。

（7）记账凭证填制完经济业务事项后，如有空行，应当自金额栏最后一笔金额数字下的空行处至合计数上的空行处画线注销。

（二）收款凭证的填制

收款凭证是用来记录货币资金收款业务的凭证，它是由出纳人员根据审核无误的原始凭证收款后填制的。收款凭证左上方所填列的借方科目，应是“库存现金”或“银行存款”科目；在凭证内所反映的贷方科目，应填列与“库存现金”或“银行存款”相对应的科目；日期填写的是编制本凭证的日期；右上角填写编制收款凭证的顺序号；“摘要”填写对所记录的经济业务的简要说明；“记账”是指该凭证已登记账簿的标记，防止经济业务事项重记或漏记；“金额”是指该项经济业务事项的发生额；该凭证右边“附件　张”是指本记账凭证所附原始凭证的张数；最后分别由有关人员签章，以明确经济责任。

【同步案例 5-1】 天水公司 2017 年 11 月 5 日，收到甲公司偿还前欠的货款 35 000 元，款项已存入银行。该业务发生共有两张原始凭证证明，这是本月发生的第 5 笔收款业务，据以编制收款凭证如图 5-13 所示。

收款凭证

借方科目：银行存款　　　　2017 年 11 月 5 日　　　　收字第 5 号

摘　　要	贷方科目		金　　额	记账符号	附单据2张
	总账科目	明细科目			
收回甲公司货款	应收账款	甲公司	35 000.00		
合　　计			￥35 000.00		

会计主管：　　记账：　　出纳：　　审核：　　制单：张兰

图 5-13　收款凭证

（三）付款凭证的编制

付款凭证是根据审核无误的有关现金和银行存款的付款业务的原始凭证填制的。付款凭证的编制方法与收款凭证基本相同，只是左上角由“借方科目”换为“贷方科目”，凭证中间的“贷方科目”换为“借方科目”。涉及“库存现金”和“银行存款”之间的经济业务，一般只编制付款凭证，不编制收款凭证，以强化对付款业务的管理。

【同步案例 5-2】 天水公司 2017 年 11 月 6 日，购买办公用品 420 元，以现金支付。该业务发生共有 2 张原始凭证证明，这是本月发生的第 12 笔付款业务，据以编制付款凭证如图 5-14 所示。

付款凭证

贷方科目：库存现金　　　　2017 年 11 月 6 日　　　　付字第 12 号

摘　　要	借方科目		金　　额	记账符号	附单据2张
	总账科目	明细科目			
购买办公用品	管理费用	办公费	420.00		
合　　计			420.00		

会计主管：　　记账：　　出纳：　　审核：　　制单：张兰

图 5-14　付款凭证

（四）转账凭证的编制

转账凭证通常是根据有关转账业务的原始凭证填制的。适用范围：不涉及库存现金、银行存款收付时使用这一凭证类型。在借贷记账法下，将经济业务所涉及的会计科目全部填列在凭证内，借方科目在先，贷方科目在后，将各会计科目所记应借应贷的金额填列在“借方金额”或“贷方金额”栏内。借、贷金额合计数应该相等。制单人应在填制凭证后签名盖章，并在凭证的右侧填写所附原始凭证的张数。

【同步案例 5-3】 天水公司 2017 年 11 月 7 日，从仓库领用 A 材料一批，其中：2 000 元用于甲产品生产，1 000 元用于车间管理，500 元用于厂部管理。该业务发生共有 4 张原始凭证证明，这是本月发生的第 20 笔转账业务，据以编制转账凭证如图 5-15 所示。

转账凭证

2017 年 11 月 7 日 转字第 20 号

摘 要	会计科目		金 额		记账符号	
	总账科目	明细科目	借 方	贷 方		
领用原材料	生产成本	甲产品	2 000.00			附单据4张
	制造费用		1 000.00			
	管理费用		500.00			
	原材料	A 材料		3 500.00		
	合 计		3 500.00	3 500.00		

会计主管： 记账： 出纳： 审核： 制单：李锋

图 5-15 转账凭证

（五）通用记账凭证的编制

通用记账凭证的编制与专用记账凭证中的转账凭证类似，按照通用记账凭证的格式，不分经济业务类型，一视同仁编制。

【同步案例 5-4】 天水公司 2017 年 11 月 5 日，收到甲公司偿还前欠的货款 35 000 元，款项已存入银行。该业务发生共有两张原始凭证证明，这是本月发生的第 15 笔经济业务，据以编制记账凭证如图 5-16 所示。

记账凭证

2017 年 11 月 5 日 编号：第 15 号

摘 要	会计科目		金 额		记账符号	
	总账科目	明细科目	借 方	贷 方		
收回前欠货款	银行存款		35 000.00			附单据2张
	应收账款	甲公司		35 000.00		
	合 计		35 000.00	35 000.00		

会计主管： 记账： 出纳： 审核： 制单：李台

图 5-16 记账凭证

（六）科目汇总表的编制

科目汇总表是指根据一定时期内编制的所有记账凭证定期按照会计科目汇总编制的，用于登记总账的记账凭证。具体编制方法如下。

（1）根据记账凭证中涉及的会计科目，设置 T 形账户，将每一张记账凭证中涉及的借贷发生额，记入有关 T 形账户的借方或贷方。

（2）计算各个账户的本期借方发生额与贷方发生额合计数。

（3）填制科目汇总表的日期及编号。日期为科目汇总表编制的起讫日期；编号每年从 1 号开始，顺序编号，不得跳号、重号。假定某企业 2017 年每 10 天汇总 1 次，每个月汇总 3 次，则 5 月第 1 次汇总，其编号为第 13 号。

（4）填写会计科目名称。为了方便记账人员记账和查账，科目名称应按照会计科目的编码顺序填写，本期间汇总不涉及的会计科目，可以不必填写。

（5）将汇总的各个账户的本期借方发生额与贷方发生额合计数填入表中。

（6）汇总计算借方、贷方合计数，填在“合计”行内，并检查借贷金额是否相等。科目汇总表格式如表 5-5 所示。

表 5-5　科目汇总表

年　月　日至　月　日　　　　汇字第　号

会计科目	借方金额	贷方金额	
			记账凭证自　号至　号共　张
合　计			

会计主管：　　记账：　　审核：　　制单：

四、记账凭证的审核

为了正确登记账簿和监督经济业务，除了填制记账凭证的人员应当认真负责、正确填制、加强自审以外，同时还应建立专人审核制度。

如前所述，记账凭证是根据审核后的合法的原始凭证填制的。因此，记账凭证的审核应注意以下几点。

（1）内容是否真实。

（2）项目是否齐全。

（3）科目是否正确。

（4）金额是否正确。

（5）书写是否正确。

（6）手续是否完备。

此外，出纳人员在办理收款或付款后，应在凭证上加盖“收讫”或“付讫”的戳记，以避免重收重付。

在审核过程中，如果发现差错，应及时查明原因，按规定办法及时处理和更正，只有经过审核无误的记账凭证，才能据以登记账簿。如果发现尚未入账的错误记账凭证，应当重新填制。

原始凭证和记账凭证用途不同，其主要区别可用表 5-6 所示。

表 5-6 原始凭证和记账凭证的主要区别

区　　别	原始凭证	记账凭证
填制人员不同	业务经办人	会计人员
填制依据不同	根据发生或者完成的经济业务事项填	审核后的原始凭证填制
填制方式不同	仅用于记录、证明经济业务已经发生或者完成	依据会计科目对已经发生或者完成的经济业务进行归类、整理后编制
发挥作用不同	作为记账凭证的附件和编制记账凭证的依据	直接登记账簿的依据

原始凭证和记账凭证审核要求不同，其审核要求对比可用表 5-7 所示。

表 5-7 原始凭证和记账凭证审核要求对比

原始凭证审核要求	记账凭证审核要求
审核原始凭证的真实性	内容是否真实
审核原始凭证的合法性	项目是否齐全
审核原始凭证的合理性	科目是否正确
审核原始凭证的完整性	金额是否正确
审核原始凭证的正确性	书写是否正确
审核原始凭证的及时性	手续是否完备

知识链接

汇总记账凭证

在编制专用记账凭证的情况下，为了便于总账的登记应编制汇总记账凭证。汇总记账凭证是指将记录内容相同的记账凭证加以分类汇总填制的凭证。分类汇总是根据收款凭证、付款凭证、转账凭证定期分别汇总。编制的汇总记账凭证种类有：汇总收款凭证、汇总付款凭证、汇总转账凭证。

知识拓展

教你如何编制科目汇总表

编制科目汇总表时，首先，应将汇总期内各项交易或事项所涉及的总账科目填列在科目汇总表的“会计科目”栏内；其次，根据汇总期内所有记账凭证，按会计科目分别加计其借方发生额和贷方发生额，将其汇总金额填列在各相应会计科目的“借方”和“贷方”栏内。按会计科目汇总后，应分别加总全部会计科目“借方”和“贷方”发生额，进行试算平衡。按汇总方式不同可分为两种：

（1）全部汇总。是将一定时期（10天、半月或一个月）的全部记账凭证汇总到一张科目汇总表内的汇总方式。

（2）分类汇总。是将一定时期（10天、半月或一个月）的全部记账凭证分别按库存现金、银行存款收付款的记账凭证和转账凭证进行汇总。

在实际工作中，编制科目汇总表时，可以设置“科目汇总表工作底稿”，先将本期记账凭证中各总账科目的借方和贷方发生额在“科目汇总表工作底稿”中记录、汇总，期末将“科目汇总表工作底稿”中各总账科目的借方、贷方发生额合计数分别抄在科目汇总表相应总账科目的“借方”和“贷方”栏内，从而提高编制科目汇总表的及时性。

想一想

记账凭证底边的人如何签字

在每一张记账凭证的底边，都有一排人名，即“会计主管:”“记账:”“出纳:”“审核:”“制单:”。这些人是自己亲自签，还是别人代他签？什么时候签？

有人回答说：“应该是自己亲自签，在履行完自己的职责后签字。”

请问：你认为这种回答正确吗？

任务三　传递和保管会计凭证

【任务描述】

会计凭证不论是原始凭证还是记账凭证都应该按其职能在相关部门相关岗位传递，最终到会计部门装订成册妥善保管，成为会计档案。

【任务分析】

通过本任务学习，要求学习了解会计凭证的传递要求，练习掌握会计凭证的装订，懂得会计凭证的保管规定。

【知识准备与应用】

一、会计凭证的传递

会计凭证的传递是指会计凭证从取得或填制时起至归档保管过程中，在单位内部各有关部门和人员之间的传送程序。

会计凭证的传递，应遵循内部控制制度的要求，使传递程序合理有效，同时尽量节约传递时间，减少传递的工作量。

（1）规定传递线路，结合经济业务的特点、内部机构和人员分工情况。

（2）规定传递时间，根据有关部门和人员办理经济业务的情况。

二、会计凭证的保管

会计凭证的保管，是指会计凭证登账后的整理、装订和归档存查工作。

会计凭证是记账的依据，是重要的经济档案和历史资料，所以对会计凭证必须妥善整理和保管，不得丢失或任意销毁。

会计凭证的保管，既要做到会计凭证的安全和完整无缺，又要便于凭证的事后调阅和查找。会计凭证归档保管的主要方法和要求如下。

（1）会计凭证应定期装订成册，防止散失。

会计部门在依据会计凭证记账以后，应定期（每天、每旬或每月）对各种会计凭证进行分类整理，将各种记账凭证按照编号顺序，连同所附的原始凭证一起加具封面、封底，装订成册，并在装订线上加贴封签，由装订人员在装订线封签处签名或盖章。

从外单位取得的原始凭证遗失时，应取得原签发单位盖有公章的证明，并注明原始凭证的号码、金额、内容等，由经办单位会计机构负责人、会计主管人员和单位负责人批准后，才能代作原始凭证。若确实无法取得证明的，如车票丢失，则应由当事人写明详细情况，由经办单位会计机构负责人、会计主管人员和单位负责人批准后，代作原始凭证。

（2）会计凭证封面应注明单位名称、凭证种类、凭证张数、起止号数、年度、月份、会计主管人员、装订人员等有关事项，会计主管人员和保管人员应在封面上签章。

（3）会计凭证应加贴封条，防止抽换凭证。

原始凭证不得外借，其他单位如有特殊原因确实需要使用时，经本单位会计机构负责人、会计主管人员批准，可以复制。向外单位提供的原始凭证复制件，应在专设的登记簿上登记，并由提供人员和收取人员共同签名、盖章。

（4）原始凭证较多时可单独装订，但应在凭证封面注明所属记账凭证的日期、编号和种类，同时在所属的记账凭证上应注明“附件另订”及原始凭证的名称和编号，以便查阅。

（5）每年装订成册的会计凭证，在年度终了时可暂由单位会计机构保管一年，期满后应当移交本单位档案机构统一保管；未设立档案机构的应当在会计机构内部指定专人保管。出纳人员不得兼管会计档案。严格遵守会计凭证的保管期限要求，期满前不得任意销毁。

知识链接

会计凭证保管年限

《会计档案管理办法》规定：会计凭证保管年限为：

1. 原始凭证　30 年
2. 记账凭证　30 年

3. 汇总凭证 30 年

知识拓展

正确合理的会计凭证传递要求

一般来说，正确、合理地组织会计凭证的传递工作应从以下三方面入手。

1. 确定传递线路

要根据经济业务的特点、经营管理的需要以及企业内部机构的设置和人员的分工情况，合理确定各种会计凭证的联数和所流转的必要环节。既要做到有关部门和人员能利用会计凭证了解经济业务的发生和完成情况，确保对会计凭证按规定程序进行处理和审核，又要避免会计凭证传递经过不必要的环节，影响传递速度，降低工作效率。

2. 规定传递时间

要根据各个环节办理经济业务的各项手续的需要，明确规定会计凭证在各个环节的停留时间和传递时间。既要防止不必要的延误，又要避免时间定得过紧，影响业务手续的完成。

3. 建立会计凭证交接的签收制度

为了保证会计凭证的安全、完整，在各个环节中，都应指定专人办理交接手续，做到责任明确、手续完备，且简便易行。

想一想

会计凭证保管到期后怎么处理

按规定每月应将会计凭证装订成册，每年将装订成册的会计凭证整理好后放入会计档案室妥善保管。按目前规定要求保管 30 年。

请问：会计凭证保管满 30 年后怎么处理？

有人说卖给废品回收站。有人说把它烧了。有人说应该联系国家的机要档案处理机构，交给他们处理。你认为哪种说法正确？

项目总结

填制会计凭证，要求学生了解会计凭证的概念、作用和种类，掌握原始凭证的填制和审核，掌握记账凭证的编制和审核，懂得会计凭证的传递与保管。通过学习要求学生掌握本项目的知识点与技能点如表 5-8 所示。

表 5-8 填制会计凭证的知识点与技能点

填制会计凭证	一、填制和审核原始凭证	（一）会计凭证的概念及分类 （二）原始凭证的概念、内容及分类 （三）原始凭证的填制与审核
	二、填制和审核记账凭证	（一）记账凭证的概念及分类 （二）记账凭证的编制与审核

续表

填制会计凭证	三、传递和保管会计凭证	（一）传递会计凭证 （二）装订会计凭证 （三）保管会计凭证

项目训练

一、单项选择题

1．下列属于累计凭证的是（　　）。

A．领料单　　B．限额领料单

C．耗用材料汇总表　　D．工资汇总表

2．（　　）是用来记录货币资金付款业务的凭证，它是由出纳人员根据审核无误的原始凭证填制的。

A．收款凭证　　B．付款凭证　　C．转账凭证　　D．累计凭证

3．企业购进原材料60 000元，款项未付。该笔经济业务应编制的记账凭证是（　　）。

A．收款凭证　　B．付款凭证　　C．转账凭证　　D．以上均可

4．付款凭证左上角的“贷方科目”可能登记的科目有（　　）。

A．预付账款　　B．银行存款　　C．预收账款　　D．其他应付款

5．下列业务中应该编制收款凭证的是（　　）。

A．购买原材料用银行存款支付　　B．收到销售商品的款项

C．购买固定资产，款项尚未支付　　D．销售商品，收到商业汇票一张

6．将库存现金送存银行，应填制的记账凭证是（　　）。

A．库存现金收款凭证　　B．库存现金付款凭证

C．银行存款收款凭证　　D．银行存款付款凭证

7．在审核原始凭证时，对于内容不完整、填写有错误或手续不完备的原始凭证，应该（　　）。

A．拒绝办理，并向本单位负责人报告

B．予以抵制，对经办人员进行批评

C．由会计人员重新编制或予以更正

D．予以退回，要求更正、补充，以至于重新编制

8．不符合原始凭证基本要求的是（　　）。

A．从个人取得的原始凭证，必须有填制人员的签名盖章

B．原始凭证不得涂改、刮擦、挖补

C．上级批准的经济合同，应作为原始凭证

D．大写和小写金额必须相等

9．会计日常核算工作的起点是（　　）。

A．填制会计凭证　　B．财产清查

C．设置会计科目和账户　　D．登记会计账簿

10．原始凭证不得外借，其他单位如有特殊原因确实需要使用时，经（　）批准，可以复制。

A．会计档案保管人员、单位负责人　　B．总会计师、单位负责人

C．总经理、会计主管人员　　D．会计机构负责人、会计主管人员

二、多项选择题

1．以下属于原始凭证的有（　）。

A．火车票　　B．领料单

C．增值税专用发票　　D．产品入库单

2．记账凭证的填制必须做到记录真实、内容完整、填制及时、书写清楚外，还必须符合（　）要求。

A．如有空行，应当在空行处画线注销

B．发生错误应该按规定的方法更正

C．必须连续编号

D．除另有规定外，应该有附件并注明附件张数

3．从外单位取得的原始凭证遗失时应该作（　）处理后，才能代作原始凭证。

A．应取得原签发单位盖有公章的证明

B．注明原始凭证的号码金额内容等

C．由经办单位会计机构负责人批准

D．由经办单位负责人批准

4．王明出差回来，报销差旅费 1 000 元，原预借 1 500 元，交回剩余现金 500 元，这笔业务应该编制的记账凭证有（　）。

A．付款凭证　　B．收款凭证　　C．转账凭证　　D．原始凭证

5．下列属于外来原始凭证的有（　）。

A．本单位开具的销售发票

B．供货单位开具的发票

C．职工出差取得的飞机票和火车票

D．银行收付款通知单

6．下列说法正确的是（　）。

A．记账凭证上的日期指的是经济业务发生的日期

B．对于涉及“库存现金”和“银行存款”之间的经济业务，一般只编制收款凭证

C．出纳人员不能直接依据有关收、付款业务的原始凭证办理收、付款业务

D．出纳人员必须根据经会计主管或其指定人员审核无误的收、付款凭证办理收、付款业务

7．关于记账凭证下列说法正确的是（　）。

A．收款凭证是指用于记录现金和银行存款收款业务的会计凭证

B．收款凭证分为库存现金收款凭证和银行存款收款凭证两种

C．从银行提取库存现金的业务应该编制库存现金收款凭证

D．从银行提取库存现金的业务应该编制银行存款付款凭证

8．原始凭证的审核内容包括（　　）。

A．有关数量、单价、金额是否正确无误

B．是否符合有关的计划和预算

C．记录的经济业务的发生时间

D．有无违反财经制度的行为

9．收款凭证的借方科目可能有（　　）。

A．应收账款　　B．库存现金　　C．银行存款　　D．应付账款

10．下列说法正确的是（　　）。

A．已经登记入账的记账凭证，在当年内发现填写错误时，直接用蓝字重新填写一张正确的记账凭证即可

B．发现以前年度记账凭证有错误的，可以用红字填写一张与原内容相同的记账凭证，再用蓝字重新填写一张正确的记账凭证

C．如果会计科目没有错误只是金额错误，也可以将正确数字与错误数字之间的差额，另填制一张调整的记账凭证，调增金额用蓝字，调减金额用红字

D．发现以前年度记账凭证有错误的，应当用蓝字填制一张更正的记账凭证

三、判断题

1．转账支票只能用于转账，而现金支票不仅可以用于提取现金，还可以用于转账。（　　）

2．所有的记账凭证都必须附有原始凭证，否则不能作为记账的依据。（　　）

3．原始凭证原则上不得外借，其他单位如有特殊原因确实需要使用时，经本单位会计机构负责人、会计主管人员批准，可以外借。（　　）

4．原始凭证是会计核算的原始资料和重要依据，是登记会计账簿的直接依据。（　　）

5．自制原始凭证都是一次凭证，外来原始凭证绝大多数是一次凭证。（　　）

6．对于原始凭证发生的错误，正确的更正方法是由出具单位在原始凭证上更正。（　　）

7．一张原始凭证所列的支出需要由几个单位共同负担时，应当由保存该原始凭证的单位将该原始的复印件（分割单）交给其他应负担的单位。（　　）

8．记账凭证所附的原始凭证数量过多，也可以单独装订保管，但应在其封面及有关记账凭证上加注说明。（　　）

9．从银行提取现金时，为避免重复记账只编制现金收款凭证。（　　）

10．从外部取得的原始凭证必须有填制单位财务专用章。（　　）

四、简答题

1．简述会计凭证的概念、作用及分类。

2．什么是原始凭证？原始凭证包括哪些基本内容？

3．对原始凭证审核主要审核哪些内容？对审核结果如何处理？

4．什么是记账凭证？什么是专用凭证？什么是通用凭证？什么是科目汇总表？

五、实训题

实训一、练习专用记账凭证的编制。

资料：

天水公司 2017 年 3 月发生下列经济业务：

1．3 月 2 日，收到 A 公司偿还的前欠货款 30 000 元，存入银行。

2．3 月 3 日，销售一批乙产品，售价 80 000 元，增值税税率 17%，已开具增值税专用发票，收到支票一张，已存入银行。

3．3 月 6 日，购进甲材料一批，取得的增值税发票，记载的货款为 10 000 元，增值税 1 700 元，全部款项已用银行存款支付，材料运到并验收入库。

4．3 月 8 日，接受 H 公司现金投资 1200 000 元，存入银行。

5．3 月 9 日，接受大华公司投资的机器设备一台，价值 30 000 元。

6．3 月 10 日，生产 A 产品领用甲材料 40 000 元。

7．3 月 10 日，以银行存款偿还已到期的长期借款 80 000 元。

8．3 月 16 日，根据合同规定，预收 M 公司购买乙产品的价款 40 000 元，已存入银行。

9．3 月 19 日，从银行提取现金 1 000 元，备用。

10．3 月 21 日，购买办公用品，发票上记载金额为 600 元，以现金支付。

11．3 月 25 日，按规定计提固定资产折旧 38 000 元。其中，生产车间使用的固定资产应计提折旧费 20 000 元，公司行政管理部门使用的固定资产应计提折旧费 18 000 元。

12．3 月 26 日，销售丙产品一批给四方公司，售价 16 000 元，增值税税率 17%，商品已发出，款项尚未收到。

13．3 月 28 日，取得短期借款 20 000 元，存入银行。

14．3 月 30 日，办公室主任李强出差预借差旅费 800 元，以现金支付。

要求：

根据上述经济业务分别编制收款凭证、付款凭证和转账凭证。

实训二、练习通用记账凭证的编制。

资料：

天水公司 2017 年 5 月发生下列材料采购业务：

1．5 月 3 日，购进材料 A 材料 2 000 千克，价款 10 万元，增值税 1.7 万元，运费 1 000 元。材料验收入库，款项以银行存款支付。

2．5 月 5 日，以银行存款支付上月欠红星工厂进货款 3 万元。

3．5 月 8 日，从天津森达公司购进 B 材料 5 000 千克，每千克买价 20 元，购进 C 材料 7 000 千克，每千克买价 30 元，增值税率 17%，货款税款以银行存款支付，材料在运输途中。

4．5 月 9 日，从天津购进的 B、C 材料以银行存款支付 2 000 元运输费，按材料重量进行分配。

5．5 月 10 日，采购员赵婷婷出差向财务部门预借 2 000 元差旅费，以库存现金支付。

6．5 月 12 日，从华云公司购进 A 材料 1 000 千克，每千克买价 50 元，发生运杂费 500 元。增值税税率 17%，材料验收入库，款项尚欠。

7. 5月13日，以银行存款向天柱公司预付D材料购货款5万元，以银行存款支付。

8. 5月15日，从天津森达公司购进的B、C材料，今天运到验收入库。

9. 5月16日，采购员赵婷婷出差归来，报销差旅费1 800元，退回现金200元。

10. 5月18日，向天柱公司购进的D材料今天验收入库，共计500千克，每千克买价70元，发生运费1 000元，增值税税率17%，多余款项退回并存入银行。

要求：

根据上述发生的经济业务据以编制通用记账凭证。

实训三、练习通用记账凭证和科目汇总表的编制。

资料

天水公司2017年8月发生以下经济业务：

1. 1日，从银行取得短期借款200 000元存入银行。

2. 2日，中华公司增加投资100 000元，款已收到存入银行。

3. 3日，从环球公司购进甲材料4 000千克，单价18元，乙材料2 000千克，单价25元，增值税税率17%，以上款项以银行存款支付，材料未到。

4. 3日，以现金支付上述甲、乙材料运1 200元，按材料重量分摊运费。

5. 4日，上述甲、乙材料运到，已验收入库。按实际采购成本转账。

6. 5日，车间生产A产品领用甲材料3 000千克，单价18.20元，生产B产品领用已材料1 000千克，单价25.20元，车间一般耗用甲材料400千克，行政管理部门领用甲材料100千克。

7. 6日，向海宁公司销售A产品2 600件，每件售价50元，增值税税率17%，款已收到存入银行。

8. 8日，职工李明预借差旅费2 000元，以现金付讫。

9. 10日，从银行提取现金52 000元，备发工资。

10. 10日，以现金发放本月工资。

11. 11日，向海宁公司销售B产品2 000件，每件售价55元，增值税税率17%，货款尚未收到。

12. 15日，开出转账支票支付销售产品广告费3 000元。

13. 16日，以现金购买办公用品500元，其中行政管理部门300元，车间200元。

14. 18日，销售多余丙材料1 000千克，单价15元，计货款15 000元，增值税2 550元，款已收到存入银行。同时结转丙材料的成本9 000元。

15. 20日，李明报销差旅费1 900元，退回现金100元。

16. 22日，开出转账支票支付本月水电费8 000元，其中车间5 000元，行政管理部门3 000元。

17. 25日，摊销本月报纸杂志费300元，其中车间100元，行政管理部门200元。

18. 25日，预提本月短期借款利息800元。

19. 26日，计提本月固定资产折旧15 000元，其中车间10 000元，行政管理部门5 000元。

20. 26日，分配本月职工工资52 000元，其中生产A产品工人工资20 000元，生产B产品工人工资15 000元，车间管理人员工资5 000元，行政管理人员工资12 000元。

21．31 日，将本月制造费用总额按 A、B 产品生产工人工资比例分配。

22．31 日，本月投产的 A 产品 3 000 件已全部完工入库。按实际生产成本转账。B 产品尚未完工。

23．31 日，结转 A、B 产品的销售成本。A 产品单位生产成本 32 元，B 产品单位生产成本 35 元。

24．31 日，将本月损益类账户的发生额结转到“本年利润”账户。

25．31 日，按 25%的税率计提并结转所得税。

26．31 日，按净利润的 10%计提法定盈余公积，按 5%计提公益金。

27．31 日，按净利润的 20%计提应付投资者利润。

要求：

1．根据发生的经济业务编制通用记账凭证。

2．根据编制的记账凭证编制科目汇总表。

项目六 设置会计账簿

学习目标

知识目标

- 理解设置和登记会计账簿的意义
- 熟悉会计账簿的分类和外表形态
- 熟悉会计账簿的启用和内在格式
- 熟悉会计账簿的更换与保管

能力目标

- 掌握会计账簿的记账规则
- 掌握日记账的格式、登记依据和登记方法
- 掌握总分类账的格式、登记依据和登记方法
- 掌握明细分类账的格式、登记依据和登记方法
- 掌握对账、结账和更换新账的方法
- 掌握错账查找和错账更正的方法

典型项目

请告诉我什么是账页账户账簿？

一天，财务部长组织会计人员业务学习。财务部长说："账簿很重要，前一段时间市里组织会计基础工作大检查，来单位查了前几年的账，检查人员将这几年的总账、现金和银行存款日记账、有关明细账查了一遍。然后对我说，你公司的账页管理不规范，有些账户开设与登记不符合规定，有些账簿在使用和管理上有疏漏，希望你公司进一步加强会计账簿管理，成为全市会计基础工作的典范。"

今天的业务学习就来研究会计账簿管理问题。

任务提出：

1. 请张怡会计回答会计账簿的意义和作用。
2. 请李明会计回答什么是账页？什么是账户？什么是账簿？

通过本项目的学习，将帮助你了解会计账簿，掌握会计账簿的开设、登记与管理。

任务一　认知会计账簿

【任务描述】

会计账簿是专门用来连续、系统、全面地记录经济业务的簿籍。会计核算首先是填制和审核会计凭证，接着依据会计凭证登记会计账簿，账簿记录着企业全部资金和经营情况。认知会计账簿，就是要对会计账簿有基本了解。

【任务分析】

本任务要求学习明确会计账簿的概念和作用，了解会计账簿的内容和种类，明确各种不同账簿格式的适用范围。

【知识准备与应用】

一、会计账簿的概念与作用

会计账簿是指由一定格式账页组成的，以经过审核的会计凭证为依据，全面、系统、连续地记录各项经济业务的簿籍。根据会计法的规定，各单位应当按照国家统一的会计制度的规定和会计业务的需要设置会计账簿。设置和登记账簿，既是填制和审核会计凭证的延伸，也是编制财务报表的基础，是连接会计凭证和财务报表的中间环节。

账簿的设置和登记在会计核算中具有重要的作用。

（一）记载和储存会计信息

将会计凭证所记录的经济业务记入有关账簿，可以全面反映会计主体在一定时期内所发生的各项资金运动，储存所需要的各项会计信息。

（二）分类和汇总会计信息

账簿由不同的相互关联的账户所构成，通过账簿记录，一方面可以分门别类地反映各项会计信息，提供一定时期内经济活动的详细情况，另一方面可以通过发生额、余额计算，提供各方面所需要的总括会计信息，反映财务状况、经营成果和现金流量等综合价值指标。

（三）检查和校正会计信息

账簿记录是会计凭证信息的进一步整理，也是会计分析、会计检查的重要依据。如在永续盘存制下，通过有关盘存账户余额与实际盘点或核查结果的核对，可以确认财产的盘盈或盘亏，并根据实际结存数调整账簿记录，做到账实相符，提供如实、可靠的会计信息。

（四）编报和输出会计信息

为了及时反映企业的财务状况、经营成果和现金流量，应定期进行结账工作，进行有关账簿之间的核对，计算出本期发生额和余额，据以编制财务报表，向有关各方面提供所需要的会计信息。

二、会计账簿的基本内容

在实际工作，由于各种会计账簿所记录的经济业务不同，账簿的格式也多种多样，但各种账簿都应具备以下基本内容。

1. 封面

封面主要用来标明账簿的名称，如总分类账、各种明细分类账、现金日记账、银行日记账等。

2. 扉页

扉页主要用来列明会计账簿的使用信息，如科目索引、账簿启用和经管人员一览表等。具体包括：账簿启用的日期和截止日期、页数、册次；经管账簿人员一览表及其签章；会计主管人员姓名和签章；账户目录等。

3. 账页

账页是账簿用来记录经济业务的主要载体，包括账户名称、日期栏、凭证种类和号数栏、摘要栏、金额栏以及总页次和分户页次等基本内容。

三、会计账簿与账户的关系

账簿是由账页和账户所组成，或者说将账页或账户装订在一起就构成账簿。账页是指具有一定格式，可以连续、系统、全面地记录某一项经济业务增减变化及其结果。账页中按会计科目和子细目名称进行开设就成为账户，账户也就是账簿中的按会计科目开设的一个个户头。

账户存在于账簿之中，账簿中的每一账页就是账户的存在形式和载体，没有账簿，账户不能独立存在；账簿能够序时、分类地记载经济业务，是依托一个一个账户完成的。因此，账簿只是一个外在形式，账户才是其内在真实内容， 二者间的关系是形式和内容的关系。

四、会计账簿的种类

会计账簿的种类很多，不同类别的会计账簿可以提供不同的信息，满足不同的需要，在实际工作中，通常使用以下方法进行分类。

（一）按用途分类

会计账簿按其用途不同可分为：序时账簿、分类账簿和备查账簿。

1. 序时账簿

序时账簿又称日记账，是按照经济业务发生或完成时间的先后顺序逐日逐笔进行登记的账簿。日记账的特点是序时登记和逐笔登记。序时账簿通常有两种，普通日记账、特种日记账。普通日记账是对全部经济业务按其发生时间的先后顺序逐日、逐笔登记的账簿；特种日记账是对某一特定种类的经济业务按其发生时间的先后顺序逐日、逐笔登记的账簿。在实际工作中，因经济业务的复杂性，一般很少采用普通日记账，应用较为广泛的是特种日记账。

在我国，大多数单位一般只设现金日记账和银行存款日记账，而不设置转账日记账，如图 6-1 所示。

图 6-1　现金和银行存款日记账簿

2. 分类账簿

分类账簿是按照分类账户设置的账簿。账簿按其反映经济业务的详略程度，可分为总分类账簿和明细分类账簿。总分类账簿，又称总账，是根据总分类账户开设的，总括反映某类经济活动；明细分类账簿，又称明细账，是根据明细分类账户开设的，用来提供明细的核算资料。总账对明细账起统驭作用，明细账对总账进行补充和说明。分类账簿提供的核算信息是编制会计报表的主要依据，如图 6-2、图 6-3 所示。

图 6-2　总分类账簿

图 6-3　明细分类账簿

3. 备查账簿

备查账簿，又称辅助登记簿或补充登记簿，是对某些在序时账簿和分类账簿中未能记载或记载不全的经济业务进行补充登记的账簿。例如，租入固定资产登记簿、受托加工材料登记簿、代销商品登记簿等。

备查账簿不是根据会计凭证登记的账簿，也没有固定的格式，它是用文字描述的。备查账簿并非每个单位都应设置，只需根据各个单位的实际需要来设置和登记。

（二）按账页格式分类

会计账簿按账页格式不同，可以分为两栏式账簿、三栏式账簿、多栏式账簿、数量金额式账簿和横线登记式账簿。

1. 两栏式账簿

两栏式账簿是指只有借方和贷方两个基本金额栏目的账簿。普通日记账和转账日记账一般采用两栏式。

2. 三栏式账簿

三栏式账簿是指设有借方、贷方和余额三个基本栏目的账簿。各种日记账、总分类账以及资本、债权、债务明细账都可采用三栏式账簿。

三栏式账簿又分为设对方科目和不设对方科目两种，区别是在摘要栏和借方科目栏之间是否有一栏“对方科目”。有“对方科目”栏的，称为设对方科目的三栏式账簿；如现金日记账和银行存款日记账；不设“对方科目”栏的，称为不设对方科目的三栏式账簿，如总分类账及资本、债权、债务明细账。如图 6-4 所示。

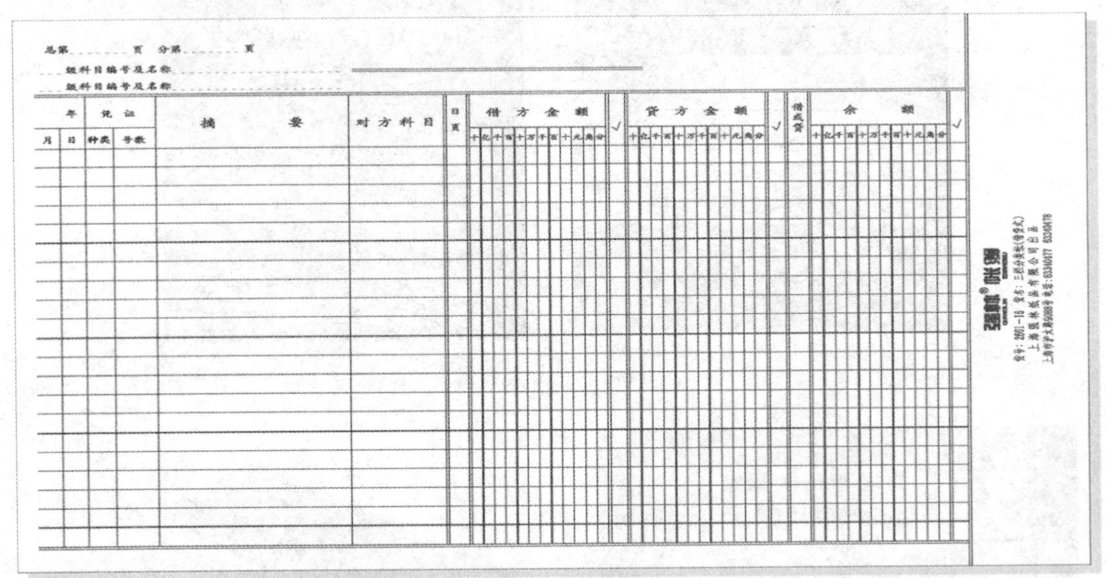

图 6-4 三栏式账页

3. 多栏式账簿

多栏式账簿是指在账簿的两个基本栏目借方和贷方按需要分设若干专栏的账簿。这种账簿可以按“借方”和“贷方”分别设专栏，费用明细账一般采用这种格式的账簿，也可以只设“借方”或“贷方”专栏，另一方的内容在相应的专栏内用红字登记，表示冲减。收入、成本、费用明细账一般均采用这种格式的账簿。如图 6-5 所示。

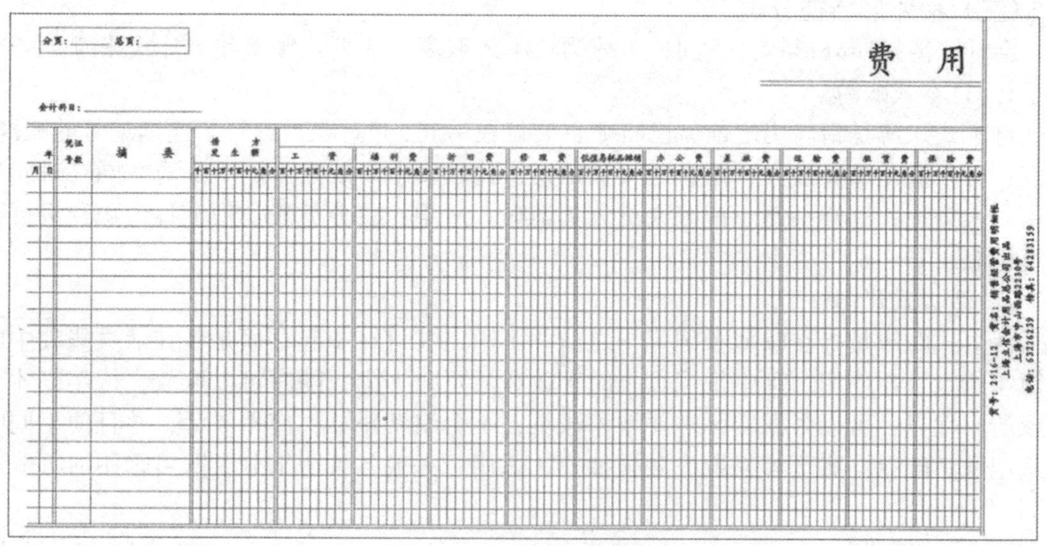

图 6-5　多栏式账页

4. 数量金额式账簿

数量金额式账簿的借方、贷方和余额三个栏目内，都分设数量、单价和金额三小栏，借以反映财产物资的实物数量和价值量。如原材料、库存商品、产成品等明细账一般都采用数量金额式账簿。如图 6-6 所示。

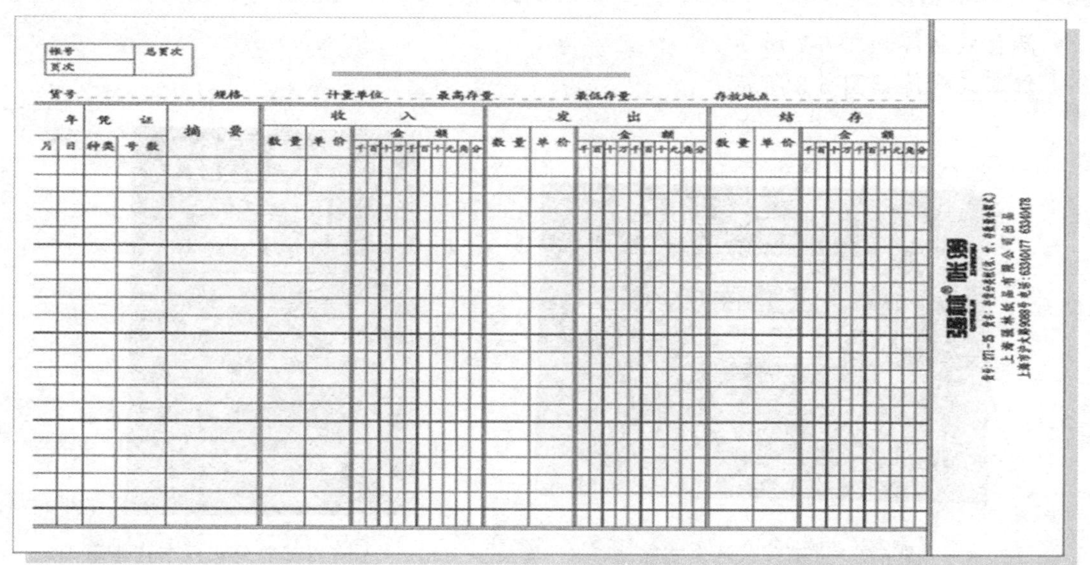

图 6-6　数量金额式账页

5. 横线登记式账簿

横线登记式账簿，又称平行式账簿，是指将前后密切相关的经济业务登记在同一行上，以便检查每笔业务的发生和完成情况的账簿。横线登记式账簿主要作用在往来账中，可以做到一一对应的往来账尤其适用。材料采购、在途物资、应收票据和一次性备用金等明细账一般采用横线登记式账簿。

（三）按外形特征分类

会计账簿按照外形特征不同，可分为订本式账簿、活页式账簿和卡片式账簿。

1. 订本式账簿

订本式账簿是指启用之前就已将账页装订在一起，并对账页进行了连续编号的账簿。优点：可以避免账页散失，防止账页被抽换，比较安全。缺点：同一账簿在同一时间只能由一人登记，这样不便于记账人员分工记账。适用：总分类账、现金日记账和银行存款日记账。

2. 活页式账簿

活页式账簿是指在账簿登记完毕之前并不固定装订在一起，而是装在活页账夹中的账簿。特点：在使用过程中把账页平时存放在活页账夹内，随时可以取放，待年终才装订成册。优点：可以根据实际需要增添账页，不会浪费账页，使用灵活，并且便于同时分工记账；缺点：账页容易散失和被抽换。适用：一般各种明细分类账可采用活页账形式。

3. 卡片式账簿

卡片式账簿，简称卡片账，是将一定数量的卡片式账页存放于专设的卡片箱中，账页可以根据需要随时增添的账簿。严格来说，卡片账也是一种活页账，只不过它不是装在活页夹中，而是装在卡片箱内。在我国，企业一般只对固定资产的核算采用卡片账形式，也有少数企业在材料核算中使用材料卡片。

知识链接

活页式账簿如图 6-7 所示。

订本式账簿如图 6-8 所示。

图 6-7 进销存账活页式账簿

图 6-8 总账订本式账簿

知识拓展

卡片式账簿如图 6-9 所示。

银行存款日记账

2017 年		凭证		摘　要	借方（元）	贷方（元）	借或贷	余额（元）
月	日	种类	号数					
				承前页	263 500.00	123 500.00	借	140 000.00
4	1	银付	11	付办公用品款		2 000.00	借	138 000.00
4	6	银付	18	付 A 公司货款		15 862.00	借	122 138.00
4	10	银收	20	收甲公司账款	30 000.00		借	152 138.00
4	30	银付	35	日常报销		3 250.00	借	148 888.00
				本月合计	30 000.00	21 112.00	借	148 888.00
				本年累计	293 500.00	144 612.00	借	148 888.00

图 6-9　固定资产卡片式账簿

想一想

为什么总账、现金和银行存款日记账要使用订本式账簿？

账簿按外表形态划分，可分为订本式账簿、活页式账簿和卡片式账簿。按账簿使用规定：总账、日记账使用订本式账簿，明细账使用活页式账簿，固定资产明细账可使用卡片式账簿。

请问：为什么总账、现金和银行存款日记账要使用订本式账簿？

任务二　设置与登记会计账簿

【任务描述】

对一个单位进行会计核算，需要按照会计规定的核算方法和该单位经济业务的简繁设置会计账簿，账簿设置后就需要按照会计账簿登记的依据和登记方法进行登记，登记后需要办理对账和结账，完成会计账簿所有的登记工作。

【任务分析】

通过本任务的学习，要求学生能够懂得一个单位应设置哪些会计账簿；懂得会计账簿的启用；懂得会计账簿登记的要求；掌握日记账、总账、明细账的登记依据和登记方法；掌握总账与明细账的平行登记。

【知识准备与应用】

一、会计账簿的设置

通过认知会计账簿的学习，我们知道会计账簿有：

（1）总分类账簿（以下简称总账），其外表形态为订本式，内部格式为三栏式，一般依据记账凭证或汇总记账凭证（科目汇总表）登记。

（2）日记账簿（库存现金日记账簿和银行存款日记账簿），其外表形态为订本式，内部格式为三栏式，一般依据记账凭证和所附的原始凭证逐笔登记。

（3）明细分类账簿，其外表形态为活页式，内部格式有三栏式、数量金额式、多栏式、平行式等，一般依据记账凭证和有关原始登记。

（4）备查账簿，不属于正式账簿，没有固定格式，没有规定登记方法，根据需要由企业自行决定。

那么一个单位需要设置哪些会计账簿呢?

一个单位的设置哪些会计账簿，取决于会计账簿设置的规定和该单位经济业务的简繁。

一般来说，一个单位需要设置的会计账簿为：

一本总分类账簿；

两本日记账簿（库存现金日记账簿和银行存款日记账簿）；

若干本明细分类账簿（主要包括：原材料、库存商品、生产成本、固定资产、应收账款、应付账款等），这主要根据企业核算的需要来决定；

一本备查账簿（取决于需要）。

二、会计账簿的启用

启用会计账簿时，应当在账簿封面上写明单位名称和账簿名称，并在账簿扉页上附启用表。

启用订本式账簿应当从第一页到最后一页顺序编定页数，不得跳页、缺号。使用活页式账页应当按账户顺序编号，并须定期装订成册；装订后再按实际使用的账页顺序编定页码，另加目录，记明每个账户的名称和页次。账簿启用及交接表如图 6-10 所示。

账簿启用及交接表

<table>
<tr><td>单位名称</td><td colspan="7"></td><td colspan="4">公　章</td></tr>
<tr><td>账簿名称</td><td colspan="7">（第　册）</td><td colspan="4" rowspan="4"></td></tr>
<tr><td>账簿编号</td><td colspan="7"></td></tr>
<tr><td>账簿页数</td><td colspan="7">本账簿共计　页（　）</td></tr>
<tr><td>启用日期</td><td colspan="7">公　元　年　月　日</td></tr>
<tr><td rowspan="3">经管人员</td><td colspan="2">单位主管</td><td colspan="3">财务主管</td><td colspan="3">复　核</td><td colspan="3">记　帐</td></tr>
<tr><td>姓名</td><td>盖章</td><td>姓名</td><td colspan="2">盖章</td><td>姓名</td><td colspan="2">盖章</td><td>姓名</td><td colspan="2">盖章</td></tr>
<tr><td></td><td></td><td></td><td colspan="2"></td><td></td><td colspan="2"></td><td></td><td colspan="2"></td></tr>
<tr><td rowspan="5">接交记录</td><td colspan="2">经管人员</td><td colspan="4">接　管</td><td colspan="4">交　出</td></tr>
<tr><td>职别</td><td>姓名</td><td>年</td><td>月</td><td>日</td><td>盖章</td><td>年</td><td>月</td><td>日</td><td>盖章</td></tr>
<tr><td></td><td></td><td></td><td></td><td></td><td></td><td></td><td></td><td></td><td></td></tr>
<tr><td></td><td></td><td></td><td></td><td></td><td></td><td></td><td></td><td></td><td></td></tr>
<tr><td></td><td></td><td></td><td></td><td></td><td></td><td></td><td></td><td></td><td></td></tr>
<tr><td>备注</td><td></td><td></td><td></td><td></td><td></td><td></td><td></td><td></td><td></td><td></td></tr>
</table>

图 6-10　账簿启用及交接表

三、会计账簿的登记要求

会计账簿是编制会计报表，进行会计分析与检查的重要依据，为了保证需要账簿记录的正确性，必须根据审核无误的会计凭证登记会计账簿，并符合有关法律、行政法规和国家统一的会计制度的规定，主要内容如下：

1. 准确完整

登记会计账簿时，应当将会计凭证日期、编号、业务内容摘要、金额和其他有关资料逐项记入账内，做到数字准确、摘要清楚、登记及时、字迹工整。每一项会计事项，一方面要记入有关的总账，另一方面要记入该项总账所属明细账。账簿记录中的日期，应填写记账凭证上的日期；以自制原始凭证（如收料单、领料单等）作为记账依据的，账簿记录中的日期应按有关自制凭证上的日期填列。

2. 注明记账符号

账簿登记完毕后，要在记账凭证上签名或者盖章，并在记账凭证的"过账"栏内注明账簿页数或画对钩，注明已经登账的符号，表示已经记账完毕，避免重记、漏记。

3. 书写留空

账簿中书写的文字和数字上面要留有适当的空格，不要写满格，一般应占格距的1/2。这样，一旦发生登记错误，能比较容易地进行更正，同时也方便查账工作。

4. 正常记账使用蓝黑墨水

为了保持账簿记录的持久性，防止涂改，登记账簿必须使用蓝黑墨水或碳素墨水或用钢笔书写，不得使用圆珠笔（银行的复写账簿除外）或者铅笔书写。

5. 特殊记账使用红墨水

在下列情况下，可以用红色墨水记账：

（1）按照红字冲账的记账凭证，冲销错误记录；

（2）在不设借贷等栏的多栏式账页中，登记减少数；

（3）在三栏式账户的余额栏前，如未印明余额方向的，在余额栏内登记负数余额；

（4）根据国家统一的会计制度的规定可以用红字登记的其他会计记录。

由于会计中的红字表示负数，因而除上述情况外，不得用红色墨水登记账簿。

6. 顺序连续登记

在登记各种账簿时，应按页次顺序连续登记，不得隔页、跳行。如无意发生隔页、跳行现象，应在空页、空行处用红色墨水画对角线注销，或者注明"此页空白"或"此行空白"字样，并由记账人员签名或者签章。对订本式账簿，不得任意撕毁账页，对活页式账簿也不得任意抽换账页。

7. 结出余额

凡需要结出余额的账户，结出余额后，应当在"借或贷"栏目内注明"借"或"贷"字样，以示余额的方向；对于没有余额的账户，应在"借或贷"栏内写"平"字，并在"余额"栏用"θ"表示。

现金日记账和银行存款日记账必须逐日结出余额。

8. 过次承前

每一账页登记完毕结转下页时，应当结出本页合计数及余额，写在本页最后一行和下页第一行有关栏内，并在摘要栏内注明"过次页"和"承前页"字样；也可以将本页合计数及金额只写在下页第一行有关栏内，并在摘要栏内注明“承前页”字样，以保持账簿记录的连续性，便于对账和结账。对需要结计本月发生额的账户，结计“过次页”的本页合计数应当为自本月初起至本页末止的发生额合计数；对需要结计本年累计发生额的账户，结计“过次页”的本页合计数应当为自年初起至本页末止的累计数；对既不需要结计本月发生额也不需要结计本年累计发生额的账户，可以只将每页末的金额结转次页。

9. 不得涂改、刮擦、挖补

如发生账簿记录错误，不得刮擦、挖补或用褪色药水更改字迹，而应采用规定的方法更正。

四、日记账的格式和登记方法

日记账是指按照经济业务发生或完成时间先后顺序逐日逐笔进行登记的账簿。设置日记账的目的是使经济业务的时间顺序清晰地反映在账簿记录中，日记账按其所核算和监督经济业务的范围，可分为特种日记账和普通日记账。在我国，大多数企业一般只设现金日记账和银行存款日记账。

（一）库存现金日记账的格式和登记方法

现金日记账是用来核算和监督库存现金日常收、支和结存情况的序时账簿，现金日记账的格式主要有三栏式和多栏式两种，现金日记账必须使用订本账。

1. 三栏式现金日记账

三栏式现金日记账设借方、贷方和余额三个基本的金额栏目，一般将其分别称为收入、支出和结余三个基本栏目，用来登记库存现金的增减变动及其结果。三栏式现金日记账是由出纳员根据库存现金收款凭证、库存现金付款凭证以及银行存到的付款凭证，按照库存现金收、付款业务和银行存款付款业务发生时间的先后顺序逐日逐笔登记。三栏式现金日记账的具体登记方法如下：

（1）日期栏，根据记账凭证的日期填列，应与库存现金实际收付日期一致。

（2）凭证栏，根据登记入账的收、付款凭证的种类和编号填列，其中“字”指记账凭证的种类，如现金付款凭证可以简写为“现付”，银行存款付款凭证可简写为“银付”等，“号”指记账凭证的编号，记账时应按编号登记，以便检查和核对。

（3）摘要栏，根据记账凭证中的经济业务内容摘要填列，应以简练的文字清楚地说明问题，一般是与收付款记账凭证上的内容相同。

（4）对方科目栏，登记现金收入或支出对应的会计科目，可以根据收、付款凭证中的对方科目进行登记，其作用在于了解经济业务的来龙去脉。

（5）收入栏，根据库存现金收款凭证和银行存款付款凭证中的金额填列。

（6）支出栏，根据库存现金付款凭证所列金额填列。

每日终了，应分别结计库存现金收入和库存现金支出的合计数，结出余额，同时将余额和出纳的库存现金核对，即通常所说的日清。如账实不符应查明原因，并记录备案。

月终同样要结计库存现金收、付和结存的，通常称“月结”。三栏式现金日记账填制如图 6-11 所示。

总分类账

会计科目及编号：银行存款 1002

2017 年		凭证号数	摘　要	借　方	贷　方	借或贷	余　额
月	日						
12	1		期初余额			借	201 200.00
	10	科汇 34	1 ~ 10 日汇总	376 400.00	146 960.00	借	430 640.00
	20	科汇 35	11 ~ 20 日汇总		139 300.00	借	291 340.00
	31	科汇 36	21 ~ 31 日汇总	14 040.00	76 500.00	借	228 880.00

图 6-11　三栏式现金日记账图例

2. 多栏式现金日记账

多栏式现金日记账是三栏式现金日记账基础上发展起来的。这种日记账的借方（收入）和贷方（支出）金额栏都按对方科目设专栏，也就是按收入的来源和支出的用途设专栏。这种格式在月末结账时，可以结出各收入来源专栏和支出用途专栏的合计数，便于对现金收支的合理性、合法性进行审核分析，便于检查财务收支计划的执行情况，其全月发生额还可以作为登记总账的依据。

（二）银行存款日记账的格式和登记方法

银行存款日记账是指用来核算和监督银行存款每日的收入、支出和结余情况的账簿。银行存款日记账应按企业在银行开立的账户和币种分别设置，每个银行账户设置一本日记账。三栏式银行存款日记账的格式和登记方法与三栏式库存现金日记账相同。由出纳员根据与银行存款收付业务有关的记账凭证，按时间先后顺序逐日逐笔进行登记。

（1）日期栏，写与银行存款实际收、付日期一致的记账凭证的日期。

（2）凭证栏，写所入账的收、付款凭证的“字”和“号”。

（3）摘要栏，要说明登记入账的经济业务的内容，应以简练的文字清楚地说明。一般是与收付款记账凭证上的内容相同。

（4）对方科目栏，根据记账凭证的对应科目登记，其作用在于了解经济业务的来龙去脉。

（5）凭证栏，根据每一笔银行存款收付业务的结算凭证种类与号数登记，以便与开户银行对账。

（6）收入栏，根据银行存款收款凭证登记，对于将现金存入银行的业务，由于只填制付款凭证，不填制银行存款收款凭证，因此，这种业务的银行存款收入数应根据有关现金付款凭证登记。

（7）支出栏，应根据银行存款付款凭证登记。

每日终了，应分别结计银行存款收入和支出的合计数，做到日清。如账实不符应查明原因，并记录备案。月终应计算出银行存款全月的收入、支出合计数，做到月结。银行存款日记账填制如图 6-12 所示。

银行存款日记账

2009 年		凭证		摘要	借方											贷方											借或贷	余额											核对
月	日	种类	号数		亿	千	百	十	万	千	百	十	元	角	分	亿	千	百	十	万	千	百	十	元	角	分		亿	千	百	十	万	千	百	十	元	角	分	
				承上页				2	6	3	5	0	0	0	0				1	2	3	5	0	0	0	0	借				1	4	0	0	0	0	0	0	
4	1	银付	11	付办公用品款																	2	0	0	0	0	0	借				1	3	8	0	0	0	0	0	
4	6	银付	18	付××公司贷款																1	5	8	6	2	0	0	借				1	2	2	1	3	8	0	0	
4	10	银付	20	收××公司账款					3	0	0	0	0	0	0												借				1	5	2	1	3	8	0	0	
4	30	银付	35	换现（日常报销）																	3	2	5	0	0	0	借				1	4	8	8	8	8	0	0	
				本月合计					3	0	0	0	0	0	0					2	1	1	1	2	0	0	借				1	4	8	8	8	8	0	0	
通栏红线				本年累计				2	9	3	5	0	0	0	0				1	4	4	6	1	2	0	0	借				1	4	8	8	8	8	0	0	

图 6-12　银行存款日记账

五、总分类账的格式和登记方法

（一）总分类账的格式

总分类账是指按照总分类账户分类登记以提供总括会计信息的账簿。总分类账采用订本式账簿，最常用的格式为三栏式，设置借方、贷方和余额三个基本金额栏目。

（二）总分类账的登记方法

总分类账的登记方法因登记的依据不同而有所不同。经济业务少的小型单位的总分类账可以根据记账凭证逐笔登记；经济业务多的大中型单位的总分类账可以根据记账凭证汇总表（又称科目汇总表）或汇总记账凭证等定期汇总并登记。总分类账据记账凭证逐笔登记如图 6-13 所示，总分类账据科目汇总表汇总登记如图 6-14 所示。

生产成本明细账

产品名称：B 产品

2017 年		凭证号数	摘　要	合　计	成本项目		
月	日				直接材料	直接人工	制造费用
12	1		期初余额	11 200.00	6 000.00	3 000.00	2 200.00
	31	记 28	分配工资费用	4 000.00		4 000.00	
	31	记 29	计提福利费	560.00		560.00	
	31	记 33	领用材料	12 000.00	12 000.00		
	31	记 34	分配制造费用	3 100.00			3 100.00
	31	记 35	结转完工产品成本	30 860.00	18 000.00	7 560.00	5 300.00

图 6-13　据记账凭证登记的总账

库存商品明细分类账

品名　　　　　　　　　规格　　　　　　　　　类别　　　　　　　　　单位产地

年		凭证	摘要	借方			贷方			余额		
月	日	号数		数量	单价	金额	数量	单价	金额	数量	单价	金额

图 6-14　据科目汇总表登记的总账

六、明细分类账的格式和登记方法

明细分类账是指根据有关明细账户设置并登记的账簿。它能提供交易或事项比较详细、具体的核算资料，以补充总账所提供核算资料的不足。因此，各企业单位在设置总账的同时，还应设置必要的明细账。明细分类账一般采用活页式账簿、卡片式账簿。明细分类账一般根据记账凭证和相应的原始凭证来登记。

根据各种明细分类账所记录经济业务的特点，明细分类账的常用格式主要有三栏式、多栏式、数量金额式和横线登记式四种。

（一）三栏式

三栏式账页是指设有借方、贷方和余额三个栏目，用以分类核算各项经济业务，提供详细资料的账簿，其格式与三栏式总账格式相同。这种账页格式适用于只进行金额核算的账户，如“应收账款”“应付账款”等不需要进行数量核算的债权债务结算账户。应付账款明细账实例如 6-15 所示。

材料采购明细账

品名　　　　　　　　　规格　　　　　　　　　类别　　　　　　　　　单位产地

年		凭证	摘要	发出	实收	实际成本				计划成本		材料成本差异
月	日	号数		数量	数量	买价	运费	…	合计	单价	金额	金额

图 6-15　应付账款明细账

（二）多栏式

多栏式账页将属于同一个总账科目的各个明细科目合并在一张账页上进行登记，即在这种格式账页的借方或贷方金额栏内按照明细项目设若干专栏。这种格式适用于收入、成本、费用类科目的明细核算。如主营业务收入、生产成本、制造费用、管理费用、财务费用和销售费用等账户的明细分类核算。

对于只设有贷方的多栏式明细账，平时在贷方登记“主营业务收入”“其他业务收入”等账户的发生额，借方登记月末将贷方发生额一次转出的数额，所以平时如果发生借方发生额，应用红字在多栏式账页的贷方栏中登记表示冲减；对于只设有借方的多栏式明细分类账，平时在借方登记“制造费用”“管理费用”“主营业务成本”等账户的发生额，贷方登记月末将借方发生额一次转出的数额，所以平时如果发生贷方发生额，应用红字在多栏式账页的借方栏中登记表示冲减。生产成本明细账如图 6-16 所示。

总账账户

账户名称：原材料

2018 年		凭证号数	摘　要	借　方	贷　方	借或贷	余　额
月	日						
1	1		期初余额			借	35 000
	9	（1）	购入材料	35 000		借	70 000
	12	（2）	购入材料	19 000		借	89 000
	26	（4）	领用材料		40 000	借	49 000

图 6-16　原材料总账

（三）数量金额式

数量金额式账页适用于既要进行金额核算又要进行数量核算的账户，如原材料、库存商品等存货账户，其借方（收入）、贷方（支出）和余额（结存）都分别设有数量、单价和金额三个专栏。库存商品明细账如图 6-17 所示。

总账账户

账户名称：应付账款

2018 年		凭证号数	摘　要	借　方	贷　方	借或贷	余　额
月	日						
1	1		期初余额			贷	10 000
	9	（1）	购料欠款		35 000	贷	45 000
	12	（2）	购料欠款		19 000	贷	64 000
	20	（3）	归还欠款	50 000		贷	14 000

图 6-17　应付账款

（四）横线登记式

横线登记式账页是采用横线登记，即将每一相关的业务登记在一行，从而可依据每一行各个栏目的登记是否齐全来判断该项业务的进展情况。这种格式适用于登记材料采购、在途物资、应收票据和一次性备用金业务。材料采购明细账如图 6-18 所示。

原材料明细账

账户名称：甲材料　　　　　　　　　　　　计量单位：千克　　金额单位：元

2018 年		凭证	摘要	收入			发出			结存		
月	日	号数		数量	单价	金额	数量	单价	金额	数量	单价	金额
1	1		期初余额							2 000	10	20 000
	9	（1）	购进	500	10	5 000				2 500	10	25 000
	12	（2）	购进	400	10	4 000				2 900	10	29 000
	26	（4）	生产领用				1 000	10	10 000	1 900	10	19 000
			本月合计	900	10	9 000	1 000	10	10 000	1 900	10	19 000

图 6-18　原材料——甲材料明细账

七、总分类账户与明细分类账户的平行登记

（一）总分类账户与明细分类账户的关系

总分类账户是所辖明细分类账户的统御账户，对所辖明细分类账户起着控制作用；明细分类账户则是总分类账户的从属账户，对其所隶属的总分类账户起着辅助作用。总分类账户及其所辖明细分类账户的核算对象是相同的，它们所提供的核算资料互相补充，只有把二者结合起来，才能既总括又详细地反映同一核算内容。因此，总分类账户和明细分类账户必须平行登记。

（二）总分类账户与明细分类账户平行登记的要点

平行登记是指对所发生的每项经济业务都要以会计凭证为依据，一方面记入有关总分类账户，另一方面记入所辖明细分类账户的方法。

总分类账户与明细分类账户平行登记的要点是：

（1）方向相同；

（2）期间一致；

（3）金额相等。

【同步案例 6-1】 天水公司 2018 年 1 月 1 日，企业的“原材料”和“应付账款”总分类账户及其所属的明细分类账户的余额如下：

1. “原材料”总账账户为借方余额 35 000 元，其所属明细账户结存情况为：

（1）“甲材料”明细账户，结存 2 000 千克，单位成本为 10 元，金额计 20 000 元；

（2）“乙材料”明细账户，结存 50 吨，单位成本为 300 元，金额计 15 000 元。

2. “应付账款”总账账户为贷方余额 10 000 元，其所属明细账户余额为：

（1）“A 工厂”明细账户，贷方余额 6 000 元；

（2）“B 工厂”明细账户，贷方余额 4 000 元。

该公司 2018 年 1 月，发生的有关交易或事项及其会计处理如下：

1. 1 月 9 日，向 A 工厂购入甲材料 500 千克，单价 10 元，计 5 000 元；向齐鲁工厂购入乙材料 100 吨，单价 300 元，计 30 000 元，甲、乙材料已验收入库，货款均尚未支付。

对发生的该交易或事项，企业应编制会计分录如下：

借：原材料——甲材料　　5 000
　　　　　——乙材料　　30 000
　贷：应付账款——A 工厂　　5 000
　　　　　　　——B 工厂　　30 000

2. 1 月 12 日，向 A 工厂购入甲材料 400 千克，单价 10 元，计 4 000 元；乙材料 50 吨，单价 300 元，计 15 000 元，材料均已验收入库，货款尚未支付。

对发生的该交易或事项，企业应编制会计分录如下：

借：原材料——甲材料　　4 000
　　　　　——乙材料　　15 000
　贷：应付账款——A 工厂　　19 000

3. 1 月 20 日，以银行存款偿付前欠 A 工厂的货款 20 000 元，B 工厂货款 30 000 元。

对发生的该交易或事项，企业应编制会计分录如下：

借：应付账款——A 工厂　　20 000
　　　　　　——B 工厂　　30 000
　贷：银行存款　　50 000

4. 1 月 26 日，生产车间为生产某产品从仓库领用甲材料 1 000 千克，金额为 10 000 元；领用乙材料 100 吨，金额为 30 000 元。

对发生的该交易或事项，企业应编制会计分录如下：

借：生产成本——某产品　　40 000
　贷：原材料——甲材料　　10 000
　　　　　　——乙材料　　30 000

根据平行登记的要求，将上述交易或事项在“原材料”和“应付账款”总账账户及其所属的明细账户中进行登记。平行登记结果如图 6-19~图 6-24 所示。

总账账户

账户名称：原材料

2018 年		凭证号数	摘　要	借方（元）	贷方（元）	借或贷	余额（元）
月	日						
1	1		期初余额			借	35 000
	9	（1）	购入材料	35 000		借	70 000
	12	（2）	购入材料	19 000		借	89 000
	26	（4）	领用材料		40 000	借	49 000

图 6-19　原材料总账

总账账户

账户名称：应付账款

2018年		凭证号数	摘　要	借方（元）	贷方（元）	借或贷	余额（元）
月	日						
1	1		期初余额			贷	10 000
	9	（1）	购料欠款		35 000	贷	45 000
	12	（2）	购料欠款		19 000	贷	64 000
	20	（3）	归还欠款	50 000		贷	14 000

图 6-20　应付账款

原材料明细账

账户名称：甲材料　　计量单位：千克　　金额单位：元

2018年		凭证号数	摘　要	收　入			发　出			结　存		
月	日			数量	单价	金额	数量	单价	金额	数量	单价	金额
1	1		期初余额							2 000	10	20 000
	9	（1）	购进	500	10	5 000				2 500	10	25 000
	12	（2）	购进	400	10	4 000				2 900	10	29 000
	26	（4）	生产领用				1 000	10	10 000	1 900	10	19 000
			本月合计	900	10	9 000	1 000	10	10 000	1 900	10	19 000

图 6-21　原材料——甲材料明细账

原材料明细账

账户名称：乙材料　　计量单位：吨　　金额单位：元

2018年		凭证号数	摘　要	收　入			发　出			结　存		
月	日			数量	单价	金额	数量	单价	金额	数量	单价	金额
1	1		期初余额							50	300	15 000
	9	（1）	购进	100	300	30 000				150	300	45 000
	12	（2）	购进	50	300	15 000				200	300	60 000
	26	（4）	生产领用				100	300	30 000	100	300	30 000
			本月合计	150	300	45 000	100	300	30 000	100	300	30 000

图 6-22　原材料——乙材料明细账

应付账款明细账

账户名称：A 工厂

2018 年		凭证号数	摘　要	借方（元）	贷方（元）	借或贷	余额（元）
月	日						
1	1		期初余额			贷	6 000
	9	（1）	购料欠款		5 000	贷	11 000
	12	（2）	购料欠款		19 000	贷	30 000
	20	（3）	归还欠款	20 000		贷	10 000

图 6-23　应付账款——A 工厂

应付账款明细账

账户名称：B 工厂

2018 年		凭证号数	摘　要	借方（元）	贷方（元）	借或贷	余额（元）
月	日						
1	1		期初余额			贷	4 000
	9	（1）	购料欠款		30 000	贷	34 000
	20	（3）	归还欠款	30 000		贷	4 000

图 6-24　应付账款——B 工厂

知识链接

总账和明细账的平行登记，其必然结果是“四个相等”

（1）总账的期初余额与其所属明细账期初余额合计数相等。

（2）总账的期末余额与其所属明细账期末余额合计数相等。

（3）总账的本期借方发生额与其所属明细账户的本期借方发生额合计数相等。

（4）总账的本期贷方发生额与其所属明细账户的本期贷方发生额合计数相等。

为什么？

（1）所谓总账与明细账的平行登记，是指对所发生的每项经济业务事项，都要以会计凭证为依据，以相等的金额一方面记入有关总账，另一方面记入有关总账所属的明细账的方法。

（2）平行登记的要求是：依据（登记所依据的凭证）相同，方向（登记的借贷方向）相同，期间（指同一会计期间，非同一天）相同，金额相等。

（3）总账提供的总括核算资料是对有关明细账的资料的综合，起到统驭的作用；明细账所提供的资料是对其总账资料的具体化，是对总账的补充说明。

由于发生的每一笔相关业务都是根据同一张凭证在总账和其所属明细账中进行平行登记，所反映的经济内容是相同的，每一项记录都是方向相同、金额相等，其总金额必然相等。

（4）在期末可以根据以上的等式关系编制"总账与明细账户发生额及余额对照表"，对总账与其所属明细账进行核对和检查，以便发现和纠正错误。

知识拓展

记账规则

1．登记账簿的依据

为了保证账簿记录的真实、正确，必须根据审核无误的会计凭证登账。各单位每天发生的各种经济业务，都要记账，记账的依据是会计凭证。

2．登记账簿的时间

各种账簿应当每隔多长时间登记一次，没有统一规定。但是，一般的原则是：总分类账要按照单位所采用的会计核算形式及时登账；各种明细分类账，要根据原始凭证、原始凭证汇总表和记账凭证每天进行登记，也可以定期（三天或五天）登记。但是现金日记账和银行存款日记账，应当根据办理完毕的收付款凭证，随时逐笔顺序进行登记，最少每天登记一次。

3．登记账簿的规范要求

（1）登记账簿时，应当将会计凭证日期、编号、业务内容摘要、金额和其他有关资料逐项记入账内，同时记账人员要在记账凭证上签名或者盖章，并注明已经登账的符号（如打"√"），防止漏记、重记和错记情况的发生。

（2）各种账簿要按账页顺序连续登记，不得跳行、隔页。如发生跳行、隔页，应将空行、空页画线注销，或注明"此行空白"或"此页空白"字样，并由记账人员签名或盖章。

（3）登记账簿时，要用蓝黑墨水或者碳素墨水书写。不得用圆珠笔（银行的复写账簿除外）或者铅笔书写。红色墨水只能用于制度规定的"按红字冲账的记账凭证、在不设减少金额栏的多栏式账页中，登记减少数、在三栏式账户的余额栏前，如未印明余额方向的，在余额栏内登记负数金额"等情况。

（4）记账要保持清晰、整洁，记账文字和数字要端正、清楚、书写规范，一般应占账簿格距的1/2，以便留有改错的空间。

（5）凡需结出余额的账户，应当定期结出余额。现金日记账和银行存款日记账必须每天结出余额。结出余额后，应在"借或贷"栏内写明"借"或"贷"的字样。没有余额的账户，应在该栏内写"平"字并在余额栏"元"位上用"0"表示。

（6）每登记满一张账页结转下页时，应当结出本页合计数和余额，写在本页最后一行和下页第一行有关栏内，并在本页的摘要栏内注明"转后页"字样，在次页的摘要栏内注明"承前页"字样。

想一想

为什么账簿记录错误不准涂改、挖补、刮擦？

《会计基础工作规范》有明确规定：第六十二条 账簿记录发生错误，不准涂改、挖补、刮擦或者用药水消除字迹，不准重新抄写，必须按照下列方法进行更正。

请问：这是为什么？

任务三　会计账簿管理

【任务描述】

依据会计凭证登记会计账簿后，需要定期或不定期进行对账，对账的目的是确保账证相符、账账相符和账实相符。在对账的基础上月末、季末、年末需要办理结账。账簿的登记过程中难免会发生错误，发生差错懂得用科学方法查找，懂得用规定方法更正。另外，每年初需要更换账簿，更换下来的账簿应按规定的妥善保管。

【任务分析】

通过本任务的学习，要求学生学习对账的内容和对账的方法，掌握月季年末结账的方法，掌握差错查找的方法，掌握错账更正的方法，掌握会计账簿更换的方法，懂得会计账簿的保管。

【知识准备与应用】

一、对账与结账

（一）对账

1. 对账的概念

对账就是核对账目，是对账簿记录所进行的核对工作。

通过对账可以及时发现记账过程中的错误，以保证账簿记录的真实、完整和正确，为期末编制会计报表提供可靠的依据。

2. 对账的内容

对账一般可以分为账证核对、账账核对和账实核对。

（1）账证核对。

账簿是根据经过审核之后的会计凭证登记的，但实际工作中仍有可能发生账证不符的情况，记账后，应将账簿记录与会计凭证核对，核对账簿记录与原始凭证、记账凭证的时间、凭证字号、内容、金额等是否一致，记账方向是否相符，做到账证相符。这种核对一般是在日常编制凭证和记账过程中进行，以检查所记账目是否正确。

会计期末，如果发现账实不符，应当重新进行账证核对，但这时的账证核对是通过试算平衡发现记账错误之后，再按一定的线索进行。

（2）账账核对。

账账核对是指核对不同会计账簿之间的账簿记录是否相符。内容主要包括：

① 总分类账之间的核对。即核对所有总分类账账户借方发生额合计与贷方发生额合计是否相符；所有总分类账账户借方余额合计与贷方余额合计是否相符。

② 总分类账簿与所属明细分类账簿之间的核对。即核对总分类账账户余额合计与其所属明细分类账账户余额合计是否相符。

③ 总分类账簿与序时账簿之间的核对。即核对现金日记账和银行存款日记账的余额与其总分类账账户余额是否相符。

④ 明细分类账之间的核对。即会计部门核对有关财产物资明细分类账余额与财产物

资保管、使用部门的有关明细分类账余额是否相符。

（3）账实核对。

账实核对就是各项财产物资、债权债务等账面余额与实有数额之间的核对。账实核对的内容主要包括：

① 现金日记账账面余额与库存现金数额是否相符。

② 银行存款日记账账面余额与银行对账单的余额是否相符。

③ 各项财产物资明细账账面余额与财产物资的实有数额定期核对是否相符。

④ 有关债权债务明细账账面余额与对方单位的账面记录是否相符。

造成账实不符的原因是多方面的，如财产物资保管过程中发生的自然损耗；财产收发过程中由于计量或检验不准，造成多收或少收的差错；由于管理不善、制度不严造成的财产损坏、丢失、被盗；在账簿记录中发生的重记、 漏记、错记；由于有关凭证未到，形成未达账项，造成结算双方账实不符；发生意外灾害等。因此，各单位一般需要通过定期的财产清查来弥补这方面的漏洞，保证会计信息的真实、可靠，提高会计主体的管理水平。

（二）结账

1. 结账的概念

结账是一项将账簿记录定期结算清楚的财务工作，就是把一定时期内全部经济业务登记入账之后，结算出各个账户的本期发生额及期末余额，并将期末余额转入下期或下年新账。在一定时期结束时（如月末、季末或年末），为了编制财务报表，需要进行结账，具体包括月结、季结和年结。结账的内容通常包括两个方面：一是结清各种损益类账户，并据以计算确定本期利润； 二是结清各资产、负债和所有者权益账户，分别结出本期发生额合计和余额。

2. 结账的程序

（1）结账前，将本期发生的经济业务全部登记入账，并保证其正确性。对于发现的错误，应采用适当的方法进行更正。

（2）在本期经济业务全面入账的基础上，根据权责发生制的要求，调整有关账项，合理确定本期应计的收入和应计的费用。

（3）应计收入和应计费用的调整。应计收入是指那些已在本期实现、因款项未收而未登记入账的收入。企业发生的应计收入，主要是指本期已经发生且符合收入确认标准，但尚未收到相应款项的商品或劳务。对于这类调整事项，应确认为本期收入，借记“应收账款”等账户，贷记“主营业务收入”等账户；待以后收妥款项时，借记“库存现金”“应收账款”等账户，贷记 “主营业务收入”等账户；待以后收妥款项时，借记“库存现金”“银行存款”等账户，贷记“应收账款”等账户。应计费用是指那些已在本期发生、因款项未付而未登记入账的费用。企业发生的应计费用，本期已经受益，如应付未付的借款利息等。由于这些费用已经发生，应当在本期确认为费用，借记“管理费用”“财务费用”等账户，贷记“银行存款”“应付利息”等账户；待以后支付款项时，借记“应付利息”等账户，贷记“银行存款”“库存现金”等账户。

（4）收入分摊和成本分摊的调整。收入分摊是指企业已经收取有关款项，但未完成全部完成销售商品或提供劳务，需在期末按本期已完成的比例，分摊确认本期已实现收入的金额，并调整以前预收款项时形成的负债，如企业销售商品预收定金、提供劳务预收佣金。在收到预收款项时，应借记“银行存款”等账户，贷记“预收账款”等账户；在以后根据销售商品或提供劳务确认当期收入时，进行期末账项调整，借记“预收账款”等账户，贷记“主 营业务收入”等账户。成本分摊是指将这些支出在其收益的会计期间进行分配。如企业已经支出，但应由本期和以后各期期末进行账项调整时，借记“制造费用”等账户，贷记“预付账款”等账户。

（5）将各损益类账户余额全部转入“本年利润”账户，结平所有损益类账户。

（6）结算出资产、负债和所有者权益账户的本期发生额和余额，并结转下期。

完成上述工作后，就可以根据总分类账和明细分类账的本期发生额和期末余额的记录，分别进行试算平衡。

3. 结账的方法

结账方法的要点主要包括：

（1）对不需按月结计本期发生额的账户，如各项应收应付款明细账和各项财产物资明细账等，每次记账以后，都要随时结出余额，每月最后一笔余额就是月末余额。月末结账时，只要在最后一笔经济业务之下通栏画单红线，不需要再结计一次余额。

（2）库存现金、银行存款日记账和需要按月结计发生额的收入、费用等明细账，每月结账时，要在最后一笔经济业务记录下通栏画单红线，结出本月发生额和余额，在摘要栏注明“本月合计”字样，并在下面画通栏单红线。

（3）需要结计本年累计发生额的某些明细账户，每月结账时，应在“本月合计”行下结出自年初起至本月末止的累计发生额，登记在月份发生额下面，在摘要栏内注明“本年累计”字样，并在下面通栏画单红线，12 月末的“本年累计”就是全年累计发生额，全年累计发生额下面通栏画双红线。

（4）总账账户平时只需结出月末余额，年终结账时，为了总括地反映全年各项资金运动情况的全貌，核对账目，要将所有总账账户结出全年发生额和年末余额，在摘要栏内注明“本年合计”字样，并在合计数下通栏画双红线。

（5）年度终了结账时，有余额的账户，要将其余额结转下年，并在摘要栏注明“结转下年”字样；在一下会计年度新建有关会计账户的第一行余额栏内填写上年结转的余额，并在摘要栏注明“上年结转”字样，使年末有余额的账户余额如实地在账户中加以反映，以免混淆有余额的账户和无余额的账户。

二、错账查找与更正方法

（一）错账查找的方法

在记账过程中，可能发生各种各样的差错。产生差错的原因可能是重记、漏记、数字颠倒、数字错位、数字记错、科目记错、借贷方向记反，从而影响会计信息的正确性，如发现差错，会计人员应及时查找并予以更正。错账查找的主要方法如下。

1. 差数法

差数法是指按照错账的差数查找错账的方法。在记账过程中只登记了会计分录的借方或贷方，漏记了另一方，从而形成试算平衡中借方合计数与贷方合计数不等。如借方金额遗漏，会使该金额在贷方超出；贷方金额遗漏，会使该金额在借方超出；对于这样的错差，可由会计人员通过回忆与相关金额的记录核对来查找。例如若借方漏记 400 000，则借方合计 295 000；贷方合计 695 000，双方差额为 400 000，即可根据 400 000 这个数字直接查找错账。

2. 尾数法

尾数法是指对于发生的差错只查找末尾数，以提高差错效率的方法。这种方法适合于借贷金额其他位数一致，而只有末位数出现差错的情况。

3. 除 2 法

除 2 法是指将差数除以 2 来查找错账的方法。当某个借方金额错记入贷方（或相反）时，出现错账的差数表现为错误的 2 倍，将差数用 2 去除，得出的商即是反方向的金额。例如若借方 80 000 记入贷方。则借方合计 615 000；贷方合计 775 000，双方差额为 160 000 160 000 除以 2 得 80 000。即可根据 80 000 这个数字去查找错账。

4. 除 9 法

除 9 法是指以差数除以 9 来查找错账的方法。适用于以下三种情况。

（1）将数字写小。

（2）将数字写大。

（3）邻数颠倒。

例如若将 300 误记为 30，错误数字小于正确数字 9 倍。错位的差数是 300–30=270，用 270 除以 9 等于 30。则 30 为错位数，扩大 10 倍后即可得出正确的数字 300。若将 40 写成了 400，错误数字大于正确数字 9 倍。错位的差数是 400–40=360，用 360 除以 9 等于 40，则 40 元为正确的数字。若将 8 714 元误记为 8 174 元，其差数 8 714–8 174=540（元），将 540 除以 9 等于 60，这表明发生数字颠倒在十位与百位之间。根据商数的首位是 6，则可判断颠倒的两个数字差异是 6，这样在账簿记录中就可查找百位数与十位数之间的数字：1 与 7，2 与 8，3 与 9，即查找 17、28、39 中的哪一个数字颠倒了，当查到 17 这个数字时，就可结合该项业务的会计凭证，核对其是否将 8 714 误记成 8 174。

（二）错账更正方法

在记账过程中，可能由于种种原因会使账簿记录发生错误。对于发生的账簿记录错误，应该采用正确、规范的方法予以更正，不得涂改、挖补、刮擦或者用药水消除字迹，不得重新抄写。错账的更正方法一般有画线更正法、红字更正法和补充登记法三种。

1. 画线更正法

在结账前发现账簿记录有文字或数字错误，而记账凭证没有错误，采用画线更正法。更正时，可在错误的文字或数字上画一条红线，在红线的上方填写正确的文字或数字，并由记账人员及会计机构负责人（会计主管人员）在更正处盖章，以明确责任。但应注意，更正时不得只画销错误数字，应将全部数字用红线画销，并保持原有数字清晰可辨，以便审查，对于文字错误，可只画销错误的部分。

【同步案例 6-2】 天水公司通过银行收大华公司前欠的货款 4 300 元。编制的会计分录和登记的账户如下：

借：银行存款　　　　4 300

　贷：应收账款——大华公司　　　　4 300

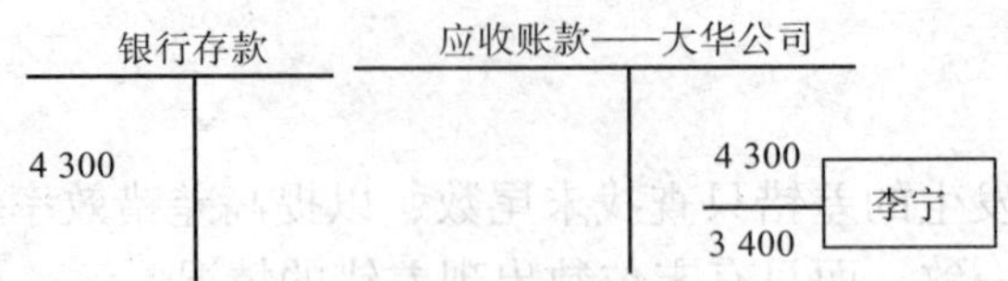

经查：发现记账凭证（会计分录）编制正确，在登记应收账款时发生了错误。

此错误适用画线更正法，更正如上。

2. 红字更正法

红字更正发，适用于以下两种情况。

（1）记账后发现记账凭证中应借、应贷会计科目有错误，从而引起记账错误，采用红字更正法。更正的方法是：用红字填写一张与原记账凭证完全相同的记账凭证，在摘要栏内写明"注销某月某日某号凭证"，并据以红字登记入账，以示注销原记账凭证，然后用蓝字填写一张正确的记账凭证，并据以蓝字登记入账。

【同步案例 6-3】 天水公司生产车间从仓库领用一批材料 2 500 元。编制的会计分录如下，并已登记入账。

借：管理费用　　2 500

　贷：原材料　　2 500

企业在对账时发现原来的记账凭证（会计分录）科目用错。

此错误适用红字更正法，更正如下：

首先填一张红字金额的记账凭证，并登记入账，冲销原错误。

借：管理费用　　2 500

　贷：原材料　　2 500

其次填一张正确的记账凭证，并登记入账即可。

借：制造费用　　2 500

　贷：原材料　　2 500

（2）记账后发现记账凭证和账簿记录中应借、应贷会计科目无误，只是所记金额大于应计金额，从而引起记账错误，采用红字更正法。更正的方法是：按多记的金额用红字编制一张与原记账凭证应借、应贷科目完全相同的记账凭证，在摘要栏内写明"冲销某月某日第*号记账凭证多记金额"以冲销多记的金额，并据以红字登记入账。

【同步案例 6-4】 假定天水公司生产车间从仓库领用一批材料 2 500 元。编制的会计分录如下，并已登记入账。

借：制造费用　　25 000

　贷：原材料　　25 000

企业对账时发现原来编制的记账凭证金额多记了。

此错误适用红字更正法，将多记的金额冲销，编制记账凭证并登记入账。

借：制造费用　　2 500

　贷：原材料　　2 500

3. 补充登记法

记账后发现记账凭证和账簿记录中应借、应贷会计科目无误，只是所记金额小于应计金额时，采用补充登记法。更正的方法是：按少记的金额用蓝字编制一张与原记账凭证应借、应贷账户完全相同的记账凭证，在摘要栏内写明“补记某月某日第*号记账凭证少记金额”以补充少记的金额，并据以蓝字登记入账。

【同步案例 6-5】 假定天水公司生产车间从仓库领用一批材料 2 500 元。编制的会计分录如下，并已登记入账。

借：制造费用　　250

　贷：原材料　　250

企业对账时发现原来编制的记账凭证金额少记了。

此错误适用补充登记法，将少记的金额补记，编制记账凭证并登记入账。

更正如下：　借：制造费用　　2 250

　　　　　　　贷：原材料　　2 250

三、会计账簿的更换与保管

（一）会计账簿的更换

会计账簿的更换通常在新会计年度建账时进行。总账、日记账和多数明细账应每年更换一次。在更换新账时，应将各账户的余额结转到新账簿第一行的余额栏内，并注明方向，同时在摘要栏内注明“上年结转”字样。变动较小的明细账，如固定资产卡片及备查簿可以连续使用，不必每年更换。但“摘要”栏内，要加盖“结转下年”戳记，以划分新旧年度之间的金额。新旧账簿有关账户之间的结转余额，无须编制记账凭证。

（二）会计账簿的保管

年度终了，各种账户在结转下年、建立新账后，一般都要把旧账送交总账会计集中统一管理。会计账簿暂由本单位财务会计部门保管 1 年，期满之后，由财务会计部门编造清册移交本单位的档案部门保管。保管期满，一定要按规定的审批程序，报经批准后方可销毁。

知识链接

会计账簿保管期限

序　号	账簿名称	保管期限	备　注
1	总账	30 年	包括日记总账
2	明细账	30 年	
3	日记账	30 年	
4	固定资产卡片	报废清查后保管 5 年	
5	辅助账簿	30 年	

会计工作中常见的差错类型有哪些？

会计工作中，经常遇到的差错种类很多，其主要表现在：记账凭证汇总表不平，总分类账不平，各明细分类账户的余额之和不等于总分类账有关账户的余额；银行存款账户调整后的余额与银行对账单不符等。在实际工作中常见的记录错误主要有以下三种。

（1）会计原理、原则运用错误。

这种错误的出现是指在会计凭证的填制、会计科目的设置、会计核算形式的选用、会计处理程序的设计等会计核算的各个环节出现不符合会计原理、原则、准则规定的错误。例如，对规定的会计科目不设，不应设立的却乱设，导致资产、负债、所有者权益不真实；对现行财务制度规定的开支范围、标准执行不严等。

（2）记账错误。

主要表现为漏记、重记、错记三种。错记又表现为错记了会计科目。错记了记账方向，错用了记账墨水（蓝黑墨水误用红水，或红水误用蓝黑墨水），错记了金额等。

（3）计算错误。

主要表现为运用计算公式错误；选择计算方法错误；选定计量单位错误，等等。

 **想一想**

会计电算化后是否需要保留手工账簿？

每个月编制记账凭证分录，然后将分录录入电算化系统，记账和汇总是系统自动完成的，需要做的是录入凭证后审核、打印，然后在系统自动记账和汇总后，编制财务报表，好的财务软件可以自动出具财务报表，只要审核正确性并做适当分析即可。

项目总结

设置会计账簿，要求学生了解会计账簿的概念与作用、会计账簿的基本内容、账簿的种类，掌握会计账簿的设置和启用，掌握会计账簿的登记要求和登记方法，掌握对账和结账、错账查找与更正等。通过学习要求学生掌握本项目的知识点与技能点如表 6-1 所示。

表 6-1 设置会计账簿的知识点与技能点

设置会计账簿	一、认知会计账簿	（一）会计账簿的概念与作用 （二）会计账簿的基本内容 （三）会计账簿与账户的关系 （四）会计账簿的种类

续表

设置会计账簿	二、设置与登记会计账簿	（一）会计账簿的设置 （二）会计账簿的启用 （三）会计账簿的登记要求 （四）日记账的格式和登记方法 （五）总分类账的格式和登记方法 （六）明细分类账的格式和登记方法 （七）总分类账户与明细分类账户的平行登记
	三、会计账簿的管理	（一）对账与结账 （二）错账的查找及更正方法 （三）会计账簿的更换与保管

项目训练

一、单项选择题

1．下列适合采用多栏式明细账格式核算的是（　　）。

A．原材料　　B．制造费用　　C．应付账款　　D．库存商品

2．下列各项中，适用于卡片账的是（　　）。

A．现金日记账　　B．总账　　C．银行日记账　　D．固定资产明细账

3．能够总括反映企业某一类经济业务增减变动的会计账簿是（　　）。

A．总分类账　　B．明细分类账　　C．备查账　　D．序时账

4．下列各账簿中，必须逐日逐笔登记的是（　　）。

A．库存现金总账　　B．银行存款日记账

C．库存商品明细账　　D．应付票据登记簿

5．总分类账户与其明细分类账户的主要区别在于（　　）。

A．记录经济业务的详细程度不同　　B．记账的依据不同

C．记账的方向不同　　D．记账的期间不同

6．下列不属于对账的是（　　）。

A．账簿记录与原始凭证之间的核对

B．总分类账簿与其所属明细分类账簿之间的核对

C．现金日记账的期末余额合计与现金总账期末余额的核对

D．财产物资明细账账面余额与财产物资实存数额的核对

7．采用补充登记法，是因为（　　）导致账簿错误。

A．记账凭证上会计科目错误

B．记账凭证上记账方向错误

C．记账凭证上会计科目或记账方向正确，所记金额大于应记金额

D．记账凭证上会计科目或记账方向正确，所记金额小于应记金额

8．更正错账时，画线更正法的适用范围是（　　）。

A．记账凭证上会计科目或记账方向错误，导致账簿记录错误

B．记账凭证正确，在记账时发生错误，导致账簿记录错误

C．记账凭证上会计科目或记账方向正确，所记金额大于应记金额，导致账簿记录错误

D．记账凭证上会计科目或记账方向正确，所记金额小于应记金额，导致账簿记录错误

9．结账时，应当画通栏双红线的是（　　）。

A．12月末结出全年累计发生额后　　B．各月末结出本年累计发生额后

C．结出本季累计发生额后　　D．结出当月发生额后

10．年度结账时，应在"本年累计"行下画（　　）。

A．通栏单红线　B．通栏双红线　C．半栏单红线　D．半栏双红线

二、多项选择题

1．会计账簿按其用途的不同，可以分为（　　）。

A．分类账簿　B．活页账簿　C．备查账簿　D．数量金额式账簿

2．会计账簿按账页格式的不同，可以分为（　　）。

A．两栏式账簿　B．多栏式账簿　C．备查账簿　D．数量金额式账簿

3．会计账簿按其外形特征的不同，可以分为（　　）。

A．备查账簿　B．订本账　C．活页账簿　D．数量金额式账簿

4．下列符合登记会计账簿基本要求的有（　　）。

A．文字和数字的书写应占格距的1/3

B．不得使用圆珠笔书写

C．应连续登记，不得跳行、隔页

D．无余额的账户，在"借或贷"栏内写"0"

5．下列账户的明细账账页格式应采用三栏式的有（　　）。

A．原材料　B．应交税费　C．应收账款　D．应付账款

6．总分类账与明细分类账的平行登记要点有（　　）。

A．依据相同　B．期间相同　C．金额相等　D．方向相同

7．有关总分类账户和明细分类账户的关系，下列表述中正确的有（　　）。

A．总分类账户对明细分类账户具有统御控制作用

B．明细分类账户对总分类账户具有补充说明作用

C．总分类账户与其所属明细分类账户在总金额上应当相等

D．总分类账户与明细分类账户提供信息的详细程度不同

8．会计账簿中，下列情况中，（　　）可以用红色墨水记账。

A．按照红字冲账的记账凭证，冲销错误记录

B．在不设借贷等栏的多栏式账页中，登记减少数

C．在三栏式账户的余额栏前，如未印明余额的方向的（如借或贷），在余额栏内登记负数余额

D．会计制度中规定可以用红字登记的其他会计记录

9．可用于更正因记账凭证错误而导致账簿登记错误的错账更正方法有（　　）。

A．画线更正法　B．红字更正法　C．补充登记法　D．顺查法

10．下列（　　）属于账实核对的工作内容。

A．现金日记账的账面余额与实际库存数核对

B．银行存款日记账账面余额与银行对账单核对

C．各种债权、债务明细账账面余额与有关单位（或个人）核对

D．各种财产物资实有数与相应明细账核对

11．结账时，正确的做法有（　　）。

A．结出当月发生额的，在“本月合计”下面通栏画单红线

B．每月结账时，结出本年累计发生额的，在“本年累计”下面通栏画单红线

C．12月末，结出全年累计发生额的，在下面通栏画单红线

D．12月末，结出全年累计发生额的，在下面通栏画双红线

三、判断题

1．账簿中的每一账页是账户的存在形式和载体，而账户是账簿的具体内容，因此，账户与账簿的关系是形式与内容的关系。（　　）

2．为便于管理，“应收账款”“应付账款”的明细账必须采用多栏式明细分类账格式。（　　）

3．三栏式账簿是指具有日期、摘要、金额三个栏目格式的账簿。（　　）

4．凡是明细账都使用活页式账簿，以便于根据实际需要，随时添加空白账页。（　　）

5．启用订本式账簿，除在账簿扉页填列“账簿启用和经管人员一览表”外，还应从第一页到最后一页顺序编定页数，不得跳页缺号。（　　）

6．银行存款日记账是由出纳人员根据审核后的收款凭证、付款凭证逐日逐笔序时登记的账簿。（　　）

7．在会计核算中，既要求进行金额核算，又要求进行实物数量核算的各种财产物资，应使用数量金额式明细分类账。（　　）

8．使用活页式账页，应按账户顺序编号，并定期装订成册。已装订成册的活页账，应按实际使用的账页顺序编写页数。（　　）

9．备查账簿也称辅助账簿，是指对总账中未记录或记录不全的经济业务进行补充登记的账簿。（　　）

10．只需按月结计本期发生额，但不需结计本年累计发生额的账户，月末结账时，只需在最后一笔经济业务事项记录之下通栏画单红线，不需要再结计一次余额。（　　）

四、简答题

1．什么是账簿？会计账簿按用途可分为哪几种？

2．账簿按外表形态可分为哪几种？各适用于哪些账簿？

3．会计账簿登记有哪些基本要求？

4．什么是平行登记？平行登记的要点是什么？

5．什么是对账？什么是结账？对账主要包括哪些内容？

6．错账更正方法有哪几种？分别适用于哪些错账？

五、实训题

实训一、练习现金和银行存款日记账的登记

资料：

（一）长发公司 2018 年 1 月期初余额：库存现金 6 000 元，银行存款 50 000 元

（二）本月发生下列货币资金收付业务：

1. 2 日，接银行收款通知，收到投资单位投入现金 80 000 元，存入银行。

2. 3 日，开出现金支票，从银行提取现金 600 元。

3. 4 日，采购员杨峰预借差旅费 400 元，以现金支付。

4. 6 日，接银行收款通知，南城工厂归还前欠货款 8 000 元，已存入银行存款户。

5. 10 日，开出付款凭证 3 000 元，以银行存款支付前欠滨海工厂材料款。

6. 12 日，接银行付款通知，支付本月管理大楼水电费 5 500 元。

7. 12 日，开出转账支票，通过银行以存款 1 900 元支付产品销售费用。

8. 13 日，出售 A 产品 500 件，货款 40 000 元，应交增值税 6 800 元，款已收到并存入银行。

9. 14 日，开出现金支票，从银行提取现金 9 000 元，准备发放本月职工工资。

10. 15 日，以现金 9 000 元发放本月职工工资。

11. 16 日，接银行收款通知，黄河工厂前欠 A 产品货款 28 000 元已收到，存入银行。

12. 21 日，开出付款凭证 15 000 元，以银行存款偿还前欠滨海工厂材料款。

13. 22 日，向银行申请取得短期银行借款 15 000 元，存入银行。

14. 26 日，以现金 385 元支付违约金。

15. 26 日，采购员杨峰报销差旅费，交回现金 30 元。

16. 27 日，接银行支付到期的商业承兑汇票通知，支付票款 10 000 元。

17. 28 日，以前月份销售产品，收到华东工厂的商业汇票到期，票面金额 30 000 元，银行通知已收款并存入银行。

18. 28 日，行政部门购买办公用品 230 元，以现金支付。

19. 29 日，接银行通知，收到国家投资 100 000 元，存入银行。

20. 31 日，开出付款凭证 3 800 元，以银行存款解交本月所得税。

要求：

1. 根据上述经济业务编制通用式记账凭证。

2. 根据期初余额和编制的记账凭证，开设并登记“库存现金”和“银行存款”日记账。

实训二、练习总分类账与明细分类账的登记

资料：

（一）长发公司 2018 年 3 月 1 日，“库存商品”与“应收账款”总账和明细期初余额如下：

账户名称	产品名称	数量	单价（元）	金额（元）	账户名称	供应单位	金额（元）
库存商品	甲产品	1 000 件	50	50 000	应收账款	立明公司	18 000
	乙产品	800 件	30	24 000		方兴工厂	26 000
						大宇工厂	6 000
合　计				74 000			50 000

（二）该公司 2018 年 3 月发生下列相关经济业务：

1．5 日，收到大宇工厂汇来前欠货款 4 000 元，存入银行。

2．10 日，向方兴工厂销售乙产品 400 件，每件售价 50 元，成本 30 元，增值税率 17%，货款及税款尚未收到。同时结转成本。

3．16 日，收到立明公司汇来前欠货款 10 000 元，存入银行。

4．20 日，向大宇工厂销售甲产品 100 件，每件售价 80 元，成本 50 元，增值税率 17%，收到货款及税款 5 000 元存入银行，其余尚欠。同时结转成本。

5．22 日，收到方兴工厂签发的转账支票一张，用于偿还前欠的货款 20 000 元。

6．30 日，本月生产的产品完工验收入库。其中，甲产品 300 件，单位成本 50 元；乙产品 200 件，单位成本 30 元。

要求：

1．根据发生的经济业务编制通用式记账凭证。

2．根据“库存商品”“应收账款”总账和明细账期初余额开设“库存商品”“应收账款”总账和明细账并记入期初余额。

3．根据编制的记账凭证登记“库存商品”“应收账款”总账和明细账。

4．检查账簿记录的正确性。

实训三、练习错账更正的方法

资料：

长发公司 2018 年 6 月末在进行账证核对时发现下列问题：

1．开出转账支票 2 000 元，支付生产车间修理费。原记账凭证编制为：

借：制造费用　　2 000

　贷：银行存款　　2 000

并已登记入账。

2．用现金支付行政部门办公用品费 269 元。原记账凭证编制为：

借：管理费用　　269

　贷：库存现金　　269

记账时，在“库存现金”日记账中登记为：296 元。

3．预付供货单位货款 42 000 元。原记账凭证编制为：

借：预付账款　　24 000

　贷：银行存款　　24 000

并已登记入账。

4．采购员张伟出差借支现金 5 000 元。原记账凭证编制为：

借：其他应收款　　5 000

贷：库存现金　　　　　　　　　　　　　　　　　　　5 000

记账员在登记“其他应收款”明细账时，误记为 500 元。

5．车间一般消耗领用材料 3 270 元。原记账凭证编制为：

借：制造费用　　　　　　　　　　　　　　　3 720

贷：原材料　　　　　　　　　　　　　　　　　　　3 720

并登记入账。

6．收回某公司前款的货款 3 500 元存入银行。原记账凭证编制为：

借：银行存款　　　　　　　　　　　　　　　3 500

贷：主营业务收入　　　　　　　　　　　　　　　　3 500

并登记入账。

要求：

1．判断上述各项经济在账务处理是否存在错误？

2．如有错误，请说明是什么错误，并用规定的方法进行更正。

项目七 组织财产清查

学习目标

知识目标

- 了解财产清查的概念和意义
- 懂得财产清查的种类
- 懂得财产清查的制度
- 懂得财产清查的方法
- 熟悉未达账概念和内容

能力目标

- 掌握各种财产物资的清查方法
- 掌握货币资金和往来款项的清查方法
- 掌握企业与银行对账的方法和银行存款余额调节表的编制
- 掌握财产清查结果的账务处理方法

典型项目

原材料库存还有多少？

原材料是企业生产产品的主要材料，也是会计核算的重要内容。某一天负责生产的副厂长来到财务处，责问财务处长，你们财务部门怎么进行会计核算的？为什么我们到仓库领不到生产需要的原材料？财务处长马上说，我们立即进行原材料清查，缺什么补什么，保证生产需要。

生产厂长走后，财务处长问负责原材料核算的张辉会计，原材料库存还有多少？张会计打开账簿回答，还有35万元。“为什么生产车间领不到原材料？你立即到仓库去清查，马上解决原材料供应问题。”张会计受命立即负责处理原材料问题。

任务提出：

1. 为什么账上有35万元的原材料而生产车间领不到原材料？
2. 35万元的原材料具体由哪些原材料组成？
3. 到仓库去清查原材料时，如何进行清查？
4. 清查后多余的原材料怎么处理？不足的原材料又如何处理？
5. 如果清查时出现账实不符，应该如何处理？

任务一　认知财产清查

【任务描述】

本任务介绍四部分内容，一是财产清查的意义，二是财产清查的分类，三是财务物资的盘存制度，四是财产清查的准备。

【任务分析】

通过本任务学习，要求学生了解为什么要进行财产清查，财产清查的概念和意义。明确财产清查的分类，懂得财产物资的盘存制度，掌握财产清查的准备工作。

【知识准备与应用】

一、财产清查的意义

（一）财产清查的概念

财产清查是指通过对货币资金、实物资产和往来款项的盘点或核对，确定其实存数，查明账存数与实存数是否相符的一种专门方法。

（二）造成账实不符的原因

（1）在收发财产物资时，由于计量、检验不准确而发生品种、数量或质量上的差错。

（2）账务处理中出现漏记、重记、错记或计算上的错误。

（3）财产物资在保管过程中发生自然损耗。

（4）未达账项。

（5）由于管理不善、工作人员失职，以及不法分子的营私舞弊、贪污失职。

（6）发生自然灾害和意外事故，导致财产物资毁损。

（三）财产清查的意义

做好财产清查工作，对于加强企业管理、充分发挥会计的监督作用具有重要意义。财产清查的意义主要包括以下方面。

（1）通过财产清查，可以查明各项财产物资的实有数量，确定实有数量与账面数量之间的差异，查明原因和责任，以便采取有效措施，消除差异，改进工作，从而保证账实相符，提高会计资料的准确性，为经济管理提供可靠的数据资料。

（2）通过财产清查，可以查明各项财产物资的保管情况是否良好，有无因管理不善，造成霉烂、变质、损失浪费，或者被非法挪用、贪污盗窃的情况，以便采取有效措施，改善管理，切实保障各项财产物资的安全完整。

（3）通过财产清查，可以查明各项财产物资的库存和使用情况，合理安排生产经营活动，充分利用各项财产物资，加速资金周转，提高资金使用效益。通过财产清查，可以查明财产物资的储备和利用情况。对储备不足的，应设法补充，保证生产需要；对积压、呆滞的，应及时处理，避免损失和浪费，以便充分发挥财产物资的潜力，提高其使用效能。

二、财产清查的种类

财产清查按照清查范围，可分为全面清查和局部清查；按照财产清查的时间，可分为定期清查和不定期清查；财产清查按其执行单位，可分为内部清查和外部清查。

（一）按照清查范围分类

1. 全面清查

全面清查又称为整体清查，是对企业所有财产进行全面清查、盘点和核对。在年终决算之前，应进行一次全面清查，以明确经济责任，摸清家底，保证生产的正常需要。

全面清查的对象：（1）各种货币资金，包括现金、银行存款、股票以及债券等有价证券；（2）各种存货及实物资产，包括固定资产、机器设备、房屋及建筑物、材料、在途材料、在途物资、库存商品、在产品、半成品、低值易耗品等；（3）债权、债务、应收款项、应付款项，包括银行借款、应收账款、应付账款、票据、税金等；（4）委托加工商品、物资、委托代销的各种财产物资。

全面清查涉及的内容多，工作量大，范围广，清查费用相应较高，一般只在以下几种情况下进行：（1）年终决算，编制年度会计报表前；（2）企业撤销、合并、分立或发生隶属改变关系时，以明确经济责任；（3）企业清产核资或进行资产评估时，以摸清家底；（4）企业发生其他重大体制变更或改制时。

2. 局部清查

局部清查也称为重点清查，是根据需要只对财产中某些重点部分进行的清查。这种清查有的要求定期进行，也有不定期进行的。通常，企业需要对那些流动性比较大的财产物资按制度规定和实际需要进行局部清查。如库存现金应每日进行清查，于每日终了清点库存，并与现金日记账进行核对；银行存款至少每月清查一次；原材料、产成品、库存商品等根据制度规定，除年终进行清查盘点外，月末、季末也需要进行清查盘点；实物负责人、保管员易岗交接时，也需要对库存商品、材料、物资等进行盘点。

（二）按照清查的时间分类

1. 定期清查

定期清查是指根据事先计划安排的时间对财产进行的盘点和核对。定期清查一般在年末、季末、月末进行。通过定期清查，可以在编制财务报表前发现账实不符的情况，据以调查有关账簿记录，使账实相符，从而可以保证会计资料的真实性，定期清查的对象不定，可以是全面清查，也可以是局部清查。其清查的目的在于保证会计核算资料的真实、正确。

2. 不定期清查

不定期清查是事前不规定清查日期，而根据特殊需要临时进行的盘点或核对。不定期清查可以是全面清查,也可以是局部清查,应根据实际需要来确定清查的对象和范围。

需要进行不定期清查的主要有以下几种情况：（1）更换财产物资、库存现金保管人员时，以分清经济责任，便于办理交接手续；（2）发生自然灾害或意外损失时，要对受损失的财产进行清查，以查明损失情况；（3）上级主管、财政、审计、银行等部门对本单位进行会计检查时，应按检查的要求和范围对财产进行清查，以验证会计资料的可靠性。进行临时性清产核资时，要求对本单位的财产进行会计清查，以便摸清家底。

（三）按照清查的执行单位分类

1. 内部清查

内部清查，又称内部稽查，是由单位自行组织财产清查工作小组所进行的清查工作。大多数财产清查是内部清查。

2. 外部清查

外部清查，是由上级主管部门、审计机关、司法部门、注册会计师等根据国家有关规定或情况的需要所进行的清查。一般来讲，进行外部清查时应有本单位有关人员参加。

三、财产物资的盘存制度

常用的财产物资盘存制度有两种：一种是永续盘存制，另一种是实地盘存制。

（一）永续盘存制

永续盘存制：又称账面盘存制是指平时对各项财产物资的增加、减少、收入、发出都要根据会计凭证在账簿里作相应的连续记载，并且要求随时结出账面余额。账面余额的计算公式如下。

账面期末余额=账面期初余额+本期增加额−本期减少额

优点：可以随时解出账面结存数，便于随时掌握财产物资的占用情况及其动态。有利于加强对财产物资的管理。不足：账簿中记录的财产物资的增、减变动集结存情况都是根据有关会计凭证登记的，可能发生账实不符的情况。

采用永续盘存制需要对各项财产物资定期进行财产清查，以查明账实是否相符，以及账实不符的原因。

（二）实地盘存制

实地盘存制：平时只要求根据会计凭证在账簿中登记财产物资的增加数，不要求登记减少数，到月末时，各项财产物资进行盘点，根据实地盘点确定实存数，倒结出本月的财产物资的减少数。公式体现为：

本期减少数=账面期初余额+本期增加数−期末实际结存数

采用这种方法，工作简单、工作量小，但是各项财产物资的减少数没有严密的手续，不便于实行会计监督，倒挤出的各项财产物资的减少数中成分复杂，除了正常的耗用外，可能还有毁损的和丢失的，所以非特殊原因，一般情况不宜采用。

四、财产清查的一般程序

（1）建立财产清查组织。

（2）组织清查人员学习有关政策规定，掌握有关法律、法规和相关业务知识，以提高财产清查工作的质量。

（3）确定清查对象、范围，明确清查任务。

（4）制定清查方案，具体安排清查内容、时间、步骤、方法，以及必要的清查前准备。

（5）清查时本着先清查数量、核对有关账簿记录等，后认定质量的原则进行。

（6）填制盘存清单。

（7）根据盘存单填制实物、往来款项清查结果报告表。

知识链接

财产清查的具体内容

（1）货币资金的清查，包括现金、银行存款、其他货币资金的清查。

（2）存货的清查，包括各种材料、在产品、半成品、库存商品等的清查。

（3）固定资产的清查，包括房屋、建筑物、机器设备、工器具、运输工具等的清查。

（4）在建工程的清查，包括自营工程和出包工程的清查。

（5）对金融资产投资的清查，包括交易性金融资产、可供出售金融资产、持有至到期投资、长期股权投资等的清查。

（6）无形资产和其他资产的清查。

（7）应收、应付款项的清查，包括应收账款、其他应收款、应付账款和其他应付款等的清查。

知识拓展

关于成立资产清查领导小组的通知

杭环拱〔2016〕号

各科室：

为了规范和加强分局国有资产管理，落实《关于开展市本级行政事业单位国有资产清查工作的通知》（杭财资〔2016〕17 号）精神要求。经研究决定，成立拱墅环保分局资产清查工作领导小组。现将领导小组成员名单通知如下：

组 长：祝 斌　　　　副组长：王 勤 管丽莉

成 员：陈佩月 胡凌林 李峻雷 胡立伟

领导小组办公室设在分局办公室，负责领导小组日常工作。

特此通知

杭州市环境保护局拱墅环境保护分局

2016 年 6 月 1 日

想一想

企业财务负责人调离时必须进行财产清查吗

某单位财务部长由于家庭原因，调离本单位，企业领导人立即召集有关人员，成立财产清查领导小组，开展财产清查工作。

你认为有这个必要吗？

任务二 财产物资的清查

【任务描述】

财产物资的清查，主要包括“库存现金”“银行存款”“原材料”“固定资产”和“往来款项”。通过学习本任务要求学生了解清查的方法，掌握具体清查的技巧。

【任务分析】

通过本任务的学习，要求学生掌握“库存现金”盘点的方法，掌握企业与银行对账的方法和银行存款余额调节表的编制，掌握实物资产（原材料、固定资产）的特点方法，掌握往来款项清查的方法，掌握盘盈盘亏报告表的编制。

【知识准备与应用】

一、货币资金的清查方法

（一）库存现金的清查

库存现金的清查是采用实地盘点法确定库存现金的实存数，然后与现金日记账的账目余额相核对，确定账实是否相符。除现金出纳人员做到日清月结、账款相符外，单位还应组织清查人员对库存现金进行定期或不定期清查，确定库存现金的实存数，并且与库存现金日记账的账目余额核对，以查明账实是否相符和盈亏的情况。

现金清查一般由主管会计或财务负责人和出纳人员共同清点出各种面值钞票的张数和硬币的个数，并填写库存现金盘点表。

对库存现金进行盘点时，为了明确经济责任，出纳人员必须在场，有关业务必须在现金日记账中全部登记完毕。盘点时，一方面要注意账实是否相符，另一方面还要检查现金管理制度的遵守情况，有无超过现金库存限额，有无白条抵库即用不具有法律效力的借条、收据等抵充库存现金，有无挪用舞弊等情况。库存现金盘点结束后，根据盘点的结果及库存现金日记账核对的情况，应编制“库存现金盘点报告表”。库存现金盘点报告表作为重要的原始凭证，它既有确定实有数的作用，也具有实存账存对比表的作用，因此，应该严肃认真地填写。

“库存现金盘点报告表”应由盘点人和出纳员共同签章方能生效。“库存现金盘点报告表”的一般格式如表 7-1 所示。

表 7-1　库存现金盘点表

单位名称：　　　　年　月　日

实存金额	账存金额	对比结果		备　注
		盘　盈	盘　亏	

盘点人（签字）：　　　　出纳员（签字）：

（二）银行存款的清查

银行存款的清查与库存现金的清查方法不同，不是采用实地盘点法，而是采用与开户银行核对账目的方法进行的，也称对账单法。

银行存款清查的对账单法，是指本单位银行存款日记账的账簿记录与开户银行转来的对账单逐笔进行核对，以查明银行存款的实有数额。企业在采用账单法进行银行存款清查之前，应先检查本企业银行存款记录的完整性和余额；然后，将银行送来的对账单上所记录的银行存款收付记录与本企业银行存款日记账中登记的收付记录逐笔核对，查明银行存款的实有数额。银行存款的清查一般在月末进行。

1. 银行存款日记账与对账单不一致的原因

将截止到清查日所有银行存款的收付业务都登记入账后，对发生的错账、漏账应及时查清更正，再与银行的对账单逐笔核对。如果二者余额相符，通常说明没有错误；如果二者余额不相符，则可能是企业或银行一方或双方记账过程中有错误或者存在未达账项。

所谓未达账项，是指企业与银行之间，由于凭证传递上的时间差，一方已登记入账，而另一方因尚未接到凭证而未登记入账的款项。未达账项有以下四种情况。

（1）企业已收入账，银行尚未收款入账。

例如：企业将销售商品收到的转账支票存入银行，根据银行盖章退回的“进账单”回联已登记银行存款增加；而银行尚未登记入账。

（2）企业已付入账，银行尚未付款入账。

例如：企业开出一张转账支票购办公用品，企业根据支票存根、发货票及入库单等原始凭证，已记银行存款减少；而银行此时尚未收到付款凭证尚未登记减少。

（3）银行已收入账，企业尚未收款入账。

例如：外地某单位以汇兑方式支付企业销货款，银行收到汇款后已登记企业存款增加；而企业因未收到汇款凭证而尚未登记银行存款增加。

（4）银行已付入账，企业尚未付款入账。

例如：银行受委托代企业支付电费，银行已取得支付电费的凭证，已减少了企业的存款；而企业因未收到银行支付电费凭证而尚未登记银行存款减少。

上述任何一种未达账项的存在，都会使企业银行存款日记账账目余额与银行对账单余额不符。出现上述第（1）、（4）两种情况会使“企业银行存款日记账账目余额”大于“银行对账单余额”；出现上述第（2）、（3）两种情况，则会使“企业银行存款日记账账目余额”小于“银行对账单余额”。所以，出现日记账与银行对账不符时首先应查明是否存在未达账项，如果存在，就应该编制“银行存款余额调节表”，据以调节双方的账目余额，确定企业银行存款实有数。

2. 银行存款清查的步骤

银行存款的清查按以下 4 个步骤进行。

（1）根据经济业务、结算凭证的种类、号码和金额等资料逐日逐笔核对银行存款日记账和银行对账单。凡双方都有记录的，用铅笔在金额旁打上记号“√”。

（2）找出未达账项（银行存款日记账与银行对账单中没有打“√”的款项）。

（3）将银行存款日记账与银行对账单的月末余额及找出的未达账项填入“银行存款余额调节表”，并计算出调整后的余额。

（4）将调整平衡的“银行存款余额调节表”，经主管会签章后，承报开户银行。

凡有几个银行户头以及开设有外币存款户头的单位，应分别按存款户头开设“银行存款日记账”。每月月底，应分别将各户头“银行存款日记账”与各户头的“银行存款对账单”核对，并分别编制各户头的“银行存款余额调节表”。“银行存款余额调节表”是为了核对企业与其开户银行双方记录的企业银行存款账目余额而编制的，列示双方未达账项的一种表格。格式如表 7-2 所示。

表 7-2 银行存款余额调节表

年 月 日 单位：元

项 目	金 额	项 目	金 额
银行存款日记账余额		银行对账单余额	
加：银行已收、企业未收		加：企业已收、银行未收	
减：银行已付、企业未付		减：企业已付、银行未付	
调节后存款余额		调节后存款余额	

银行存款余额调节表的编制，是以双方账面余额为基础，各自分别加上对方已收款入账而自己这一方尚未入账的数额，减去对方已付款入账而自己这一方尚未入账的数额。其计算公式如下。

企业银行存款日记账余额+银行已收企业未收款−银行已付企业未付款=银行对账单存款余额+企业已收银行未收款−企业已付银行未付款

【同步案例 7-1】天水公司 2017 年 12 月 31 日银行存款日记账账面余额为 81 778 元，开户行送来的对账单所列本企业存款余额 89 332 元，经逐笔核对，发现未达账项如下：

（1）12 月 28 日，企业为支付职工的差旅费开出现金支票一张，计 11 220 元，持票人尚未到银行取款。

（2）12 月 29 日，企业收到购买单位转账支票一张，计 18 854 元，已开具送款单送存银行，但银行尚未入账。

（3）12 月 30 日，企业经济纠纷案败诉，银行代扣违约罚金 2 460 元，企业尚未接到通知而未入账。

（4）12 月 31 日，银行计算企业存款利息 17 648 元，已记入企业存款户，企业尚未接到通知而未入账。

根据以上未达账项编制“银行存款余额调节表”如表 7-3 所示。

表 7-3 银行存款余额调节表

2017 年 12 月 31 日 单位：元

项 目	金 额	项 目	金 额
银行存款日记账余额	81 778	银行对账单余额	89 332
加：银行已收、企业未收 （4）计算存款利息	17 648	加：企业已收、银行未收 （2）转账支票送存单	18 854
减：银行已付、企业未付 （3）代扣违约金	2 460	减：企业已付、银行未付 （1）职工现金支票	11 220
调节后存款余额	96 966	调节后存款余额	96 966

二、实物资产的清查方法

实物资产主要包括固定资产和各种不同形式的存货等。实物资产的清查就是对实物资产在数量和质量上所进行的清查。不同种类实物资产的实物形态、重量、体积、堆放的方式各不相同，清查的方法也各尽相同。实物资产清查时，实物资产的保管员必须在场，并可参加盘点工作。常用的清查方法主要包括以下两种。

1. 实地盘点法

实地盘点法是指在财产物资存放现场逐一清点数量或用计量仪器确定其实存数的一种方法。如以件或台为计量单位的产成品或机器设备，可以通过点数的方法确定实有数；又如以千克、吨等为计量单位的材料，则可以通过称重来确定其实有数。

这种方法适用范围较广，大多数财产物资的清查都使用该种方法，但是工作量大，如果事先能按照财产物资的实物形态进行科学地码放，有助于提高盘点的速度。

2. 技术推算法

技术推算法是指利用技术方法推算财产物资实存数的一种方法，又称估推法。该方法主要适应于那些大量成堆、廉价笨重且不能逐项清点的物资，如露天堆放的煤、砂石、焦炭等。但是用这种方法时，必须做到测定标准重量比较准确，整理后的形状符合规定要求。只有这样，计算出的实际数额才能接近实际。

无论采取何种方法对实物清查，都应按计划有步骤地进行，以免遗漏或重复。为了明确经济责任，各项财产物资盘点结果，应如实登记在“盘存单”上，并由盘点人员和实物保管人员同时签章，作为各项财产物资实存数额的书面证明。其格式如表7-4所示。

表7-4　实物资产盘点表

单位名称：

财产类别：　　　　编　　号：

盘存时间：　　　　存放地点：

序　号	实物名称	规格型号	计量单位	实存数量	单　价	金　额	备　注

盘点人：　　　　监盘人：　　　　保管人：

盘点结束后，将“盘存单”的实存数与账面结存数额核对。若发现某些财产物资账实不符，应填制“实存账存对比表”（也称“盘盈或盘亏报告表”），用以确定财产物资盘盈或盘亏的数额。实存账存对比表是财产清查的重要报表，是调整账簿记录的原始凭证，也是分析差异原因，明确经济责任的重要依据，应认真填报。其格式如表7-5所示。

表7-5　财产物资盘盈盘亏报告表

年　月　日

序号	实物名称	计量单位	单价	账面数量	盘存数量	盘盈		盘亏		说明
						数量	金额	数量	金额	

批准：　　　　审核：　　　　制表：

三、往来款项的清查方法

往来款项主要包括应收账款、应付账款、预收账款、预付账款等。为了保证往来款项的正确性，并促使及时清算，防止长期拖欠，应对往来款项及时清查。

往来款项的清查一般采取发函询证的方法进行核对，即派人或以通信的方式，向往来结算单位核实账目。清查单位应在其各种往来款项记录正确的基础上，按每一经济往来单位编制“往来款项对账单”一式两联，其中一联派人或发函送达对方核对账目，另一联作为回单联。对方单位经过核对相符后，在回单联上加盖公章退回，表示已经核对相符；如数字不符，对方单位应在回单联上注明情况并退回本单位，本单位进一步查明原因，再行核对。

核查过程中，如有未达账项，双方都应采用调节余额的方法，有必要的话，可编制应收款项或应付款项余额调节表。核对是否相符。往来款项清查以后，将清查结果编制“往来款项清查结果报告单”，填列各项债权、债务的余额。对于有争执的款项，以及无法收回的款项，应在报告单上详细列明情况，该归还的款项要及时主动归还；对有争议的账款要共同协商及时处理，不能协商解决的，可以通过法律途径或裁决；对确实无法收回或无法支付的款项应进行核销处理，但应在备查簿上进行记录。

“往来款项对账单”和”“往来款项清查结果报告单”的格式和内容如表 7-6~表 7-8 所示。

表 7-6 往来款项对账单对账联

往来款项对账单（对账联）
××单位： 你单位 2017 年 10 月 18 日在我公司购买甲产品 500 件，已付货款 20 000 元，尚有欠款 12000 元未付，请核对后将回单联寄回。 清查单位（盖章） 2017 年 12 月 15 日

表 7-7 往来款项对账单对账联

往来款项对账单（回单联）
××清查单位： 你单位寄来的“往来款项对账单”已收到，经核对正确无误。 ××单位（盖章） 2017 年 12 月 25 日

表 7-8 往来款项清查结果报告单

年 月 日 单位：元

总分类账户		明细分类账户		发生日期	对方结存	对比差异	差异原因及金额			备注
名称	金额	名称	金额				未达账项	争议款项	无法收回	

续表

总分类账户		明细分类账户		发生日期	对方结存	对比差异	差异原因及金额			备注
名　称	金　额	名　称	金　额				未达账项	争议款项	无法收回	

批准：　　　　　　　　　　　　　审核：　　　　　　　　　　　　　制表：

知识链接

库存现金盘点的技巧

（1）库存现金盘点应在事先不通知被审计单位相关人员的情况下突击进行。避免由于被审计单位相关人员了解到审计人员将要实施库存现金盘点，而早有防备，致使现金盘点达不到预期效果。

（2）实施盘点最佳时间应选择在营业前（上午上班）或营业终了（下午下班）后，这样既可避免打扰被审计单位正常的经营业务，又可防止被审计单位对盘点出的问题有这样或那样的解释，影响现金盘点预期效果。

（3）组织安排库存现金的清点工作前，先要求出纳取出保险柜中混入属于私人个人的钱，然后要求出纳将保险柜外所有单位公款全部放入保险柜，最后封存保险柜，避免由于单位钱和出纳个人钱混淆，影响最后盘点数的认定。

（4）当现金存放在单位不同地点的保险柜时，应安排几个盘点小组同时对单位每一存放处的保险柜现金展开盘点，或将每一存放处保险柜先做封存，然后逐一盘点。避免被审计单位在现金实际盘点过程中，采取拆东墙补西墙的办法应付盘点，致使此次盘点失去原有的作用，达不到预期的审计目标。

（5）审计人员应邀请被审计单位会计主管、会计、出纳等一同到盘点现场参与盘点及监督工作，盘点工作一般由被审计单位出纳在现场清点现金并作记录，审计人员不直接参与盘点，只是现场监督盘点。必要时审计人员可对盘点结果进行复查，避免审计人员单独或亲自盘点产生一些不必要的麻烦。

（6）库存现金清点工作结束后，由被审计单位出纳填制“库存现金盘点表”，由审计人员、被审计单位会计主管及出纳三方共同签字认证，增强审计证据的可靠性。避免由于“库存现金盘点表”未经被审计单位会计主管及出纳签字认证，影响审计证据的可靠性和证明力。

知识拓展

企业坏账损失的确认规定

（1）债务人被依法宣告破产、撤销的，应当取得破产宣告、注销工商登记或吊销执照的证明或者政府部门责令关闭的文件等有关资料，在扣除以债务人清算财产清偿的部分后，对仍不能收回的应收款项，作为坏账损失。

（2）债务人死亡或者依法被宣告失踪、死亡，其财产或者遗产不足清偿且为了坏账核销再借贷为了坏账核销再借贷没有继承人的应收款项，应当在取得相关法律文件后，作为坏账损失。

（3）涉诉的应收款项，已生效的人民法院判决书、裁定书判定、裁定其败诉的，或者虽然胜诉但因无法执行被裁定终止执行的，作为坏账损失。

（4）逾期3年的应收款项，具有企业依法催收磋商记录，并且能够确认3年内没有任何业务往来的，在扣除应付该债务人的各种款项和有关责任人员的赔偿后的余额，作为坏账损失。

（5）逾期3年的应收款项，债务人在境外及我国香港、澳门、台湾地区的，经依法催收仍未收回，且在3年内没有任何业务往来的，在取得境外中介机构出具的终止收款意见书，或者取得我国驻外使（领）馆商务机构出具的债务人逃亡、破产证明后，作为坏账损失。

想一想

如何处理银行存款余额调节表？

企业与银行对账对不上的账，需要编制银行存款余额调节表，检查验证是不是“未达账”？如调节后双方相等，可确认为未达账，如不等可能还存在错账，需要进一步核查。

请问：编制好的银行存款余额调节表作为工作底稿就完了，还是需要根据调节表编制会计分录进行登账处理？

任务三　财产清查结果的核算

【任务描述】

对货币资金、实物资产、往来款项进行清查，目的是确保账实相符。如果清查结果是账实相符，则完成了清查任务；如果账实不符，就需要进行核算，调整到账实相符。

【任务分析】

本任务是指在库存现金、银行存款、实物资产、往来款项清查中出现账实不符（盘盈或盘亏）时，进行的会计核算。通过本任务的学习，要求学生掌握库存现金、银行存款、实物资产、往来款项盘盈或盘亏的处理。

【知识准备与应用】

一、财产清查结果的处理

（一）财产清查结果处理的要求

对于财产清查中发现的问题，如财产物资的盘盈、盘亏、毁损或其他各种损失，应核实情况，调查分析产生的原因，按照国家有关法律法规的规定，进行相应的处理。具体要求包括以下方面。

（1）分析账实不符的原因和性质，提出处理建议。

（2）积极处理多余积压财产，清理往来款项。

（3）总结经验教训，建立健全各项管理制度。

（4）及时调整账簿记录，保证账实相符。

（二）财产清查结果处理的步骤和方法

对于财产清查中结果的处理可分为以下两种情况。

1. 审批之前的处理

根据“盘存单”“实存账存对比表”等已经查实的数据资料编制记账凭证，记入有关账簿，使账簿记录与实际盘存数相符，同时根据企业的管理权限，将处理建议报股东大会或董事会，或经理（厂长）会议或类似机构批准。

2. 审批之后的处理

企业查清的各种财产的损益，应于期末前查明原因，并根据企业的管理权限，将处理建议报股东大会或董事会，或经理（厂长）会议或累计机构批准后，在期末结账前处理完毕。企业应严格按照有关部门对财产清查结果提出的处理意见进行账务处理，编制有关记账凭证，登记有关账簿，并追回由于责任者原因造成的财产损失。

企业清查的各种财产的损益，如果在期末结账前尚未经批准，在对外提供财务会计报告时，先按上述规定进行处理，并在附注中做出说明；如果其后批准处理的金额与已处理的金额不一致，调整财务报表相关项目的年初数。

二、财产清查结果的会计核算

（一）设置“待处理财产损溢”账户

在财产清查中，如果发现某项财产物资由于计量不准、手续不完备等造成实存数大于账面数的差额，称为盘盈；如果发现某项财产物资由于计量不准、自然灾害等原因造成的实存数小宇账面数的差额，称为盘亏或毁损。

为了记录、反映财产的盘盈、盘亏和毁损情况，应设置“待处理财产损溢”科目，在该科目下应设置“待处理固定资产损溢”和“待处理流动资产损溢”两个明细科目。

“待处理财产损溢”账户属于双重性质账户，借方用来登记各项财产物资发生的盘亏、毁损数和经批准处理盘盈财产物资的转销数；贷方登记各项财产物资发生的盘盈数和经批准处理的盘亏、毁损财产物资转销数；期末如为借方余额，表示尚待处理的净损失，如为贷方余额，表示尚待处理的净溢余。

对于等待批准处理的财产盘盈、盘亏，会计年终前应处理完毕。会计期末，该账户无余额。“待处理财产损溢”账户的基本结构如图 7-1 所示。

借　　　　待处理财产损溢	贷
待处理盘亏和毁损净值 批准处理的盘盈和升溢净值	待处理盘盈和升溢净值 批准处理的盘亏和毁损净值
月末余额(尚未处理盘亏和毁损)	月末余额(尚未处理盘盈和升溢)

图 7-1　待处理财产损溢账户

（二）库存现金清查结果的账务处理

1. 库存现金盘盈的账务处理

发现现金盘盈后，应及时查明盘盈的原因，及时办理现金入账手续，调整现金账簿记录。借记“库存现金”账户，贷记“待处理财产损溢——待处理流动资产损溢”账户。

经有关部门批准后，借记“待处理财产损溢——待处理流动资产损溢”账户，贷记“其他应付款”“营业外收入”等。对库存现金清查盘盈的结果，应分别情况处理：如属于违反库存现金管理的有关规定，应及 时予以纠正。如属于账实不相符，应查明原因，将多款先记入“待处理财产损溢“科目。待查明原因后分别情况处理：属于记账差错的应及时予以更正；无法查明原因的长款应计入营业外收入。

【同步案例 7-2】 某企业在财产清查中，发现库存现金溢余 50 元。在报经批准前，根据“库存现金盘点报告表”确定的库存现金盘盈数，调整账面记录，编制会计分录如下：

借：库存现金　　50
　贷：待处理财产损溢——待处理流动资产损溢　　50

后经反复核查，上述库存现金多款无法查明原因。根据批准处理意见，转作营业外收入。编制会计分录为：

借：待处理财产损溢——待处理流动资产损溢　　50
　贷：营业外收入　　50

2. 库存现金盘亏的账务处理

库存现金盘亏和毁损后，在盘点后即应转入“待处理财产损溢——待处理流动资产损溢”账户，待批准后根据不同情况进行处理：能确定具体交款单位的少收款，应先计入其他应收款；不能确定具体交款单位的少收款或者虽能确定具体交款单位但数额较小或对方不认账时，应由过失人赔偿，超过过失人赔偿的部分，计入管理费用；由于自然灾害所造成的现金毁损，计入营业外支出。

【同步案例 7-3】 某企业在财产清查中，盘亏库存现金 200 元。在报经批准前，根据“库存现金盘点报告表”确定的库存现金盘亏数，调整账面记录，编制会计分录如下：

借：待处理财产损溢——待处理流动资产损溢　　200
　贷：库存现金　　200

经查，上述库存现金短缺中 100 元应由出纳员赔偿，另外 100 元无法查明原因。

报请领导批准后，根据批准处理意见，转销库存现金盘亏的会计分录如下：

借：其他应收款——××　　100
　　管理费用　　100
　贷：待处理财产损溢——待处理流动资产损溢　　200

收到上述出纳员赔偿的库存现金 100 元时：

借：库存现金　　100
　贷：其他应收款——××　　100

（三）存货清查结果的账务处理

1. 存货盘盈的账务处理

在财产清查中发现存货盘盈时，经查明是由于收发计量或核算上的误差等原因造成的，应及时办理存货入账手续，调整存货账簿的实存数，借记“原材料”“库存商品”等账户，贷记“待处理财产损溢——待处理流动资产损溢” 账户，经有关部门批准后，再冲减管理费用。

【同步案例 7-4】 某企业在财产清查中，盘盈 A 材料 100 千克，该材料的实际成本为每千克 30 元。在报经批准前，根据“实存账存对比表”确定的材料盘盈数，调整账簿记录，编制会计分录如下：

借：原材料——A 材料　3 000
　贷：待处理财产损溢——待处理流动资产损溢　3 000

经有关部门批准，同意冲减管理费用。

借：待处理财产损溢——待处理流动资产损溢　3 000
贷：管理费用　3 000

2. 存货盘亏的账务处理

企业财产清查中发现存货盘亏和毁损，在经报批准前，应按其成本转入“待处理财产损溢——待处理流动资产损溢”账户，贷记存货类账户，使账实相符。报经批准以后，再根据造成盘亏和毁损的原因，分情况进行处理，其进项税额应转入有关账户。

（1）属于正常损失，经批准后转作管理费用，借记“管理费用”账户，贷记“待处理财产损溢——待处理流动资产损溢”账户。

（2）属于非正常损失（包括按照增值税暂行条例不允许抵扣的增值税进项税额），能确定过失人的由过失人赔偿，计入“其他应收款”账户的借方。由于计量收发错差和管理不善等原因造成的超定额损耗，应先扣除残料价值和过失人的赔偿，然后将净损失记入管理费用；属于自然灾害或意外事故造成的存货损失，应先扣除保险公司赔偿和残值后，记入“营业外支出”账户的借方和“待处理财产损溢——待处理流动资产损溢”账户的贷方。

【同步案例 7-5】 某企业在财产清查中，盘亏 B 材料 100 千克，实际总成本 300 元，C 材料毁损 50 千克，实际总成本 1 000 元。经查，B 材料属于自然损耗产生的定额内损耗；C 材料系管理不善造成的毁损，预计可收回残料 400 元，应向保管人员索赔 100 元，尚未收到保管人员的赔款。在报经批准前，根据“账存实存对比表”确定的材料盘亏数，调整账面记录，编制会计分录如下：

借：待处理财产损溢——待处理流动资产损溢　1 300
　贷：原材料——B　300
　　　原材料——C　1 000

经批准后，转销材料盘亏的会计分录如下：

借：管理费用　800
　　其他应收款——×××　100
　　原材料　400
　贷：待处理财产损溢——待处理流动资产损溢　1 300

（四）固定资产清查结果的账务处理

1. 固定资产盘盈的账务处理

企业在财产清查过程中，发现盘盈的固定资产，经查明属企业所有，应根据盘存凭证填制固定资产交接凭证，经有关人员签字后送交企业会计部门，填写固定资产卡片账，并按同类或类似固定资产市场价格，减去该项资产的新旧程度估计的价值损耗的余额作为前期差错处理记入“以前年度损益调整”账户。

【同步案例 7-6】某企业在财产清查过程中，发现一台未入账的设备，重置成本为20 000元（假定与计税基础不存在差异）。根据《企业会计准则第28号——会计政策、会计估计变更和差错更正》规定，该盘盈固定资产作为前期差错进行处理。假设不考虑增值税。该企业在盘盈固定资产时，盘盈作如下会计处理：

借：固定资产　　20 000

　贷：以前年度损益调整　　20 000

2. 固定资产盘亏的账务处理

企业在财产清查过程中，发现盘亏的固定资产，应及时办理固定资产注销手续，按盘亏固定资产账面价值，借记“待处理财产损溢——待处理固定资产损溢”账户，按已计提的累计折旧额，借记“累计折旧”账户，按固定资产的原价，贷记“固定资产”账户。经规定程序批准后，应按盘亏固定资产的原价扣除累计折旧和过失人及保险公司赔偿后的差额，借记“营业外支出”账户，同时按过失人及保险公司赔偿额，借记“其他应收款”账户，按盘亏固定资产的账目价值，贷记“待处理财产损溢——待处理固定资产损溢”账户。

【同步案例 7-7】某企业在财产清查中，发现短缺设备一台，账面原价50 000元，已提折旧10 000元。（假定不考虑增值税）在报经批准前根据“账存实存对比表”确定的固定资产盘亏数，调整账簿记录。企业编制会计分录如下：

借：待处理财产损溢——待处理固定资产损溢　　40 000

　　累计折旧　　10 000

　贷：固定资产　　50 000

经批准后，根据批准处理意见，转销固定资产盘亏的会计分录如下：

借：营业外支出　　40 000

　贷：待处理财产损溢——待处理固定资产损溢　　40 000

（五）结算往来款项盘存的账务处理

在财产清查过程中发现的长期未结算的往来款项，应及时清查。对于经查明确实无法支付的应付款项可按规定程序报批准后，转作营业外收入。

对于无法收回的应收款项则作为坏账损失冲减坏账准备。坏账是指企业无法收回或收回的可能性极小的应收账款。由于发生坏账而产生的损失，称为坏账损失。

一般而言，企业的应收款项符合下列条件之一的，应确认为坏账：

（1）债务人死亡，以其遗产清偿后仍然无法收回。

（2）债务人破产，以其破产财产清偿后仍然无法收回。

（3）债务人较长时间内未履行其偿债义务，并有足够的证据表明无法收回或者收回的可能性极小。

企业对有确凿证据表明确实无法收回的应收款项，经批准后作为坏账损失。对于已确认为坏账的应收款项，并不意味着企业放弃了追索权，一旦重新收回，应及时入账。

知识链接

坏账损失的会计核算

期末按一定标准计提坏账准备：

借：管理费用

　贷：坏账准备（计提数）

确认无法收回的坏账：

借：坏账准备（确认数）

　贷：应收账款——××公司

知识拓展

非常损失的会计处理

非正常损失，是指因管理不善造成被盗、丢失、霉烂变质的损失。

当非常损失发生时，借：待处理财产损溢——待处理流动资产损溢　贷：原材料（等）应缴税费——增值税——进项转出

结转损失时，借：营业外支出　贷：待处理财产损溢——待处理流动资产损溢

营业外支出中的“非常损失”指企业对于因客观因素（如自然灾害等）造成的损失，在扣除保险公司赔偿后计入营业外支出的净损失。

《企业所得税法》第八条规定“企业实际发生的与取得收入有关的、合理的支出，包括成本、费用、税金、损失和其他支出，准予在计算应纳税所得额时扣除。”

《企业所得税法实施条例》第三十二条规定“企业所得税法第八条所称损失，是指企业在生产经营活动中发生的固定资产和存货的盘亏、毁损、报废损失，转让财产损失，呆账损失，坏账损失，自然灾害等不可抗力因素造成的损失以及其他损失。”

想一想

存货与固定资产盘盈盘亏处理有何不同？

在清查过程中存货和固定资产都会出现盘盈和盘亏，一旦出现盘盈和盘亏都应及时进行会计核算。

请问：存货与固定资产盘盈盘亏处理有何不同？

项目总结

组织财产清查，要求学生了解财产清查的概念与种类，懂得财产物资的盘存制度和财产清查的一般程序，掌握货币资金、实物资产和往来款项的清查，掌握财产

清查结果的处理和核算。通过学习要求学生掌握本项目的知识点与技能点如表 7-9 所示。

表 7-9 组织财产清查的知识点与技能点

<table>
<tr><td rowspan="9">组织财产清查</td><td rowspan="4">一、认知财产清查</td><td>（一）财产清查的意义</td></tr>
<tr><td>（二）财产清查的种类</td></tr>
<tr><td>（三）财产物资的盘存制度</td></tr>
<tr><td>（四）财产清查的一般程序</td></tr>
<tr><td rowspan="3">二、财产物资的清查</td><td>（一）货币资金的清查</td></tr>
<tr><td>（二）实物资产的清查</td></tr>
<tr><td>（三）往来款项的清查</td></tr>
<tr><td rowspan="2">三、财产清查结果的核算</td><td>（一）财产清查结果的处理</td></tr>
<tr><td>（二）财产清查的会计核算</td></tr>
</table>

项目训练

一、单项选择题

1．对所有的财产进行全面盘点和核对是（　　）。

A．定期清查　　B．局部清查
C．全面清查　　D．不定期清查

2．因更换出纳员而对现金进行盘点和核对：属于（　　）。

A．全面清查和不定期清查　　B．全面清查和定期清查
C．局部清查和不定期清查　　D．局部清查和定期清查

3．对现金和实物进行清查应采用的方法是（　　）。

A．实地盘点　　B．永续盘存　　C．盘存计耗　　D．询证核对

4．进行财产清查时，对大量成堆、难以逐一清点数量的财产物资，一般采用（　　）。

A．实地盘点法　　B．抽查检验法　　C．技术推算法　　D．询证核对法

5．对于财产清查中所发现的财产物资盘盈、盘亏和毁损，财会部门进行账务处理依据的原始凭证是（　　）。

A．银行存款余额调节表　　B．账存实存对比表
C．盘存单　　D．入库单

6．银行存款的清查一般采用（　　）法。

A．实地盘点　　B．技术推算　　C．核对账目　　D．抽查盘点

7．存货盘盈，经批准后一般应作为（　　）处理。

A．营业外收人　　B．资本公积
C．冲减管理费用　　D．投资收益

8．由于保管人员的责任导致存货盘亏应当由其赔偿的部分，可先记入（　　）账户。

A．营业外支出　　B．其他应收款
C．管理费用　　D．营业外收入

9．库存商品因管理不善盘亏，经批准核销时，应借记（ ）账户。

A．管理费用 B．营业外支出

C．库存商品 D．待处理财产损溢

10．现金清查中无法查明原因的短款，经批准后计入（ ）。

A．管理费用 B．财务费用

C．其他应收款 D．营业外支出

二、多项选择题

1．下列清查事项中，属于不定期清查的有（ ）。

A．发生意外灾害 B．清产核资前

C．临时性检查 D．货币资金的检查

2．现金清查的内容主要包括（ ）。

A．是否有未达账项 B．是否有白条顶库

C．是否超限额留存现金 D．是否坐支现金

3．财产清查主要解决的问题有（ ）。

A．确定单位财产物资的实存数和债权、债务的实际余额

B．查明财产物资的实存数与账面数的差异及其产生的原因

C．调整账目，达到账实相符

D．不断发现和解决会计核算和会计管理方面的问题

4．盘亏的存货在处理时，应分别情况记入（ ）账户。

A．营业外收入 B．财务费用

C．管理费用 D．其他应收款

5．造成账实不符的原因包括（ ）。

A．储存中发生自然损耗 B．财产物资收发计量错误

C．财产物资的毁损、被盗 D．账簿的漏记、重记

6．以下情况中，宜采用局部清查的有（ ）。

A．库存现金

B．某些收发频繁、流动性较强的财产物资

C．企业改为股份制企业

D．各种债权债务

7．对银行存款进行清查的方法是将企业银行存款日记账与银行对账单相核对，如果两者不符，其可能的原因是（ ）。

A．企业账务记录有误 B．银行账务记录有误

C．企业已记账，银行未记账 D．银行已记账，企业未记账

8．实物财产清查常用的方法有（ ）。

A．实地盘点法 B．抽查盘点法

C．技术推算法 D．核对账目法

9．下列项目可以采用实地盘点法的有（ ）。

A．银行存款 B．固定资产

C．应收账款 D．库存现金

10．下列可作为原始凭证，据以调整账簿记录的有（　　）。

A．现金盘点报告表　　B．银行存款余额调节表

C．盘存单　　D．账存实存对比表

三、判断题

1．属于自然灾害造成的存货毁损，扣除保险公司赔款和残值后的净损失，应记入“管理费用”账户。（　　）

2．一般情况下，全面清查是定期清查，局部清查是不定期清查。（　　）

3．对于未达账项应编制银行存款余额调节表进行调节，同时将未达账项编制记账凭证登记入账。（　　）

4．企业在银行的实有存款数应是银行对账单上列明的余额。（　　）

5．对于盘亏固定资产的净损失，报经批准后应转入“营业外支出”账户。（　　）

6．技术推算法是指利用技术方法推算财产物资实存数的方法。一般适用于煤炭、砂石等大宗物资的清查。（　　）

7．一般情况下，内部清查是局部清查，外部清查则是全面清查。（　　）

8．无论永续盘存制还是实地盘存制，对各项财产物资进行实地清查盘点的目的都是账实核对。（　　）

9．相对于技术推算法，实地盘点法得到的数据通常不够准确，但工作量较小。（　　）

10．盘点现金时，出纳人员必须在场，以明确经济责任。（　　）

四、简答题

1．什么是财产清查？财产清查分为哪几种类型，分别适用于什么？

2．什么是永续盘存制？什么是实地盘存制？分别适用于什么？

3．什么是未达账？未达账有几种情况？

4．财产清查核算设置什么账户？该账户的结构如何？

五、实训题

实训一、练习“银行存款余额调节表”的编制

某企业××年11月30日银行存款日记账余额为74 450元；银行对账单余额为76 020元。经对账确定记账无差错，发现下列未达账项：

1．企业于月末开出的转账支票3 080元，持票单位尚未将支票解交开户银行，银行尚未入账；

2．企业于月末送存银行的由外单位开出的转账支票2 390元，银行尚未办理转账；

3．企业委托银行收款900元，但企业尚未接到通知而未入账；

4．外单位汇来货款100元，银行已收到入账，但企业尚未接到通知而未入账；

5．银行代企业支付电费120元，企业因为没接到付款通知而未入账。

要求：根据上述资料编制银行存款余额调节表。

实训二、练习银行存款对账方法

资料：

1．某企业200×年7月31日银行存款的账面余额为535 000元，开户银行送来对账

单，其银行存款余额为 508 000 元。经查对，发现有以下几笔未达账项：

（1）7 月 30 日，委托银行收款 50 000 元，银行已收入企业银行存款户，收款通知尚未送达。

（2）7 月 30 日，企业开出现金支票一张，计 1 600 元，企业已减少银行存款，银行尚未记账。

（3）7 月 31 日，银行为企业支付电费 1 000 元，银行已入账，减少企业存款，企业尚未记账。

（4）7 月 31 日，企业收到外单位转账支票一张，计 64 000 元，企业已收账，银行尚未记账。

2．某企业 200×年 8 月 25~30 日银行存款账面记录：

25 日开出支票#1246，支付购入材料运费 300 元

25 日开出支票#1248，支付购入材料价款 39 360 元

27 日存入销货款转账支票 40 000 元

28 日开出支票#1269，支付委托外单位加工费 16 800 元

30 日存入销货款转账支票 28 000 元

30 日开出支票#1252，支付机器修理费 376 元

30 日银行存款账面结存余额 42 594 元

银行对账单记录：

27 日支票#1248 付出	39 360 元
28 日转账收入	40 000 元
28 日代交电费	3 120 元
28 日支票#1246 付出	300 元
29 日存款利息收入	488 元
29 日代收浙江货款	11 820 元
30 日支票#1269 付出	16 800 元
30 日结存余额	24 158 元

要求：

（1）根据资料 1 所述未达账项，编制银行存款余额调节表，确立企业月末实际可用的银行存款余额。假定银行对账单所列企业存款无误，未达账项也由双方查明无误，在编制调节表时所发现的错误数额是多少？企业银行存款的账面余额应是多少？

（2）根据资料 2，查明银行存款记录与银行对账单不符原因，编制银行存款余额调节表。

实训三、练习财产清查结果的账务处理

某企业××年 12 月 30 日在财产清查中查明的有关情况如下：

1．基本生产车间盘盈账外机器一台，其重置价值 8 000 元，已提折旧 5 000 元。净盘盈数经批准转作营业外收入处理。

2．仓库盘亏设备一台，原价 4 500 元，已提折旧 1 800 元，盘亏净损失经批准转作营业外支出处理。

3．甲材料盘亏 150 千克，单位实际成本为 20 元。盘亏原因查明后报批准为：自然

损耗 50 千克，由企业核销，因责任事故损耗 100 千克，由责任人赔偿。

4．查明应付 A 单位账款 450 元确已无法支付，经批准予以核销。

5．查明 B 单位货款 1 500 元确实无法收回，经批准予以核销。

要求：根据上述资料编制会计分录。

实训四、练习财产清算结果的会计处理

资料：

某年终进行财产清算，在清算中发现下列事项：

1．盘亏水泵一部，原价 5 200 元，账面已提折旧 1 400 元。

2．发现帐外机器一台，估计重制价 10 000 元，现值 6 000 元。

3．甲材料账面余额 455 千克，价值 19 110 元。盘点实际存量为 450 千克，经查明其中 3 千克为定额损耗，2 千克为日常收发计量差错。

4．乙材料账面余额 166 千克，价值 5 312 元，盘点实际存量为 161 千克，缺少数为保管人员失职造成的失散。

5．丙材料盘盈 25 千克，每千克 30 元，经查明其中 20 千克为代兄弟厂加工剩余材料，该厂未及提回，其余属于日常收发计量差错。

6．经检查其他应收款账目，有某运输公司欠款 250 元，属于委托该公司运输材料，由于装御工疏忽而造成的损失.已确定由该公司赔偿，但该运输公司已撤销，无法收回。

上列各项盘盈、盘亏和损失，经查原因属实，报请领导审核批准，作如下处理：

1．盘亏水泵系自然灾害遭致毁损，作非常损失处理。

2．账外机器尚可使用，交车间投入生产，作增加营业外收入处理。

3．材料定额内损耗及材料收发计量错误，均列入管理费用处理。

4．保管人员失职造成材料短缺损失，责成过失赔偿。

5．无法收回的应收款项，作坏账损失处理。

要求：

1．将上列清查结果，编制审批前的会计分录。

2．根据报请批准处理的结果，编制会计分录。

项目八 编制财务会计报告

学习目标

知识目标

- 熟悉财务会计报告概念和组成
- 懂得财务会计报告编制的要求
- 掌握资产负债表的概念、作用和编制要求
- 掌握利润表的概念、作用和编制要求
- 熟悉其他报表及附注的编制

能力目标

- 掌握财务会计报告编制前应做好的准备工作
- 掌握资产负债表的编制
- 掌握利润表的编制
- 掌握其他报表及附注的编制

典型项目

会计核算的最终成果

企业生产经营情况发生的经济业务平时都在财务部门核算。财务部门为什么要进行核算？核算是为谁服务的？小王会计带着问题向财务部长询问。

财务部长告诉小王说：我们公司那么多人，每天从早干到晚，一个月下来赚了多少钱？一年下来赚了多少钱？国家向企业征税的依据什么？这就是为什么要进行会计核算的道理。另外，核算是为谁服务？首先要为本企业的投资者服务，要向他们报告生产经营情况；其次要为本企业的经营管理者服务，还要为关心本企业的有关方面服务，例如，国家关心纳税、银行关心贷款偿还、职工关心工资福利等。

财务部长接着对小王说，我们每月、每季、每年末，都要将会计核算结果编制成财务会计报告，向有关方面上报。财务会计报告是我们会计核算的最终成果。

任务提出：

1. 什么是财务会计报告？
2. 月、季、年末应编制哪些财务会计报告？
3. 财务会计报告中主要的资产负债表、利润表如何编制？

通过本项目的学习，将帮助你掌握财务会计报告的具体编制。

任务一　认知财务会计报告

【任务描述】

编制财务会计报告是会计核算的最终环节，财务会计部门在月末、季末、年末都应根据会计账簿记录的结果编制资产负债表、利润表、现金流量表、所有者权益变动表和会计报表的附注，向有关部门和有关方面报告企业的财务状况和经营成果。

【任务分析】

通过本任务的学习，要求学生了解财务会计报告的概念与分类，掌握财务会计报告编制的基本要求，熟悉财务会计报告编制前应做好的准备工作。

【知识准备与应用】

一、财务会计报告的概念与分类

（一）财务会计报告的概念

财务会计报告是指单位会计部门根据经过审核的会计账簿记录和有关资料，编制并对外提供的反映单位某一特定日期财务状况和某一会计期间经营成果、现金流量及所有者权益等会计信息的总结性书面文件。

财务会计报告至少包括以下几层含义：

（1）财务会计报告应当综合反映企业的生产经营状况，包括某一时点的财务状况和某一时期的经营成果与现金流量等信息，以勾画出企业整体和全貌。

（2）财务会计报告必须形成一个系统的文件，不应是零星的或者不完整的信息。财务会计报告是企业财务会计确认与计量的最终结果体现，投资者等使用者主要是通过财务会计报告来了解企业当前的财务状况、经营成果和现金流量等情况，从而预测未来的发展趋势。因此，财务会计报告是向投资者等财务会计报告使用者提供决策有用信息的媒介和渠道，是沟通投资者、债权人等使用者与企业管理层之间信息的桥梁和纽带。

财务会计报告至少应当包括下列组成部分：

（1）资产负债表；

（2）利润表；

（3）现金流量表；

（4）所有者权益变动表；

（5）附注。

上述财务会计报告一般可分为财务报表和附注二部分。

1. 资产负债表

资产负债表是指反映企业在某一特定日期的财务状况的财务报表。

企业编制资产负债表的目的是通过如实反映企业的资产、负债和所有者权益金额及其结构情况，从而有助于使用者评价企业资产的质量以及短期偿债能力、长期偿债能力、利润分配能力等。

2. 利润表

利润表是指反映企业在一定会计期间的经营成果的财务报表。

企业编制利润表的目的是通过如实反映企业实现的收入、发生的费用以及应当计入当期利润的利得和损失等金额及其结构情况，从而有助于使用者分析评价企业的盈利能力及其构成与质量。

3. 现金流量表

现金流量表是指反映企业在一定会计期间的现金和现金等价物流入和流出的财务报表。

企业编制现金流量表的目的是通过如实反映企业各项活动的现金流入和现金流出，从而有助于使用者评价企业生产经营过程，特别是经营活动中所形成的现金流量和资金周转情况。

4. 所有者权益变动表

所有者权益变动表是指反映构成所有者权益的各组成部分当期的增减变动情况的报表。

5. 附注

附注是指对在财务报表中列示项目所作的进一步说明，以及对未能在这些报表中列示项目的说明等。附注由若干附表和对有关项目的文字性说明组成。

（二）财务会计报告的分类

1. 按编报期间区分

财务会计报告可以按其编报期间不同分为中期财务会计报告和年度财务会计报告。

（1）年度财务会计报告。

年度财务会计报告，是指以一个完整的会计年度（自公历 1 月 1 日起至 12 月 31 日止）为基础编制的财务会计报告。年度财务会计报告一般包括资产负责表、利润表、现金流量表、所有者权益变动表和附注等内容。

（2）中期财务会计报告。

中期财务会计报告，是指中期为基础编制的财务会计报告。“中期”，是指短于一个完整的会计年度的报告期间，它可以是一个月、一个季度或者半年，也可以是其他短于一个会计年度的期间。

中期财务会计报告包括月度财务会计报告、季度财务会计报告、半年度财务会计报告，也包括年初至本中期末的财务会计报告。中期财务会计报告必须包括资产负债表、利润表、现金流量表和附注。中期资产负债表、利润表和现金流量表的格式和内容应当与年度财务会计报表相一致，不因报告期不足一个完整会计年度而不同，但相关的附注披露可相对简略。

2. 按编报主体区分

按其编报主体不同分为个别财务会计报告和合并财务会计报告。

（1）个别财务会计报告。

个别财务会计报告，是由企业在自身会计核算基础上对账簿记录进行加工而编制的财务会计报告，它主要用以反映企业自身的财务状况、经营成果和现金流量情况。

（2）合并财务会计报告。

合并财务会计报告，是以母公司和子公司组成的企业集团为会计主体，根据母公司和所属子公司的财务会计报告，由母公司编制的综合反映企业集团财务状况、经营成果及现金流量的财务会计报告。

二、财务会计报告编制的基本要求

为了使财务会计报告能够最大限度地满足不同会计信息使用的需要，编制财务会计报告时应当遵循以下基本要求。

1. 以持续经营为基础编制

企业应当以持续经营为基础，根据实际发生的交易和事项，按照《企业会计准则——基本准则》和其他各项会计准则的规定进行确认和计量，在此基础上编制财务报表。以持续经营为基础编制财务报表不再合理，企业应当采用其他基础编制财务报表，并在附注中声明财务报表未以持续经营为基础编制的事实、披露未以持续经营为基础编制的原因和财务报表的编制基础。

2. 采用正确的会计基础

除现金流量表按照收付实现制原则编制外，企业应当按照权责发生制原则编制其他财务报表。

3. 至少按年编制财务报表

企业至少应当按年编制财务报表。年度财务报表涵盖的期间短于一年的，应当披露年度财务报表的涵盖期间、短于一年的原因以及报表数据不具可比性的事实。

4. 项目列报遵守重要性原则

重要性，是指在合理预期下，财务报表某项目的省略或错报会影响使用者据此做出经济决策的，该项目具有重要性。

重要性应当根据企业所处的具体环境，从项目的性质和金额两方面予以判断，且对各项目重要性的判断标准一经确定，不得随意变更。判断项目性质的重要性，应当考虑该项目在性质上是否属于企业日常活动、是否显著影响企业的财务状况、经营成果和现金流量等因素；判断项目金额大小的重要性，应当考虑该项目金额占资产总额、负债总额、所有者权益总额、营业收入总额、营业成本总额、净利润、综合收益总额等直接相关项目金额的比重或所属报表单列项目金额的比重。

性质或功能不同的项目，应当在财务报表中单独列报，但不具有重要性的项目除外。性质或功能类似的项目，其所属类别具有重要性的，应当按其类别在财务报表中单独列报。某些项目的重要性程度不足以在资产负债表、利润表、现金流量表或所有者权益变动表中单独列示，但对附注却具有重要性，则应当在附注中单独披露。

《企业会计准则第 30 号——财务报表列报》规定在财务报表中单独列报的项目，应当单独列报。其他会计准则规定单独列报的项目，应当增加单独列报项目。

5. 保持各个会计期间财务报表项目列报的一致性

财务报表项目的列报应当在各个会计期间保持一致，除会计准则要求改变财务报表项目的列报或企业经营业务的性质发生重大变化后，变更财务报表项目的列报能够提供更可靠、更相关的会计信息外，不得随意变更。

6. 各项目之间的金额不得相互抵销

财务报表中的资产项目和负债项目的金额、收入项目和费用项目的金额、直接计入当期利润的利得项目和损失项目的金额不得相互抵销，但其他会计准则另有规定的除外。

一组类似交易形成的利得和损失应当以净额列示，但具有重要性的除外。资产或负债项目按扣除备抵项目后的净额列示，不属于抵销。

非日常活动产生的利得和损失，以同一交易形成的收益扣减相关费用后的净额列示更能反映交易实质的，不属于抵销。

7. 至少应当提供所有列报项目上一个可比会计期间的比较数据

当期财务报表的列报，至少应当提供所有列报项目上一个可比会计期间的比较数据，以及与理解当期财务报表相关的说明，但其他会计准则另有规定的除外。

财务报表的列报项目发生变更的，应当至少对可比期间的数据，按照当期的列报要求进行调整，并在附注中披露调整的原因和性质，以及调整的各项目金额。对可比数据进行调整不切实可行的，应当在附注中披露不能调整的原因。

8. 应当在财务报表的显著位置披露编报企业的名称等重要信息

企业应当在财务报表的显著位置（如表首）至少披露下列各项。

（1）编报企业的名称。

（2）资产负债表日或财务报表涵盖的会计期间。

（3）人民币金额单位。

（4）财务报表是合并财务报表的，应当予以标明。

三、财务会计报告编制前的准备工作

在编制财务会计报告前，需要完成下列工作。

（1）严格审核会计账簿的记录和有关资料。

（2）进行全面财产清查、核实债务，发现有关问题，应及时查明原因，并按规定程序报批，进行相应的会计处理。

（3）按规定的结账日进行结账，结出有关会计账簿的余额和发生额，并核对各会计账簿之间的余额。

（4）检查相关的会计核算是否按照国家统一的会计制度的规定进行。

（5）检查是否存在因会计差错、会计政策变更等原因需要调整前期或本期相关项目的情况等。

 **知识链接**

财务会计报告的意义

（1）财务会计报告可以为投资者和债权人的投资、贷款决策提供信息。

（2）财务会计报告可以为单位加强经济管理提供资料。

（3）财务会计报告可以为有关管理部门加强检查、监督，维护经济秩序提供资料。

 **知识拓展**

财务报告附注披露的内容

（1）企业选用的会计政策及其变更情况。

（2）对报表项目的说明。

（3）不符合确认条件的财务会计信息。

（4）有关企业远景的前瞻性信息。

想一想

会计报表和财务会计报告有何区别

财务会计报告一般由五部分内容组成，即资产负债表、利润表、现金流量表、所有者权益变动表、附注。

请问：会计报表有哪些内容？它与财务会计报告有什么区别？

任务二　编制资产负债表

【任务描述】

财务部门向有关方面报告企业的财务情况，首先要报告企业的资产、负债、所有者权益情况，这要通过编制资产负债表来实现。

【任务分析】

通过本任务的学习，要求学生懂得资产负债表的概念和作用，明确资产负债表的列示要求和一般格式，掌握资产负债表的编制要求和编制方法。

【知识准备与应用】

一、资产负债表的概念与作用

资产负债表是指反映企业某一特定日期财务状况的会计报表。企业编制资产负债表的目的是通过如实反映企业的资产、负债和所有者权益金额及其结构情况，帮助使用者评价企业资产的质量以及短期偿债能力、长期偿债能力、利润分配能力等。

资产负债表的作用主要如下。

（1）可以提供某一日期资产的总额及其结构，表明企业拥有或控制的资源及其分布情况，使用者可以通过资产负债表了解企业在某一特定日期所拥有的资产总量及其结构。

（2）可以提供某一日期的负债总额及其结构，表明企业未来需要用多少资产或劳务偿清债务以及偿清时间。

（3）可以反映所有者权益拥有的权益，据以判断资本保值、增值的情况以及对负债的保障程度。

二、资产负债表的列示要求

（一）资产负债表列报总体要求

1. 分类别列报

资产负债表应当按照资产、负债和所有者权益三大类别分类列报。

2. 资产和负债按流动性列报

资产和负债应当按照流动性分别分为流动资产和非流动资产、流动负债和非流动负债列示。

3. 列报相关的合计、总计项目

资产负债表中的资产类至少应当列示流动资产和非流动资产的合计项目；负债类至少应当列示流动负债、非流动负债以及负债的合计项目；所有者权益类应当列示所有者权益的合计项目。

资产负债表应当分别列示资产总计项目和负债与所有者权益之和的总计项目，并且这二者的金额应当相等。

（二）资产的列报

资产负债表中的资产类至少应当单独列示反映下列信息的项目：（1）货币资金；（2）以公允价值计量且其变动计入当期损益的金融资产；（3）应收款项；（4）预付款项；（5）存货；（6）被划分为持有待售的非流动资产及被划分为持有待售的处置组中的资产；（7）可供出售金融资产；（8）持有至到期投资；（9）长期股权投资；（10）投资性房地产；（11）固定资产；（12）生物资产；（13）无形资产；（14）递延所得税资产。

（三）负债的列报

资产负债表中的负债类至少应当单独列示反映下列信息的项目：（1）短期借款；（2）以公允价值计量且其变动计入当期损益的金融负债；（3）应付款项；（4）预收款项；（5）应付职工薪酬；（6）应交税费；（7）被划分为持有待售的处置组中的负债；（8）长期借款；（9）应付债券；（10）长期应付款；（11）预计负债；（12）递延所得税负债。

（四）所有者权益的列报

资产负债表中的所有者权益类至少应当单独列示反映下列信息的项目：（1）实收资本（或股本）；（2）资本公积；（3）盈余公积；（4）未分配利润。

三、资产负债表的一般格式

在我国，资产负债表采用账户式的格式，即左侧列示资产；右侧列示负债和所有者权益。资产负债表由表头和表体两部分组成。表头部分应列明报表名称、编表单位名称、资产负债表日和人民币金额单位；表体部分反映资产、负债和所有者权益的内容。其中，表体部分是资产负债表的主体和核心，各项资产、负债和所有者权益按流动性排列，所有者权益项目按稳定性排列。我国企业资产负债表的格式一般如表 8-1 所示。

表 8-1　资产负债表　　　　会企 01 表

编制单位：　　　　年　月　日　　　　单位：元

资　　产	期末余额	年初余额	负债和所有者权益	期末余额	年初余额
流动资产：			流动负债：		
货币资金			短期借款		
交易性金融资产			应付票据		
应收票据			应付账款		
应收账款			预收账款		
预付账款			应付职工薪酬		
应收利息			应交税金		

续表

资　　产	期末余额	年初余额	负债和所有者权益	期末余额	年初余额
应收股利			应付利息		
其他应收款			应付股利		
存货			其他应付款		
一年内到期的非流动资产			一年内到期的非流动负债		
其他流动资产			其他流动负债		
流动资产合计			流动负债合计		
非流动资产：			非流动负债		
可供出售的金融资产			长期借款		
持有至到期投资			应付债券		
长期应收款			长期应付款		
长期股权投资			专项应付款		
投资性房地产			预计负债		
固定资产			递延收益		
在建工程			递延所得税负债		
工程物资			其他非流动负债		
固定资产清理			非流动负债合计		
生产性生物资产			负债合计		
油气资产			所有者权益：		
无形资产			实收资本		
开发支出			资本公积		
商誉			减：库存股		
长期待摊费用			其他综合收益		
递延所得税资产			盈余公积		
其他非流动资产			未分配利润		
非流动资产合计			所有者权益合计		
资产总计			负债和所有者权益合计		

四、资产负债表的编制方法

（一）"期末余额"栏的填列方法

资产负债表"期末余额"栏内各项数字，一般应根据资产、负债和所有者权益类科目的期末余额填列，具体方法如下。

1. 根据一个或几个总账科目的余额填列

"交易性金融资产""工程物资""固定资产清理""递延所得税资产""短期借款""交易性金融负债""应付票据""应付职工薪酬""应交税费""应付利息""应付股利""其

他应付款”“专项应付款”“预计负债”“递延所得税负债”“实收资本（或股本）”“资本公积”“库存股”“盈余公积”等项目应根据有关总账科目的余额填列。一般情况下，资产类项目直接根据其总账科目的借方余额填列，负债类项目直接根据其总账科目的贷方余额填列。

需要注意的是，某些项目，如“应交税费”“应付职工薪酬”等项目，是根据其总账账户的贷方期末余额直接填列的，但如果这些账户期末余额在借方，则以“-”号填列。

2. 根据明细账科目的余额计算填列

“开发支出”项目，应根据“研发支出”科目中所属的“资本化支出”明细科目期末余额填列；“应付账款”项目，应根据“应付账款”和“预付账款”两个科目所属的相关明细科目的期末贷方余额合计数填列；“预收款项”项目，应根据“预收账款”和“应收账款”科目所属各明细科目的期末贷方余额合计数填列；“一年内到期的非流动资产”“一年内到期的非流动负债”项目，应根据有关非流动资产或负债科目的明细科目余额分析填列；“长期借款”“应付债券”项目，应分别根据“长期借款”“应付债券”科目的明细科目余额分析填列；年报中的“未分配利润”项目所属的“未分配利润”明细科目期末余额填列。

需要注意：如果预收款项不多的企业，可以不设“预收账款”科目，而将预收的款项直接通过“应收账款”科目核算；同样预付款项不多的企业，可以不设“预付账款”科目，而将预付的款项直接通过“应付账款”科目核算。在这种情况下，报表中这四个项目在填列时要适当调整。

3. 根据总账科目和明细账科目的余额分析计算填列

“长期借款”项目，应根据“长期借款”总账科目余额扣除“长期借款”科目所属的明细科目中将在资产负债表日起一年内到期且企业不能自主地将清偿义务展期的长期借款后的金额计算填列，“长期借款”总账科目所属的明细科目中反映的将一年内(含一年）到期（或偿还）的计入“一年内到期的非流动负责”项目；“长期待摊费用”项目，应根据“长期待摊费用”科目的期末余额减去将于一年内（含一年）摊销的数额后的金额填列，“长期待摊费用”总账科目所属的明细科目中反映的将于1年内（含一年）到期（或回收）的计入“一年内到期的非流动资产”项目；“其他非流动负债”项目，应根据有关科目的期末余额减去将于一年内（含一年）到期偿还数后的金额填列。

4. 根据有关科目余额减去其备抵科目余额后的净额填列

“可供出售金融资产”“持有至到期投资”“长期股权投资”“在建工程”“商誉”项目，应根据相关科目的期末余额填列，已计提减值准备的，还应扣减相应的减值准备；“固定资产”“无形资产”“投资性房地产”“生产性生物资产”“油气资产”项目，应根据相关科目的期末余额扣减相应的累计折旧（摊销、折耗）填列，已计提减值准备的，还应扣减相应的减值准备，采用公允价值计 量的上述资产，应根据相关科目的期末余额填列；“长期应收款”项目，应根据“长期应收款”科目的期末余额，减去相应的“未实现融资收益”科目和“坏账准备”科目所属相关明细科目期末余额后的金额填列；“长期应付款”项目，应根据“长期应付款”科目的期末余额，减去相应的“未确认融资费用”科目期末余额后的金额填列。

5. 综合运用上述填列方法分析填列

主要包括“应收票据”“应收利息”“应收股利”“其他应收款”项目，应根据有关科目的期末余额，减去“坏账准备”科目中有关坏账准备期末余额后的金额填列；“应收账款”项目，应根据“应收账款”和“预收账款”和“应付账款”科目所属各明细的期末借方余额合计数，减去“坏账准备”科目中有关预付款项计提的坏账准备期末余额后的金额填列；“存货”项目，应根据“材料采购”“原材料”“发出商品”“库存商品”“周转材料”“委托加工物资”“存货跌价准备”等科目期末余额后的金额填列，材料采用计划成本核算以及库存商品采用计划成本核算或售价核算的企业，还应按加减材料成本差异、商品进销差价后的金额填列。

（二）“年初余额”栏的填列方法

本表的“年初余额”栏通常根据上年末有关项目的期末余额填列，且与上年末资产负债表“期末余额”栏一致。企业在首次执行新准则当年的“年初余额”栏及相关项目进行调整；以后期间，如果企业发生了会计政策变更、前期重大差错更正，还应对“年初余额”栏中的有关项目进行相应调整。此外，如果企业上年度资产负债表规定的项目名称和内容与本年度不一致，应当对上年末资产负债表相关项目的名称和数字按照本年度的规定进行调整，填入“年初余额”栏。

【同步案例 8-1】天水公司 2017 年 12 月 31 日的资产负债表（简化）如表 8-2 所示。

表 8-2 资产负债表　　会企 01 表

编制单位：天水公司　　2017 年 12 月 31 日　　单位：元

资　产	金　额	负债及所有者权益	金　额
流动资产：		流动负债：	
货币资金	350 000	短期借款	340 000
交易性金融资产	12 500	应付账款	96 000
应收账款	149 550	应付职工薪酬	4 850
其他应收款	2 000	应交税费	
存货	290 000	应付股利	
流动资产合计	804 050	其他应付款	5 700
非流动资产：		一年内到期的长期负债	100 000
可供出售的金融资产		流动负债合计	546 550
持有至到期投资		非流动负债：	
长期股权投资	125 000	长期借款	150 000
固定资产	540 000	负债合计	696 550
在建工程		所有者权益：	
固定资产清理		实收资本	750 000
无形资产	24 000	资本公积	31 000
开发支出		盈余公积	6 500
其他资产	6 000	未分配利润	15 000

续表

资　　产	金　　额	负债及所有者权益	金　　额
非流动资产合计	695 000	所有者权益合计	802 500
资产总计	1 499 050	负债及所有者权益总计	1 499 050

天水公司会计人员根据 2018 年会计账簿记录，整理出 2018 年底总账及有关明细账余额如表 8-3 所示。

表 8-3　天水公司科目余额表

2018 年 12 月 31 日　　单位：元

借方科目	余　　额	贷方科目	余　　额
库存现金	1 780	累计折旧	206 000
银行存款	418 555	短期借款	390 000
其他货币资金	110 570	应付票据	25 000
交易性金融资产	25 000	应付账款	96 000
应收账款	265 215	其他应付款	5 700
其他应收款	2 000	应付职工薪酬	10 450
材料采购	19 000	应交税费	12 400
原材料	37 700	长期借款	155 000
库存商品	235 750	实收资本	1 000 000
生产成本	14 250	资本公积	46 415
长期股权投资	125 000	盈余公积	6 500
固定资产	775 000	未分配利润	102 355
无形资产	21 000		
长期待摊费用	5 000		
合　　计	2 055 820	合　　计	2 055 820

天水公司会计人员，根据《企业会计准则第 30 号——财务报表列报》的有关规定，编制的天水公司 2018 年资产负债表（简表）如表 8-4 所示。

表 8-4　资产负债表　　会企 01 表

编制单位：天水公司　　2018 年 12 月 31 日　　单位：元

资　　产	期末余额	年初余额	负债及所有者权益	期末余额	年初余额
流动资产：			流动负债：		
货币资金	530 905	350 000	短期借款	390 000	340 000
交易性金融资产	25 000	12 500	应付票据	25 000	
应收账款	265 215	149 550	应付账款	96 000	96 000
其他应收款	2 000	2 000	应付职工薪酬	10 450	4 850
存货	306 700	290 000	应交税费	12 400	
流动资产合计	1 129 820	804 050	其他应付款	5 700	5 700

续表

资　　产	期末余额	年初余额	负债及所有者权益	期末余额	年初余额
非流动资产：			一年内到期的长期负债		100 000
可供出售的金融资产			流动负债合计	539 550	546 550
持有至到期投资			非流动负债：		
长期股权投资	125 000	125 000	长期借款	155 000	150 000
固定资产	569 000	540 000	负债合计	694 550	696 550
在建工程			所有者权益：		
固定资产清理			实收资本	1 000 000	750 000
无形资产	21 000	24 000	资本公积	46 415	31 000
开发支出			盈余公积	6 500	6 500
其他资产	5 000	6 000	未分配利润	102 355	15 000
非流动资产合计	720 000	695 000	所有者权益合计	1 155 270	802 500
资产总计	1 849 820	1 499 050	负债及所有者权益总计	1 849 820	1 499 050

单位负责人：牛朋飞　　　　财务负责人：单颖　　　　制表：赵丽丽

知识链接

企业会计准则第 30 号——财务报表列报

本准则适用于个别财务报表和合并财务报表，以及年度财务报表和中期财务报表，《企业会计准则第 32 号——中期财务报告》另有规定的除外。合并财务报表的编制和列报，还应遵循《企业会计准则第 33 号——合并财务报表》；现金流量表的编制和列报，还应遵循《企业会计准则第 31 号——现金流量表》；其他会计准则的特殊列报要求，适用其他相关会计准则。

知识拓展

资产负债表中所有者权益与负债的最佳比例

所有者权益与负债的没有一个固定的最佳比例，因为需要负债的原因是多方面的，并且负债可以加大财务杠杆的作用，要谨慎运用。

如果说非要找一个适合你公司的最佳比例，可以根据你公司的具体情况来定，不同性质公司有不同的情况，如普通制造企业首先要考虑净利润，资金不足需要举债的部分利息不要超过当年净利润的 1/3，正常经营的普通制造企业的资产负债率一般在 40%，换算成净资产负债率大概在 80%。

如果是高科技企业，并且产品利润率比较高的话，可以多借一些款，充分发挥财务杠杆的正面作用，根据利润率的高低及公司所需现金流量的预计可以将资产负债率控制在 60%~80%，换算成净资产负债率在 150%~200%。

金融行业是一个比较特殊的行业，它的负债比率一般是很高的，越高代表其吸储能力，或业务能力很强，可以有更多的资金去进行放贷或投资。

所以要根据企业自身的实际情况进行财务规划，拟定适合自己的所有者权益与负债的比例。

想一想

资产负债表中哪个项目与利润表中项目关联

资产负债表反映企业的资产和资金构成情况，利润表反映企业的经营和获利情况，两张报表之间存在一定的关联。

请问：是哪一个项目关系？为什么关联？

任务三 编制利润表

【任务描述】

企业投资者和经营管理者重点关注的是企业的生产经营成果，即企业一定时期实现了多少利润？获得了多少收益？这就需要财务部门编制利润表来反映。

【任务分析】

通过本任务的学习，要求学生懂得利润表的概念和作用，明确利润表的列示要求和一般格式，掌握利润表的编制要求和编制方法。

【知识准备与应用】

一、利润表的概念与作用

利润表又称损益表，是指反映企业在一定会计期间经营成果的报表。例如，反映某年 1 月 1 日至 12 月 31 日经营成果的利润表，它反映的就是该期间的情况。企业编制利润表的目的是通过如实反映企业实现的收入、发生的费用以及应当计入当期利润的利得和损失等金额及其结构情况，从而有利于使用者分析评价企业的盈利能力及其构成与质量。利润表包括的项目有营业收入、营业成本、营业利润、利润总额、净利润、每股收益、其他综合收益和综合收益总额等。

利润表的作用主要有以下方面。

（1）反映企业一定会计期间收入的实现情况。

（2）反映一定会计期间的费用耗费情况。

（3）反映企业经济活动成果的实现情况，据以判断资本保值增值等情况。

利润表的列报必须充分反映企业经营业绩的主要来源和构成，有助于使用者判断净利润的质量及其风险，有助于使用者预测净利润的持续性，从而做出正确的决策。

通过利润表，可以反映企业一定会计期间收入的实现情况，如实现的营业收入有多少、实现的投资收益有多少、实现的营业外收入有多少，等等；可以反映一定会计期间的费用耗费情况，如耗费的营业成本有多少、营业税金及附加有多少及销售费用、管理费用、财务费用各有多少、营业外支出有多少，等等；可以反映企业生产经营活动的成果，即净利润的实现情况，据以判断资本保值、增值等情况。将利润表中的信息与资产负债表中的信息相结合，还可以提供进行财务分析的基本资料如赊销收入净额与应收账款平均余额进行比较，计算出应收账款周转率；将销货成本与存货平均余额进行比较，计算出存货周转率；将净利润与资产总额进行比较，计算出资产收益率等，可以反映企业资金周转情况及企业的盈利能力和水平，便于报表使用者判断企业未来的发展趋势，做出经济决策。

二、利润表的列示要求

利润表列示的基本要求如下。

（1）企业在利润表中应当对费用按照功能分类，分为从事经营业务发生的成本、管理费用、销售费用和财务费用等。

（2）利润表至少应当单独列示反映下列信息的项目，但其他会计准则另有规定的除外：① 营业收入；② 营业成本；③ 营业税金及附加；④ 管理费用；⑤ 销售费用；⑥ 财务费用；⑦ 投资收益；⑧ 公允价值变动损益；⑨ 资产减值损失；⑩ 非流动资产处置损益；⑪ 所得税费用；⑫ 净利润；⑬ 其他综合收益各项目分别扣除所得税影响的净额；⑭ 综合收益总额。金融企业可以根据其特殊性列示利润表项目。

（3）其他综合收益项目应当根据其他相关会计准则的规定，分为以后会计期间不能重分类进损益的其他综合收益项目和以后会计期间在满足规定条件时将重分类进损益的其他综合收益项目两类列报。

（4）在合并利润表中，企业应当在净利润项目之下单独列示归属于母公司所有者的损益和归属于少数股东的损益，在综合收益总额项目之下单独列示归属于母公司所有者的综合收益总额和归属于少数股东的综合收益总额。

三、利润表的一般格式

在我国，企业应当采用多步式利润表，将不同性质的收入和费用分别进行对比，以便得出一些中间性的利润数据，帮助使用者理解企业经营成果的不同来源。

利润表通常包括表头和表体两部分。表头应列明报表名称、编表单位名称、财务报表涵盖的会计期间和人民币金额单位等内容；利润表的表体，反映形成经营成果的各个项目和计算过程。我国企业利润表的格式一般如表 8-5 所示。

表 8-5 利润表

会企 02 表

编制单位： 年 月 日 单位：元

项　目	本期金额	上期金额
一、营业收入		
减：营业成本		
营业税金及附加		
销售费用		
管理费用		

续表

项　　目	本期金额	上期金额
财务费用		
资产减值损失		
加：公允价值变动收益（损失以“-”填列）		
投资收益（损失以“-”填列）		
其中：对联营企业和合营企业的投资收益		
二、营业利润（亏损以“-”号填列）		
加：营业外收入		
其中：非流动资产处置利得		
减：营业外支出		
其中：非流动资产处置损失		
三、利润总额（亏损总额以“-”号填列）		
减：所得税费用		
四、净利润（净亏损以“-”号填列）		
五、其他综合收益的税后净额		
（一）以后不能重分类进损益的其他综合收益		
1. 重新计量设定受益计划净负债或净资产的变动		
2. 权益法下在被投资单位不能重分类进损益的其他综合收益中享有的份额		
（二）以后将重分类进损益的其他综合收益		
1. 权益法下在被投资单位以后将重分类进损益的其他综合收益中享有的份额		
2. 可供出售金通资产公允价值变动损益		
3. 持有至到期投资重分类为可供出售金融资产损益		
4. 现金流经套期损益的有效部分		
5. 外币财务报表折算差额		
……		
六、其他综合收益		
七、每股收益		
（一）基本每股收益		
（二）稀释每股收益		

四、利润表的编制方法

（一）本期金额栏的填列方法

利润表中，“本期金额”栏内各项数字，一般应根据期末结转前各损益类账户本期发生额分析计算填列，具体填列方法归纳起来有以下几种。

1. 收入类项目填列

收入类项目大多是根据收入类账户期末结转前贷方发生额减去借方发生额后的差额填列，若差额为负数，以“–”号填列。如“公允价值变动收益”“投资收益”“营业外收入”等项目。但“营业收入”项目，应根据“主营业务收入”账户借贷发生额的差额，加上“其他业务收入”账户的借贷发生额的差额之和填列。

2. 费用类项目的填列

费用类项目大多是根据费用类账户期末结转前借方发生额减去贷方发生额后的差额填列，若差额为负数，以“–”号填列。如“营业税金及附加”“销售费用”“管理费用”“财务费用”“资产减值损失”“营业外支出”“所得税费用”等项目。但“营业成本”项目，应根据“主营业务成本”账户借贷发生额的差额，加上“其他业务成本”账户的借贷发生额的差额之和填列。

3. 自然计算项目的填列

利润表中有些项目，应通过表中有关项目自然计算后的金额填列。如“营业利润”“利润总额”“净利润”等项目。

需要指出的是“利润总额”项目如为亏损，以“–”号填列；“净利润”项目如为净亏损，也以“–”号填列。

4. 特殊项目的填列

利润表中的“基本每股收益”项目，仅仅考虑当期实际发行在外的普通股股份，应按照归属于普通股股东的当期净利润除以当期实际发行在外的普通股的加权平均数计算确定；“稀释每股收益”项目，在存在稀释性潜在普通股时，应根据其影响分别调整归属于普通股股东的当期净利润以及发行在外普通股的加权平均数计算。

关于“其他综合收益”和“综合收益总额”项目。综合收益，是指企业在某一期间与所有者之外的其他方面进行交易或发生其他事项所引起的净资产变动。综合收益的构成包括两部分：净利润和其他综合收益。其中，前者是企业已实现并已确认的收益，后者是企业未实现但根据会计准则的规定已确认的收益。利润表中的“其他综合收益”反映企业根据企业会计准则规定未在损益中确认的各项利得和损失扣除所得税影响后的净额，主要包括可供出售金额资产产生的利得（或损失）、按照权益法核算的在被投资单位其他综合收益中所享有的份额、现金流量套期工具产生的利得（或损失）、外币财务报表折算差额等；“综合收益总额”项目反映企业净利润与其他综合收益的合计金额。

【同步案例 8-2】天水公司 2017 年度“主营业务收入”账户的贷方发生额为 15 300 000 元，借方发生额为 90 000 元（11 月发生的销售退回）；“其他业务收入” 账户的贷方发生额为 100 000 元。问：利润表中“营业收入”填多少？

答：在利润表中，“营业收入”项目应当根据“主营业务收入”和 “其他业务收入”两个账户的借方与贷方发生额的差额之和填列，因此，天水公司 2017 年度的利润表中，“营业收入”项目的金额=15 300 000–90 000+100 000=15 310 000（元）。

【同步案例 8-3】天水公司 2017 年度“主营业务成本”账户的借方发生额为 14 000 000 元，“其他业务成本”账户的借方发生额为 80 000 元。问：利润表中“营业成本”填多少？

答：在利润表中，“营业成本”项目应当根据“主营业务成本”和“其他业务成本”两个账户的借方与贷方发生额的差额之和填列，因此，该天水公司2017年度的利润表中，“营业成本”项目的金额=14 000 000+80 000=14 080 000（元）。

【同步案例8-4】天水公司2017年12月31日，“资产减值损失”账户的借方发生额为550 000元，贷方发生额为250 000元。问：利润表中“资产减值损失”填多少？

答：在利润表中，“资产减值损失”项目应根据“资产减值损失”账户借方发生额与贷方发生额的差额填列，因此，天水公司2017年度的利润表中，“资产减值损失”项目的金额=550 000–250 000=300 000（元）。

【同步案例8-5】 天水公司2017年12月31日，“公允价值变动损益”账户的贷方发生额为650 000元，借方发生额100 000元。问：利润表中“公允价值变动损益”填多少？

答：在利润表中，“公允价值变动收益”项目应根据“公允价值变动损益”账户贷方发生额与借方发生额的差额填列，如果为负数，表示公允价值变动损失，以“–”号填列。

天水公司2017年度的利润表中，“公允价值变动收益”项目的金额=650 000–100 000=550 000（元）。

【同步案例8-6】 假定宏达公司截至2017年12月31日，有关账户发生额如下：

“主营业务收入”账户发生额为2 000 000元；

“主营业务成本”账户发生额为540 000元；

“其他业务收入”账户发生额为510 000元；

“其他业务成本”账户发生额为160 000元；

“营业税金及附加”账户发生额为800 000元；

“销售费用”账户发生额为62 000元；

“管理费用”账户发生额为50 000元；

“财务费用”账户发生额为180 000元；

“资产减值损失”账户发生额为60 000元；

“公允价值变动损益”账户借方发生额为460 000元（无贷方发生额）；

“投资收益”账户贷方发生额为850 000元（无借方发生额）；

“营业外收入”账户发生额为90 000元；

“营业外支出”账户发生额为30 000元；

“所得税费用”账户发生额为182 600元。

问：该企业2017年度利润表中的营业收入、营业利润、利润总额、净利润分别填报多少？

答：营业收入=2 000 000+510 000=2 510 000（元）

营业成本=540 000+160 000=700 000（元）

营业利润=2 510 000–700 000–800 000–62 000–50 000–180 000–60 000–460 000+850 000= 1 048 000（元）

利润总额=1 048 000+90 000–30 000=1 108 000（元）

净利润=1 108 000–182 600=925 400（元）

（二）上期金额栏的填列方法

利润表"上期金额"栏内各项目数字，应根据上年度利润表"本期金额"栏内所列数字填列。如果上年度利润表规定的各个项目的名称和内容与本年度不相一致，应对上年度利润表各项目的名称和数字按照本年度的规定进行调整，填入利润表"上期金额"栏内。

知识链接

静态报表和动态报表

按照会计报表反映的资金运动状态，可将其分为静态报表和动态报表。

静态报表是指反映企业资金运动处于某一相对静止状态情况的会计报表，如反映企业某一特定日期资产、负债和所有者权益的资产负债表。

动态报表是指反映企业资金运动状况的会计报表，如反映企业一定期间的经营成果情况的损益表、反映企业一定会计期间内营运资金来源和运用及其增减变化情况的现金流量表等。

知识拓展

时点报表和时期报表

时点报表，即静态报表，是指综合反映资产、负债和所有者权益的会计报表，一般情况下，反映企业某一特定日期的财务状况的会计报表为静态会计报表，如"资产负债表"是反映一定时期企业资产总额和权益总额的报表，从企业资产总额方面反映企业的财务状况，全面反映企业资产的变现能力和偿债能力。

时期报表就是动态报表，是反映企业资金处于运动状态的会计报表，主要有反映企业在一定时期内的经营成果的"利润表"和反映企业在一定时期内经营活动、投资活动和筹资活动的"现金流量表"报表。时期报表注重的是一定时期，如资产负债表是反映企业在某一特定日期（年末、季末或月末）的资产、负债和所有者权益数额及其构成情况的会计报表就不属于时期报表了。

想一想

为什么利润表是 2 号报表

资产负债表的编号为 1 号，利润表的编号为 2 号。

请问：为什么把它们分别编为 1 号和 2 号报表？

任务四　编制其他报表及附注

【任务描述】

企业每月末应编制资产负债表和利润表，每年末除编制上述两张报表外，还应编制现金流量表和所有者权益变动表，并且需要对编制的这些财务报表做出说明。本任务就是介绍除资产负债表和利润表外的其他报表及附注。

【任务分析】

通过本任务的学习，要求学生了解现金流量表的概念和作用，懂得现金流量表的基本格式和编制方法；了解所有者权益变动表的概念和作用，懂得所有者权益变动表的基本格式和编制方法；了解财务报表附注的概念、作用和主要内容。

【知识准备与应用】

一、现金流量表的编制

（一）现金流量表的概念和作用

现金流量表是指反应一定时期内（如月度、季度或年度）企业经营活动、投资活动和筹资活动对其现金及现金等价物所产生影响的财务报表。

现金流量表是一张分析型报表，能够说明资产负债表和利润表所蕴含的深层次的财务情况，具有十分重要的作用。

（1）通过现金流量表，可以概括反映经营活动、投资活动和筹资活动对企业现金流入流出的影响。

（2）通过现金流量表，可以显示经营中产生的现金流量的多余或不足，从而揭示了公司内在的发展问题。

（3）通过现金流量表，可以对现金流入来源进行分析，对创造现金能力做出评价，并可对企业未来获取现金能力做出预测。

（4）通过现金流量表，可以对现金流量和净利润进行比较分析，可以对收益的质量做出评价。

（二）现金流量表的内容与结构

我国企业的现金流量表包括正表和补充资料两部分。

正表是现金流量表的主体，反映一定会计期间（一般为年）现金流量的主要信息，包括：一是经营活动产生的现金流量，二是投资活动产生的现金流量，三是筹资活动产生的现金流量。正表的基本结构如表 8-6 所示。

现金流量表的补充资料包括三部分内容：

（1）将净利润调节为经营活动的现金流量。

（2）不涉及现金收支的投资和筹资活动。

（3）现金及现金等价物净增加情况。

现金流量表的补充资料基本结构如表 8-7 所示。

表 8-6 现金流量表

会企 03 表

编制单位： ______年 单位：元

项 目	本期金额	上期金额
一、经营活动产生的现金流量		
销售商品、提供劳务收到的现金		
收到的税费返还		
收到其他与经营活动有关的现金		

续表

项　目	本期金额	上期金额
经营活动现金流入小计		
购买商品、接受劳务支付的现金		
支付给职工以及为职工支付的现金		
支付的各种税费		
支付其他与经营活动有关的现金		
经营活动现金流出小计		
经营活动产生的现金流量净额		
二、投资活动产生的现金流量		
收回投资收到的现金		
取得投资收益收到的现金		
处置固定资产、无形资产和其他长期资产收回的现金净额		
处置子公司及其他营业单位收到的现金净额		
收到其他与投资活动有关的现金		
投资活动现金流入小计		
购建固定资产、无形资产和其他长期资产支付的现金		
投资支付的现金		
取得子公司及其他营业单位支付的现金净额		
支付其他与投资活动有关的现金		
投资活动现金流出小计		
投资活动产生的现金流量净额		
三、筹资活动产生的现金流量		
吸收投资收到的现金		
取得借款收到的现金		
收到其他与筹资活动有关的现金		
筹资活动现金流入小计		
偿还债务支付的现金		
分配股利、利润或偿付利息支付的现金		
支付其他与筹资活动有关的现金		
筹资活动现金流出小计		
筹资活动产生的现金流量净额		
四、汇率变动对现金及现金等价物的影响		
五、现金及现金等价物净增加额		
加：期初现金及现金等价物余额		
六、期末现金及现金等价物余额		

表 8-7 现金流量表补充资料

项目	本期金额	上期金额
1. 将净利润调节为经营活动现金流量		
净利润		
加：资产减值准备		
固定资产折旧、油气资产折耗、生产性生物资产折旧		
无形资产摊销		
长期待摊费用摊销		
处置固定资产、无形资产和其他长期资产的损失（收益以“–”号填列）		
固定资产报废损失（收益以“–”号填列）		
公允价值变动缺失（收益以“–”号填列）		
财务费用（收益以“–”号填列）		
投资损失（收益以“–”号填列）		
递延所得税资产减少（增加以“–”号填列）		
递延所得税负债增加（减少以“–”号填列）		
存货减少（增加以“–”号填列）		
经营性应收项目的减少（增加以“–”号填列）		
其他		
经营活动产生的现金流量净额		
2. 不涉及现金收支的重大投资和筹资活动		
债务转为资本		
一年内到期的可转换公司债券		
融资租入固定资产		
3. 现金及现金等价物变动情况		
现金的期末余额		
减：现金的期初余额		
加：现金等价物的期末余额		
减：现金等价物的期初余额		
现金及现金等价物净增加额		

（三）现金流量表的编制方法

1. 工作底稿法

采用工作底稿法编制现金流量表，就是以工作底稿为手段，以利润表和资产负债表数据为基础，对每一项目进行分析并编制调整分录，从而编制出现金流量表。

在直接法下，整个工作底稿纵向分成三段，第一段是资产负债表项目，其中又分为借方项目和贷方项目两部分；第二段是利润表项目；第三段是现金流量表项目。工作底稿横向分为五栏，在资产负债表部分，第一栏是项目栏，填列资产负债表各项目名称；

第二栏是期初数，用来填列资产负债表项目的期初数；第三栏是调整分录的借方；第四栏是调整分录的贷方；第五栏是期末数，用来填列资产负债表各项目的期末数。在利润表和现金流量表部分，第一栏也是项目栏，用来填列利润表和现金流量表项目名称；第二栏空置不填；第三、第四栏分别是调整分录的借方和贷方；第五栏是本期数，利润表部分这一栏数字应和本期利润表数字核对相符，现金流量表部分这一栏的数字可直接用来编制正式的现金流量表。

采用工作底稿法编制现金流量表的程序是：

（1）将资产负债表的期初数和期末数过入工作底稿的期初数栏和期末数栏。

（2）对当期业务进行分析并编制调整分录。调整分录大体有这样几类：第一类是涉及利润表中的收入、成本和费用项目以及资产负债表中的资产、负债及所有者权益项目，通过调整，将权责发生制下的收入费用转换为现金基础；第二类是涉及资产负债表和现金流量表中的投资、筹资项目，反映投资和筹资活动的现金流量；第三类是涉及利润表和现金流量表中的投资和筹资项目，目的是将利润表中有关投资和筹资方面的收入和费用列入现金流量表投资、筹资现金流量中。此外，还有一些调整分录并不涉及现金收支，只是为了核对资产负债表项目的期末期初变动。

在调整分录中，有关现金和现金等价物的事项，并不直接借记或贷记现金，而是分别记入“经营活动产生的现金流量”“投资活动产生的现金流量”“筹资活动产生的现金流量”有关项目，借记表明现金流入，贷记表明现金流出。

（3）将调整分录过入工作底稿中的相应部分。

（4）核对调整分录，借贷合计应当相等，资产负债表项目期初数加减调整分录中的借贷金额以后，应当等于期末数。

（5）根据工作底稿中的现金流量表项目部分编制正式的现金流量表。

2. T形账户法

采用T形账户法，就是以T形账户为手段，以利润表和资产负债表数据为基础，对每一项目进行分析并编制出调整分录，从而编制出现金流量表。

采用T形账户法编制现金流量表的程序如下。

（1）为所有的非现金项目（包括资产负债表项目和利润表项目）分别开设T形账户，并将各自的期末期初变动数过入各该账户。

（2）开设一个大的“现金及现金等价物”T形账户，每边分为经营活动、投资活动和筹资活动三个部分，左边记现金流入，右边记现金流出。与其他账户一样，过入期末期初变动数。

（3）以利润表项目为基础，结合资产负债表分析每个非现金项目的增减变动，并据此编制调整分录。

（4）将调整分录过入各T形账户，并进行核对，该账户借贷相抵后的余额与原先过入的期末期初变动数应当一致。

（5）根据大的“现金及现金等价物”T形账户编制正式的现金流量表。

（四）现金流量表的编制内容

现金流量表分为主表和附表（补充资料）两大部分。主表的各项目金额实际上就是每笔现金流入、流出的归属，而附表的各项目金额则是相应会计账户的当期发生额或期末与期初余额的差额。附表是现金流量表中不可或缺的一部分，以下是对现金流量表附表填列所进行的总结。

一般情况下，附表项目可以直接取相应会计账户的发生额或余额，分述如下。

（1）净利润，取利润分配表“净利润”项目。

（2）计提的资产减值准备，取“管理费用”账户所属“计提的坏账准备”及“计提的存货跌价准备”“营业外支出”账户所属“计提的固定资产减值准备”“计提的在建工程减值准备”“计提的无形资产减值准备”“投资收益”账户所属“计提的短期投资跌价准备”“计提的长期投资减值准备”等明细账户的借方发生额。

（3）固定资产折旧，取“制造费用”“管理费用”“营业费用”“其他业务支出”等账户所属的“折旧费”明细账户借方发生额。

（4）无形资产摊销，取“管理费用”等账户所属“无形资产摊销”明细账户借方发生额。

（5）长期待摊费用摊销，取“制造费用”“营业费用”“管理费用”等账户所属“长期待摊费用摊销”明细账户借方发生额。

（6）待摊费用减少，取“待摊费用”账户的期初、期末余额的差额。

（7）预提费用增加，取“预提费用”账户的期末、期初余额的差额。

（8）处置固定资产、无形资产和其他长期资产的损失，取“营业外收入”“营业外支出”“其他业务收入”“其他业务支出”等账户所属“处置固定资产净收益”“处置固定资产净损失”“出售无形资产收益”“出售无形资产损失”等明细账户的借方发生额与贷方发生额的差额。

（9）固定资产报废损失，取“营业外支出”账户所属“固定资产盘亏”明细账户借方发生额与“营业外收入”账户所属“固定资产盘盈”贷方发生额的差额。

（10）财务费用，取“财务费用”账户所属“利息支出”明细账户借方发生额，不包括“利息收入”等其他明细账户发生额。

（11）投资损失，取“投资收益”账户借方发生额，但不包括“计提的短期投资跌价准备”“计提的长期投资减值准备”明细账户发生额。

（12）递延税贷项，取“递延税款”账户期末、期初余额的差额。

（13）存货的减少，取与经营活动有关的“原材料”“库存商品”“生产成本”等所有存货账户的期初、期末余额的差额。

（14）经营性应收项目的减少，取与经营活动有关的“应收账款”“其他应收款”“预付账款”等账户的期初、期末余额的差额。

（15）经营性应付项目的增加，取与经营活动有关的“应付账款”“预收账款”“应付工资”“应付福利费”“应交税金”“其他应交款”“其他应付款”等账户的期末、期初余额的差额。

二、所有者权益变动表的编制

（一）所有者权益变动表的概念和作用

1. 所有者权益变动表的概念

所有者权益变动表是指反映公司本期（年度或中期）内至截至期末所有者权益变动情况的报表。其中，所有者权益变动表应当全面反映一定时期内所有者权益变动的情况。

2. 所有者权益变动表的作用

所有者权益变动表是指反映构成所有者权益的各组成部分当期的增减变动情况的报表。通过所有者权益变动表，既可以为报表使用者提供所有者权益总量增减变动的信息，也能为其提供所有者权益增减变动的结构性信息，特别是能够让报表使用者理解所有者权益增减变动的根源。

（二）所有者权益变动表的内容与结构

所有者权益变动表以矩阵的形式列示：一方面，列示导致所有者权益变动的交易或事项，即所有者权益变动的来源，对一定时期所有者权益的变动情况进行全面反映；另一方面，按照所有者权益各组成部分（实收资本、资本公积、盈余公积、未分配利润和库存股）列示交易或事项对所有者权益各部分的影响。

我国企业所有者权益变动表的格式如表 8-8 所示。

表 8-8 所有者权益变动表 会企 04 表

编制单位： ______年度 单位：元

项目	本年金额						上年金额					
	实收资本	资本公积	减：库存股	盈余公积	未分配利润	所有者权益合计	实收资本	资本公积	减：库存股	盈余公积	未分配利润	所有者权益合计
一、上年年末余额												
加：会计政策变更												
前期差错更正												
二、本年年初余额												
三、本年增减变动金额（减少以"–"号填列）												
（一）净利润												
（二）直接计入所有者权益的利得和损失												
1. 可供出售金融资产公允价值变动净额												
2. 权益法下被投资单位其他所有者权益变动的影响												
3. 与计入所有者权益项目相关的所得税影响												
4. 其他												
上述（一）和（二）小计												

续表

项 目	本年金额						上年金额					
	实收资本	资本公积	减：库存股	盈余公积	未分配利润	所有者权益合计	实收资本	资本公积	减：库存股	盈余公积	未分配利润	所有者权益合计
（三）所有者投入和减少资本												
1. 所有者投入资本												
2. 股份支付计入所有者权益的金额												
3. 其他												
（四）利润分配												
1. 提取盈余公积												
2. 对所有者（或股东）的分配												
3. 其他												
（五）所有者权益内部结转												
1. 资本公积转增资本（或股本）												
2. 盈余公积转增资本（或股本）												
3. 盈余公积弥补亏损												
4. 其他												
四、本年年末余额												

（三）所有者权益变动表的编制方法

1. “上年年末余额”项目

反映企业上年资产负债表中实收资本（或股本）、资本公积、盈余公积、未分配利润的年末余额。

2. “会计政策变更”和“前期差错更正”项目

分别反映企业采用追溯调整法处理的会计政策变更的累积影响金额和采用追溯重述法处理的会计差错更正的累积影响金额。

3. “本年增减变动额”项目

（1）“净利润”项目，反映企业当年实现的净利润（或净亏损）金额，并对应列在“未分配利润”栏。

（2）“其他综合收益”项目，反映企业当年直接计入所有者权益的利得和损失金额。

（3）“所有者投入和减少资本”项目，反映企业当年所有者投入的资本和减少的资本。

其中：

“所有者投入资本”项目，反映企业接受投资者投入形成的实收资本（或股本）和资本溢价或股本溢价，并对应列在“实收资本”和“资本公积”栏。

（4）“利润分配”下各项目，反映当年对所有者（或股东）分配的利润（或股利）金额和按照规定提取的盈余公积金额，并对应列在“未分配利润”和“盈余公积”栏。其中：

① “提取盈余公积”项目，反映企业按照规定提取的盈余公积。

② “对所有者（或股东）的分配”项目，反映对所有者（或股东）分配的利润（或股利）金额。

（5）“所有者权益内部结转”下各项目，反映不影响当年所有者权益总额的所有者权益各组成部分之间当年的增减变动，包括资本公积转增资本（或股本）、盈余公积转增资本（或股本）、盈余公积弥补亏损等项金额。其中：

① “资本公积转增资本（或股本）”项目，反映企业以资本公积转增资本或股本的金额。

② “盈余公积转增资本（或股本）”项目，反映企业以盈余公积转增资本或股本的金额。

③ “盈余公积弥补亏损”项目，反映企业以盈余公积弥补亏损的金额。

④ 其他。

三、财务报表附注

（一）财务报表附注的概念和作用

财务报表附注是指对资产负债表、利润表、现金流量表和所有者权益变动表等报表中列示项目的文字描述或明细资料，以及对未能在这些报表中列示项目的说明等，可以使报表使用者全面了解企业的财务状况、经营成果和现金流量。

财务报表附注的作用主要体现在以下几个方面。

1. 提高会计信息的相关性和可靠性

会计信息既要相关又要可靠，相关性和可靠性是会计信息的两个基本质量特征。由于财务会计本身的局限，相关性和可靠性的选择犹如鱼与熊掌的选择，很多时候都是不可兼得的。但是，财务报表附注披露可以在不降低会计信息可靠性的前提下提高信息的相关性，如或有事项的处理。或有事项由于发生的不确定性而不能直接在主表中进行确认，但等到完全可靠或基本能够预期的时候，又可能因为及时性的丧失而损伤了信息的相关性。为此，可以通过在财务报表附注中进行披露，揭示或有事项的类型和影响，以此来提高信息的相关性。

2. 增强不同行业和行业内部不同企业之间信息的可比性

会计信息是由多种因素综合促成的，经济环境的不确定性，不同行业的不同特点，以及各个企业前后各期情况的变化，都会降低不同企业之间会计信息的可比性，以及企业前后各期会计信息的一贯性。财务报表附注可以通过披露企业的会计政策和会计估计的变更等情况，向投资者传递相关信息，使投资者能够“看透”会计方法的实质，而不被会 计方法所误导。

3. 与财务报表主表的不可分割性

财务报表主表与财务报表附注的关系可概括为：主表是根，附注是补充。没有主表的存在，附注就失去了依靠；而没有附注恰当的补充，财务报表主表的功能就难以有效地实现。

（二）我国财务报表附注的主要内容

附注应当按照以下顺序披露有关内容。

1. 企业的基本情况

（1）企业注册地、组织形式和总部地址。

（2）企业的业务性质和主要经营活动，如企业所处的行业、所提供的主要产品或服务、客户的性质、销售策略、监管环境的性质等。

（3）母公司以及集团最终母公司的名称。

（4）财务报告的批准报出者和财务报告批准报出日。

2. 财务报表的编制基础

3. 遵循企业会计准则的声明

企业应当声明编制的财务报表符合企业会计准则的要求，真实、完整地反映了企业的财务状况、经营成果和现金流量等有关信息，以此明确企业编制财务报表所依据的制度基础。

如果企业编制的财务报表只是部分地遵循了企业会计准则，附注中不得做出这种表述。

4. 重要会计政策和会计估计

根据财务报表列报准则的规定，企业应当披露采用的重要会计政策和会计估计，不重要的会计政策和会计估计可以不披露。

知识链接

企业重要的会计政策主要包括哪些

（1）编制会计合并报表所采纳的原则；

（2）外币折算时所采用的方法；

（3）收入的确认原则；

（4）所得税的会计处理方法；

（5）短期投资的期末计价方法；

（6）存货的计价方法；

（7）长期股权投资的核算方法；

（8）长期债权投资的溢折价的摊销方法；

（9）坏帐损失的具体会计处理方法；

（10）借款费用的处理方法；

（11）无形资产的计价及摊销方法；

（12）应付债券的溢折价的摊销方法。

知识拓展

财务报表附注可以借助旁注、脚注和附表等各种形式

（1）旁注。是指在财务报表的有关项目旁直接用括号加注说明，是最简单的报表注释方法。这种附注方式将补充信息直接纳入报表主体，不易为使用者所忽略，但这类附注不易过长。

（2）脚注。这种披露方式主要是对表内项目所采用的会计政策、方法等以及表内无法反映的重要事项所做的补充说明。其主要采用定性揭示并以文字表达为主，必要时也可采用表格的形式。

（3）附表。是指为了保持财务报表的简明易懂而另行编制一些反映其构成项目及年度内增减来源与金额的表格，其实际上是财务报表某些重要项目的明细表，如资产减值准备明细表、利润分配表和分部报表等。

（4）其他。对于有关社会责任、人力资源及财务预测等方面的信息，可以参照国际惯例采用企业适用的报告格式进行反映。这些报告不受会计准则的限制，也不需要接受审计，在披露上较为灵活。

想一想

月末财务报告与年末财务报告有哪些区别

按照企业财务报告的规定，月末一般编报“资产负债表”和“利润表”两张报表；年末不仅要编报“资产负债表”和“利润表”，而且还要编报“现金流量表”“所有者权益变动表”和“财务报表附注”。

请问：月末财务报告与年末财务报告有哪些区别？

项目总结

编制财务会计报告，要求学生了解财务会计报告的概念与分类，懂得财务会计报告编制的基本要求，掌握资产负债表、利润表、现金流量表和所有者权益变动表概念、作用和编制方法，懂得财务会计报表的附注及附注的主要内容。通过学习要求学生掌握本项目的知识点与技能点如表 8-9 所示。

表 8-9 编制财务会计报告的知识点与技能点

编制财务会计报告	一、认知财务会计报告	（一）财务会计报告的概念及分类
		（二）财务会计报告编制的基本要求
		（三）财务会计报告编制前的准备工作
	二、编制资产负债表	（一）资产负债表的概念与作用
		（二）资产负债表的列示要求
		（三）资产负债表的一般格式
		（四）资产负债表的编制方法

续表

编制财务会计报告	三、编制利润表	（一）利润表的概念与作用 （二）利润表的列示要求 （三）利润表的一般格式 （四）利润表的编制方法
	四、编制其他报表及附注	（一）现金流量表的编制 （二）所有者权益变动表的编制 （三）财务报表附注

项目训练

一、单项选择题

1．编制静态报表的主要依据是（　　）。

A．账户的期初余额　　B．账户的期末余额

C．账户的借方发生额　　D．账户的贷方发生额

2．编制动态报表的主要依据是（　　）。

A．账户的期初余额　　B．账户的期末余额

C．账户的本期发生额　　D．账户的期初、期末余额

3．（　　）对本单位会计报表的真实性、完整性负责。

A．编表人员　　B．会计主管人员

C．单位负责人　　D．财政部门

4．下列资产负债表项目中，（　　）应根据相应总账账户期末余额直接填列。

A．固定资产　　B．长期股权投资

C．应收票据　　D．预付账款

5．在企业会计报表体系中居于主要地位的会计报表是（　　）。

A．资产负债表　　B．利润表

C．现金流量表　　D．所有者权益变动表

6．编制资产负债表所依据的会计等式是（　　）。

A．收入−费用=利润

B．资产=负债+所有者权益

C．借方发生额=贷方发生额

D．期初余额+本期借方发生额−本期贷方发生额=期末余额

7．资产负债表中资产的排列顺序是（　　）。

A．项目重要性　　B．项目流动性

C．项目收益性　　D．项目时间性

8．可以反映企业的短期偿债能力和长期偿债能力的报表是（　　）。

A．利润表　　B．所有者权益变动表

C．资产负债表　　D．现金流量表

9.(　　)是反映企业经营成果的会计报表。

A．资产负债表　　B．利润表

C．现金流量表　　D．会计报表附注

10．按照我国现行会计制度规定，企业每个(　　)都要编制资产负债表。

A．月末　　B．季末　　C．半年度　　D．年末

二、多项选择题

1．根据我国会计准则的规定，下列属于年度财务会计报告组成部分的有(　　)。

A．资产负债表　　B．所有者权益变动表

C．利润表　　D．会计报表附注

2．以下属于财务会计报表编制要求的有(　　)。

A．编报及时　　B．全面完整

C．真实可靠　　D．节约成本

3．资产负债表反映的经济内容是企业的财务状况，表现为(　　)。

A．资产状况　　B．权益状况

C．偿债能力　　D．财务成果

4．资产负债表有(　　)两种基本格式。

A．账户式　　B．报告式

C．资产权益式　　D．收入费用式

5．资产负债表左方反映的经济内容有(　　)。

A．流动负债　　B．流动资产

C．长期股权投资　　D．无形资产及其他资产

6．企业财务会计报告的使用者通常包括(　　)。

A．投资者　　B．债权人

C．企业管理人员　　D．政府及相关机构

7．财务会计报告可以提供企业(　　)的信息。

A．财务状况　　B．经营成果

C．劳动状况　　D．现金流量

8．企业编制财务会计报告，应当严格遵循国家会计制度规定的(　　)。

A．编制基础　　B．编制依据

C．编制原则　　D．编制方法

9．负债一般分为(　　)。

A．流动负债　　B．短期负债

C．非流动负债　　D．预计负债

10．下列项目中，属于非流动负债的有(　　)。

A．应付债券　　B．应付股利

C．专项应付款　　D．长期应付款

三、判断题

1．根据我国现行《企业会计制度》的规定，只有月度财务会计报告中仅包括会计报

表。(　　)

2．财务会计报告是企业会计核算的最终成果。(　　)

3．季度财务会计报告应包括的内容与月度财务会计报告基本相同。(　　)

4．对于财务会计报告，企业可以根据需要不定期编制。(　　)

5．企业对重要的事项，应当按照要求在会计报表附注中进行说明。(　　)

6．在一年内到期的长期负债应属于流动负债项目。(　　)

7．资产负债表是反映企业在一定时期内财务状况的报表。(　　)

8．在我国，对外会计报表的种类、格式、指标内容和编报时间等，都是由国家统一的会计制度予以规定的。(　　)

9．会计报表应当根据经过审核无误的会计账簿记录和有关资料编制。(　　)

10．会计报表附注是对会计报表的编制基础、编制依据、编制原则和方法及主要项目所作的解释，以便于会计报表使用者理解会计报表的内容。 (　　)

四、简答题

1．什么是财务会计报告？财务会计报告具体包括哪些内容？

2．编制财务会计报告有哪些基本要求？

3．什么是资产负债表？其作用是什么？

4．什么是利润表？其作用是什么？

5．什么是现金流量表？从哪几方面反映现金流量变化？

6．财务报表附注主要说明哪些情况？

五、实训题

实训一、练习财务报表项目的计算

1．某企业期末“应收账款”账户为借方余额 207 000 元，其所属明细账户的借方余额合计为 280 000 元，所属明细账户贷方余额合计为 73 000 元，“坏账准备”账户贷方余额 1 000 元，其中针对应收账款的坏账准备为 680 元。要求计算：该企业资产负债表中“应收账款”项的期末数。

2．某企业期末“固定资产”账户借方余额为 200 万元，“累计折旧”账户贷方余额为 80 万元，“固定资产减值准备”账户贷方余额为 30 万元，“固定资产清理”账户为借方余额 2 万元。要求计算该企业资产负债表中“固定资产”项目的期末数。

3．全部损益账户的本月发生额如下：营业收入 800 万元，营业成本 500 万元，营业税金及附加 86 万元，销售费用 50 万元，管理费用 40 万元，财务费用 10 万元，营业外收入 5 万元，所得税费用 44 万元。要求计算润表中“净利润”项目的本月数。

4．部分账户的期末余额如下：库存现金 2 万元，银行存款 80 万元，其他货币资金 5 万元，应收账款 25 万元。要求计算资产负债表中的“货币资金”项目。

5．全部损益账户的本月发生额如下：营业收入 800 万元，营业成本 500 万元，营业税金及附加 86 万元，销售费用 50 万元，管理费用 40 万元，财务费用 10 万元，营业外收入 5 万元，所得税费用 44 万元。要求计算利润表中“营业利润”项目。

实训二、练习资产负债表的编制

资料：

东方公司 2017 年 12 月 31 日各账户的期末余额如下：（单位：元）

账户名称	借方余额	账户名称	贷方余额
现金	800	短期借款	50 000
银行存款	450 000	应付账款	350 000
应收账款	29 000	其他应付款	4 000
其他应收款	2 200	应付职工薪酬	34 000
原材料	200 000	应缴税费	11 000
生产成本	147 000	应付利润	32 000
库存商品	150 000	应付利息	1 000
长期待摊费用	3 000	累计折旧	500 000
长期股权投资	100 000	长期借款	200 000
固定资产	3 070 000	实收资本	2 500 000
无形资产	30 000	盈余公积	200 000
		利润分配	300 000
合计	4 182 000	合计	4 182 000

应收账款明细账： 甲企业借方余额 31 000 元
乙企业贷方余额 11 000 元
丙企业借方余额 9 000 元
应付账款明细账： A 企业贷方余额 400 000 元
B 企业借方余额 50 000 元

要求：根据资料，编制该公司 2017 年 12 月 31 日的资产负债表。

实训三、练习利润表的编制

资料：

宏达公司 2017 年 12 月 31 日损益类账户余额如下：

账户	借方	贷方
主营业务收入		8 000 000
其他业务收入		150 000
投资收益		200 000
主营业务成本	6 000 000	
营业税金及附加	15 000	
其他业务成本	120 000	
销售费用	180 000	
管理费用	400 000	
财务费用	58 000	
营业外支出	80 000	

要求：

1. 结转本月损益类账户余额。
2. 按 25%税率计提并结转所得税。（假设无纳税调整项目）
3. 按本年净利润的 10%提取法定盈余公积金。
4. 经股东大会批准，本年度向投资者分配利润 580 000 元。
5. 根据以上资料编制该企业 12 月的利润表。

项目九 选择账务处理程序

学习目标

知识目标

- 理解账务处理程序的概念和意义
- 熟悉账务处理程序的种类
- 懂得财务处理程序选择的基本要求
- 懂得记账凭证账务处理程序的特点、适用范围和优缺点
- 懂得科目汇总表账务处理程序的特点、适用范围和优缺点
- 懂得汇总记账凭证账务处理程序的特点、适用范围和优缺点

能力目标

- 掌握记账凭证账务处理程序的具体操作
- 掌握科目汇总表账务处理程序的具体操作
- 掌握汇总记账凭证账务处理程序的具体操作

典型项目

会计工作组织

万达公司财务部长组织总公司、分公司、子公司的财务主管理业务研讨，他说，公司大大小小有近百家单位，你们都是各个单位的财务负责人，今天研讨的题目就是：会计工作组织。大家都知道会计工作的三大核心是填制会计凭证、登记会计账簿、编制会计报表，而要把这三块工作组织起来就是账务处理程序。账务处理程序的选择科学与否直接关系到会计核算的质量和效益。

任务提出：

1. 账务处理程序有哪几种？其适用范围是什么？
2. 你公司应选择什么样的账务处理程序？为什么？
3. 各种财务处理程序其本质区别是什么？重点是要做好什么工作？

通过本项目的学习，将帮助你完成财务部长提出的上述有关问题。

任务一　认知账务处理程序

【任务描述】

账务处理程序是会计凭证、会计账簿、会计报表三者有机组合的方法。在企业实际工作中，由于单位规模不同和业务繁简不同，企业单位之间的账务处理程序各不相同。

【任务分析】

通过学习本任务，要求学生了解账务处理程序的概念和意义，明确账务处理程序的种类和适用范围，懂得科学选择账务处理程序的基本要求。

【知识准备与应用】

一、账务处理程序的概念和意义

账务处理程序，又称会计核算组织程序或会计核算形式，是指会计凭证、会计账簿、会计报表相结合的方式，即由填制和审核原始凭证到编制记账凭证，登记日记账、明细分类账和总分类账，编制财务报表的工作程序和方法等。具体地说，就是通过凭证、账簿、报表组织体系，按照一定的步骤或程序将三者有机结合起来，最终产生并提供有用的会计信息。

账务处理程序主要包括两部分内容。

（1）建立凭证、账簿和报表组织体系。其中凭证组织是指会计凭证的种类、格式及各种凭证之间的关系；账簿组织是指账簿的种类、格式及各种账簿之间的关系；报表组织是指报表的种类、格式及各种报表之间的关系。上述三种组织构成了一个完整的体系，其核心是账簿组织。

（2）记账步骤（程序），是指从会计凭证的取得、填制到账簿的登记，再到会计报表的编制这一整个过程的具体步骤。填制和审核会计凭证、登记会计账簿和编制会计报表是会计核算的基本环节，为了保证账簿记录的正确性和完整性，通常还需要在编制会计报表之前增加一些环节，如进行账项调整和进行试算平衡。

科学、合理地选择账务处理程序有重要意义，良好的账务处理程序有利于会计工作程序的规范化，提高会计信息质量；有利于保证会计记录的完整性、正确性，增强会计信息的可靠性；有利于减少不必要的会计核算环节，提高会计工作效率，保证会计信息的及时性。

二、账务处理程序的种类

在会计实践中，不同的账簿组织、记账程序和记账方法，及其不同的结合方式，形成了不同种类的账务处理程序。账务处理程序可以分为记账凭证账务处理程序、汇总记账凭证账务处理程序。在我国，常用的账务处理程序主要有：记账凭证账务处理程序、科目汇总表账务处理程序、汇总记账凭证账务处理程序。

以上账务处理程序有很多相同点，不同之处主要表现在登记总分类账的依据和方法不同。

1. 记账凭证账务处理程序

记账凭证账务处理程序是指对发生的经济业务事项，都要根据原始凭证或汇总原始凭证编制记账凭证，然后直接根据每一张记账凭证逐笔登记总分类账的一种账务处理程序。它是基本的账务处理程序，其他各种账务处理程序是在这种账务处理程序的基础上发展而形成的。

2. 科目汇总表账务处理程序

科目汇总表账务处理程序又称为记账凭证汇总表账务处理程序，它是根据记账凭证分类定期编制科目汇总表，再根据科目汇总表登记总分类账的一种账务处理程序。科目汇总表账务处理程序的特点是：定期地将所有的记账凭证编制成科目汇总表，然后再根据科目汇总表登记总分类账。

3. 汇总记账凭证账务处理程序

汇总记账凭证账务处理程序是根据原始凭证或汇总原始凭证编制记账凭证，定期根据记账凭证分类编制汇总收款凭证、汇总付款凭证和汇总转账凭证，再根据汇总记账凭证登记总分类账的一种账务处理程序。汇总记账凭证账务处理程序，与前述的记账凭证账务处理程序的区别主要在总分类的登记上。它的特点是是定期（5 天、10 天、15 天）将全部记账凭证按收、付款凭证和转账凭证分别归类编制成汇总记账凭证，然后在根据汇总记账凭证登记总分类账。

4. 多栏式日记账账务处理程序

多栏式日记账账务处理程序是指先根据是收款凭证、付款凭证登记多栏式现金日记账和多栏式银行存款日记账；根据转账凭证填制转账凭证科目汇总表；然后根据多栏式现金日记账和多栏式银行存款日记账和转账凭证科目汇总表登记总分类账的一种账务处理程序。

5. 日记总账账务处理程序

日记总账账务处理程序是指在账务处理程序中设置一本兼具日记账和总账性质的日记总账，对一切经济业务既进行序时登记，又进行总分类登记的一种账务处理程序，其账务处理程序的特点是根据业务发生的时间顺序登记，且将所有科目的总分类核算都集中在一张日记总账账页上。

三、选择账务处理程序的要求

选择科学合理的会计账务处理程序，是组织会计工作，进行会计核算的前提。虽然在实际工作中有不同的会计账务处理程序，但是它们都应符合以下三个要求。

1. 适用性

适用性，即财务处理程序的选择要与本单位的性质、规模和业务的繁简等相适应，以保证会计核算的顺利进行。

2. 实用性

实用性，即账务处理程序的选择要使提供的会计核算资料既及时、准确，又系统、全面，在利于及时掌握资金运动现状，有效地参与经营决策。

3. 效率性

效率性，即账务处理程序的选择要在保证核算资料及时、准确的基础上，要力求提高会计核算的效率，节省核算费用。

任务二 记账凭证账务处理程序

【任务描述】

记账凭证账务处理程序是一种最基本的会计账务处理程序，就是直接根据记账凭证登记总分类账，其他账务处理程序是在其基础上的拓展。

【任务分析】

通过本任务的学习，要求学生掌握记账凭证账务处理程序的操作步骤，明确其特点、优缺点和适用范围。

【知识准备与应用】

在记账凭证账务处理程序下，记账凭证可以采用一种通用的格式，即通用记账凭证；也可以采用收款凭证、付款凭证和转账凭证三种格式，即专用记账凭证。账簿组织，一般应设置库存现金日记账、银行存款日记账、总分类账和明细分类账。

一、记账凭证账务处理程序的一般步骤

① 根据原始凭证编制汇总原始凭证。

② 根据原始凭证或汇总原始凭证，编制记账凭证。

③ 根据收款凭证、付款凭证逐笔登记现金日记账和银行存款日记账。

④ 根据原始凭证、汇总原始凭证和记账凭证，登记各种明细分类账。

⑤ 根据记账凭证逐笔登记总分类账。

⑥ 期末，现金日记账、银行存款日记账和明细分类账的余额同有关总分类账的余额核对相符。

⑦ 期末，根据总分类账和明细分类账的记录，编制会计报表。

记账凭证账务处理程序如图 9-1 所示。

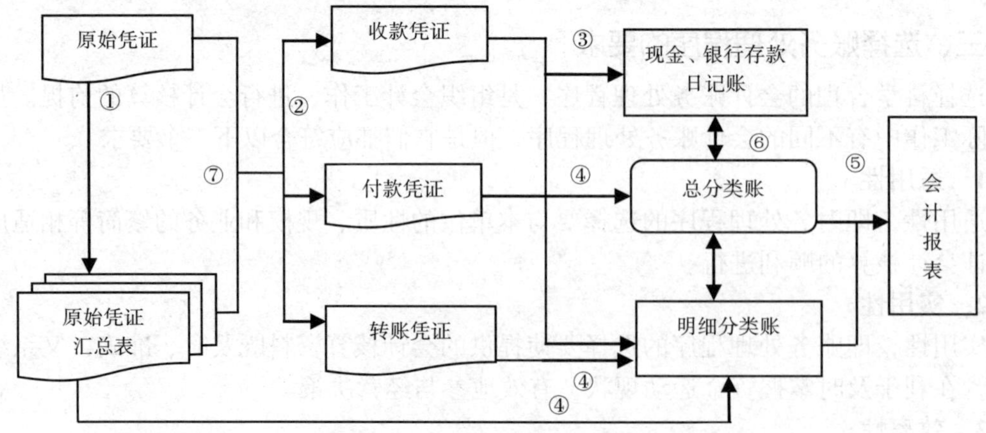

图 9-1 记账凭证账务处理程序

二、记账凭证账务处理程序的评价

1. 特点

记账凭证账务处理程序的特点是直接根据各种记账凭证逐笔登记总分类账。

2. 优缺点

优点：直接根据记账凭证登记总账，简单明了，易于理解，总分类账可以较详细地反映经济业务的发生情况。

缺点：登记总分类账的工作量较大。对于经济业务较多，经营规模较大的企业，总分类账的登记工作过于繁重。

3. 适用范围

适用范围：规模较小、经济业务量较少的单位。

直接根据记账凭证逐笔登记总分类账，是记账凭证账务处理程序与其他账务处理程序不同的做法，是记账凭证账务处理程序的一个鲜明特点。记账凭证账务处理程序是一种最基本的账务处理程序，其他账务处理程序都是在记账凭证账务处理程序的基础上发展而来的。

任务三　科目汇总表账务处理程序

【任务描述】

记账凭证账务处理程序仅适用于规模不大、经济业务较少的单位，如果企业经济业务较多时，一般就要采用科目汇总表账务处理程序。

【任务分析】

通过本任务的学习，要求学生掌握科目汇总表的编制，掌握科目汇总表账务处理程序的操作步骤，明确其特点、优缺点和适用范围。

【知识准备与应用】

一、科目汇总表的编制方法

科目汇总表，又称记账凭证汇总表，是企业通常定期对全部记账凭证进行汇总后，按照不同的会计科目分别列示各账户借方发生额和贷方发生额的一种汇总凭证。

科目汇总表的编制方法是：将一定时期内的全部记账凭证按照相同科目归类，汇总计算出每一总账科目的本期借方发生额和贷方发生额合计数，填入表内，全部科目的借方发生额合计数应与贷方发生额合计数相等。

为了便于编制科目汇总表，使得分别汇总计算其借方和贷方金额时不易发生差错，平时填制转账凭证时，应尽可能使账户的对应关系保持“一借一贷”，避免“一借多贷”“一贷多借”和“多借多贷”。

科目汇总表的作用与汇总记账凭证相似，但它们的结构不同，填制的方法也不相同。汇总记账凭证是以每一账户的贷方（或借方）分别按相对应的借方（或贷方）账户汇总一定时期内的借贷方发生额；科目汇总表则定期汇总每一账户的本期借、贷方发生额，并不按对应账户汇总。

因此，汇总记账凭证能够反映各账户之间的对应关系，而科目汇总表不能反映各账户之间的对应关系。

二、科目汇总表账务处理程序的一般步骤

科目汇总表账务处理程序下，会计凭证可采用通用格式，也可采用收款凭证、付款凭证和转账凭证的专用格式。同时应设置记账凭证汇总表即科目汇总表。科目汇总表账务处理程序的一般步骤是：

① 根据原始凭证编制汇总原始凭证。

② 根据原始凭证或汇总原始凭证，编制记账凭证。

③ 根据收款凭证、付款凭证逐笔登记现金日记账和银行存款日记账。

④ 根据原始凭证、汇总原始凭证和记账凭证，登记各种明细分类账。

⑤ 根据各种记账凭证编制科目汇总表。

⑥ 根据科目汇总表登记总分类账。

⑦ 期末，现金日记账、银行存款日记账和明细分类账的余额同有关总分类账的余额核对相符。

⑧ 期末，根据总分类账和明细分类账的记录，编制会计报表。

科目汇总表账务处理程序如图 9-2 所示。

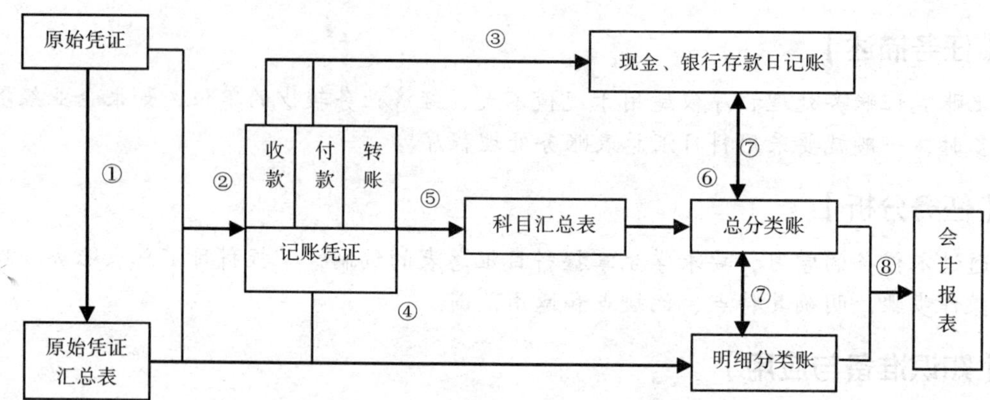

图 9-2 科目汇总表账务处理程序

三、科目汇总表账务处理程序的评价

1. 特点

科目汇总表账务处理程序的特点是先将所有记账凭证汇总编制成科目汇总表，然后以科目汇总表为依据登记总分类账。

2. 优缺点

优点：可以简化总分类账的登记工作，减轻了登记总分类账的工作量，并可做到试算平衡，简明易懂，方便易学。

缺点：科目汇总表不能反映账户对应关系，不便于查对账目。

3. 适用范围

适用范围：经济业务较多的单位。（不用考虑经营规模）

任务四 汇总记账凭证账务处理程序

【任务描述】

科目汇总表适用于经济业务较多的单位，如果企业规模大、经济业务较多时，一般就要采用汇总记账凭证账务处理程序。

【任务分析】

通过本任务的学习，要求学生掌握汇总记账凭证的编制，掌握汇总记账凭证账务处理程序的操作步骤，明确其特点、优缺点和适用范围。

【知识准备与应用】

在汇总记账凭证账务处理下，记账凭证可采用通用的统一格式，也可分别按收款、付款及转账业务分别设置收款凭证、付款凭证和转账凭证三种专用记账凭证。同时，还须设置汇总记账凭证。如果记账凭证是通用的统一格式，设置的汇总记账凭证也应采用通用的统一格式。如果记账凭证是收、付、转三种专用格式，则应分别设置汇总收款凭证、汇总付款凭证、汇总转账凭证。对于转账业务不多的企业，也可以只设置汇总收款凭证和汇总付款凭证，分别汇总收款凭证和付款凭证，而转账凭证则不需汇总。

一、汇总记账凭证的编制方法

汇总记账凭证的编制是按每个账号设置，并按账户借方或贷方的对应账户汇总。

汇总记账凭证分为汇总收款凭证、汇总付款凭证和汇总转账凭证三种格式。

（一）汇总收款凭证的编制

汇总收款凭证，是指按“库存现金”和“银行存款”账户的借方分别设置的一种汇总记账凭证。它汇总了一定时期内库存现金和银行存款的收款业务。

汇总收款凭证的编制方法是：将一定时期内全部库存现金和银行存款收款凭证，分别按其对应贷方科目进行归类，计算出每一贷方科目发生额合计数，填入汇总收款凭证中。一般可 5 天、10 天或 15 天汇总一次，月终计算出合计数，据以登记总分类账。汇总收款凭证如表 9-1 和表 9-2 所示。

表 9-1 汇总收款凭证

借方科目：库存现金　　　　年　月　　　　汇收字　　号

贷方科目	金额				总账页数	
	1~10 号收款凭证 第　号至　号	11~20 号收款凭证 第　号至　号	21~31 号收款凭证 第　号至　号	本月合计	借方	贷方
本月合计						

表 9-2 汇总收款凭证

借方科目：银行存款 年 月 汇收字 号

贷方科目	金额				总账页数	
	1~10 号收款凭证 第 号至 号	11~20 号收款凭证 第 号至 号	21~31 号收款凭证 第 号至 号	本月合计	借方	贷方
本月合计						

（二）汇总付款凭证

汇总付款凭证，是指按“库存现金”和“银行存款”账户的贷方分别设置的一种汇总记账凭证。它汇总了一定时期内库存现金和银行存款的付款业务。

汇总付款凭证的编制方法是：将一定时期内全部库存现金和银行存款付款凭证，分别按其对应借方科目进行归类，计算出每一借方科目发生额合计数，填入汇总付款凭证中。一般可 5 天、10 天或 15 天汇总一次，月终计算出合计数，据以登记总分类账。汇总付款凭证如表 9-3 和表 9-4 所示。

表 9-3 汇总付款凭证

贷方科目：库存现金 年 月 汇付字 号

借方科目	金额				总账页数	
	1~10 号付款凭证 第 号至 号	11~20 号付款凭证 第 号至 号	21~31 号付款凭证 第 号至 号	本月合计	借方	贷方
本月合计						

表 9-4 汇总付款凭证

贷方科目：银行存款 年 月 汇付字 号

借方科目	金额				总账页数	
	1~10 号付款凭证 第 号至 号	11~20 号付款凭证 第 号至 号	21~31 号付款凭证 第 号至 号	本月合计	借方	贷方
本月合计						

（三）汇总转账凭证

汇总转账凭证，是指按每一贷方科目分别设置，用来汇总一定时期内转账业务的一种汇总记账凭证。

汇总转账凭证根据所设置账户的贷方进行编制。汇总转账凭证是在对所设置账户相对应的借方账户分类之后，进行汇总填制。总分类账根据汇总转账凭证的合计数进行登记，分别计入对应账户的总分类账户的贷方。并将汇总转账凭证上各账户借方的合计数分别计入有关总分类账户的借方。一般可 5 天、10 天或 15 天汇总一次，月终计算出合计数，据以登记总分类账。需要注意的是，在编制的过程中贷方账户必须是唯一，借方账户可一个或多个，即转账凭证必须是："一借一贷"或"多借一贷"，避免"一借多贷"或"多借多贷"。

如果在一个月内某一贷方账户的转账凭证不多，可不编制汇总转账凭证，直接根据单个的转账凭证登记总分类账。汇总转账凭证如表 9-5 所示。

表 9-5 汇总转账凭证

贷方科目： 年 月 汇转字 号

借方科目	金额				总账页数	
	1~10 号转账凭证 第 号至 号	11~20 号转账凭证 第 号至 号	21~31 号转账凭证 第 号至 号	本月合计	借方	贷方
本月合计						

编制完汇总记账凭证，据以登记总分类账。总分类账的登记在月终进行。根据汇总收款凭证的合计数，记入总分类账："库存现金"和"银行存款"账户的借方，以及有关账户的贷方；根据汇总付款凭证的合计数，记入总分类账"库存现金"或"银行存款"账户的贷方，以及有关账户的借方；根据汇总转账凭证的合计数，记入总分类账户设置科目的贷方，以及有关账户的借方。

二、汇总记账凭证账务处理程序的一般步骤

① 根据原始凭证编制汇总原始凭证。

② 根据原始凭证或汇总原始凭证，编制记账凭证。

③ 根据收款凭证、付款凭证逐笔登记现金日记账和银行存款日记账。

④ 根据原始凭证、汇总原始凭证和记账凭证，登记各种明细分类账。

⑤ 根据各种记账凭证编制有关汇总记账凭证。

⑥ 根据各种汇总记账凭证登记总分类账。

⑦ 期末，现金日记账、银行存款日记账和明细分类账的余额同有关总分类账的余额核对相符。

⑧ 期末，根据总分类账和明细分类账的记录，编制会计报表。

汇总记账凭证账务处理程序如图 9-3 所示。

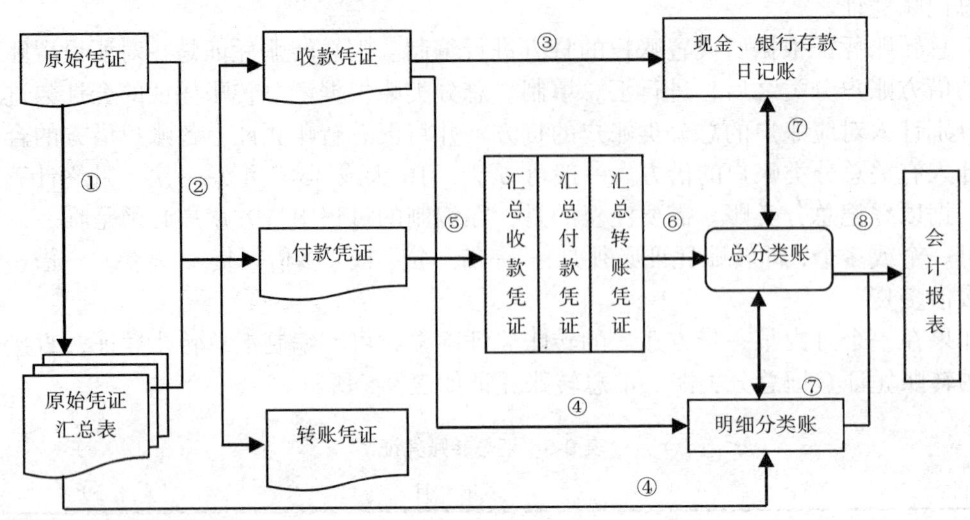

图 9-3 汇总记账凭证账务处理程序

三、汇总记账凭证账务处理程序的评价

1．特点

汇总记账凭证账务处理程序的特点是先根据记账凭证编制汇总记账凭证，再根据汇总记账凭证登记总分类账。

2．优缺点

优点：减轻了登记总分类账的工作量，便于了解账户之间的对应关系。

缺点：按每一贷方科目编制汇总转账凭证，不利于会计核算的日常分工，当转账凭证较多时，编制汇总转账凭证的工作量较大。

3．适用范围

适用范围：规模较大、经济业务较多的单位。

知识链接

各种账务处理程序的区别

项目	记账凭证账务处理程序	汇总记账凭证账务处理程序	科目汇总表账务处理程序
优点	简单明了，总分类账可以较详细地反映经济业务的发生情况	减轻了登记总分类账的工作量，便于了解账户之间的对应关系	可以简化总分类账的登记工作，并可做到试算平衡
缺点	登记总分类账的工作量较大	不利于日常分工，当转账凭证较多时，编制汇总转账凭证的工作量较大	不能反映账户对应关系，不便于查对账目
适用范围	规模较小、经济业务量较少的单位	规模较大、经济业务较多的单位	经济业务较多的单位
登记总账的依据	据记账凭证逐笔登记	据汇总记账凭证登记	据科目汇总表登记

知识拓展

在根据多栏式日记账登记总账的情况下账务处理有哪两种做法

在根据多栏式现金日记账和银行存款日记账登记总账的情况下，账务处理可有如下两种做法。

第一种做法：由出纳人员根据审核后的收、付款凭证逐日逐笔登记现金和银行存款的收入日记账和支出日记账，每日应将支出日记账当日支出合计数，转记入收入日记账中支出合计栏中，以结算当日账面余额。会计人员应对多栏式现金和银行存款日记账的记录加强检查监督，并负责于月末根据多栏式现金和银行存款日记账各专栏的合计数，分别登记总账有关账户。

第二种做法：另外设置现金和银行存款出纳登记簿，由出纳人员根据审核后的收、付款凭证逐日逐笔登记，以便逐笔掌握库存现金收付情况，及时同银行核对收付款项；然后将收、付款凭证交由会计人员据以逐日汇总登记多栏式现金和银行存款日记账，并于月末根据多栏式日记账登记总账。出纳登记簿与多栏式现金和银行存款日记账要相互核对。

上述第一种做法可以简化核算工作，第二种做法可以加强内部牵制。总之，采用多栏式现金和银行存款日记账可以减少收款凭证的汇总编制手续，简化总账登记工作，而且可以清晰地反映账户的对应关系，了解现金和银行存款收付款项的来龙去脉。

想一想

企业的总账依据什么登记

会计常用的账务处理程序有三种，即记账凭证账务处理程序、科目汇总表账务处理程序和汇总记账凭证账务处理程序。

请问：这三种账务处理程序的特点是什么？总账分别依据什么登记？

项目总结

选择账务处理程序，要求学生了解账务处理程序的概念、意义和种类，懂得选择账务处理程序的要求，掌握记账凭证账务处理程序、科目汇总表账务处理程序和汇总记账凭证账务处理程序的一般步骤，懂得各种账务处理程序的特点、优缺点和适用范围。通过学习要求学生掌握本项目的知识点与技能点如表 9-6 所示。

表 9-6　选择财务处理程序的知识点与技能点

<table>
<tr><td rowspan="5">选择账务处理程序</td><td rowspan="3">一、认知账务处理程序</td><td>（一）账务处理程序的概念和意义</td></tr>
<tr><td>（二）账务处理程序的种类</td></tr>
<tr><td>（三）选择账务处理程序的要求</td></tr>
<tr><td rowspan="2">二、记账凭证账务处理程序</td><td>（一）记账凭证账务处理程序的一般步骤</td></tr>
<tr><td>（二）记账凭证账务处理程序的评价</td></tr>
</table>

续表

选择账务处理程序	三、科目汇总表账务处理程序	（一）科目汇总表的编制方法 （二）科目汇总表账务处理程序的一般步骤 （三）科目汇总表账务处理程序的评价
	四、汇总记账凭证账务处理程序	（一）汇总记账凭证的编制方法 （二）汇总记账凭证账务处理程序的一般步骤 （三）汇总记账凭证账务处理程序的评价

项目训练

一、单项选择题

1．科目汇总表账务处理程序和汇总记账凭证账务处理程序的主要相同点是（　　）。

A．记账凭证汇总的方法相同　　B．登记总账的依据相同

C．会计凭证的种类相同　　D．记账凭证都需要汇总并且记账步骤相同

2．直接根据记账凭证逐笔登记总分类账，这种账务处理程序是（　　）。

A．记账凭证账务处理程序　　B．科目汇总表账务处理程序

C．汇总记账凭证账务处理程序　　D．日记总账账务处理程序

3.会计凭证方面,科目汇总表账务处理程序比记账凭证账务处理程序增设了(　　)。

A．原始凭证汇总表　　B．汇总原始凭证

C．科目汇总表　　D．汇总记账凭证

4．既能汇总登记总分类账，减轻总账登记工作，又能明确反映账户对应关系，便于查账、对账的账务处理程序是（　　）。

A．科目汇总表账务处理程序　　B．汇总记账凭证账务处理程序

C．多栏式日记账账务处理程序　　D．日记账账务处理程序

5．汇总记账凭证账务处理程序适用于（　　）的单位。

A．规模较小，业务量较少　　B．规模较大，业务量较多

C．规模较大，业务量较少　　D．规模较小，业务量较多

6．科目汇总表账务处理程序的缺点是（　　）。

A．不利于会计核算分工　　B．不能进行试算平衡

C．反映不出账户的对应关系　　D．会计科目数量受限制

7．在科目汇总表账务处理程序下，登记总分类账的依据是（　　）。

A．记账凭证　　B．科目汇总表

C．汇总记账凭证　　D．原始凭证

8．各种账务处理程序之间的主要区别在于（　　）不同。

A．登记总账的依据和方法　　B．反映经济业务的内容

C．企业的会计制度　　D．所采用的会计核算方法

9．汇总记账凭证账务处理程序的特点，是根据（　　）登记总账。

A．记账凭证　　B．汇总记账凭证

C．科目汇总表　　D．多栏式日记账

10．在下列账务处理程序中，最基本的账务处理程序是（　　）。

A．日记总账账务处理程序　　B．记账凭证账务处理程序

C．科目汇总表账务处理程序　　D．汇总记账凭证账务处理程序

二、多项选择题

1．各种账务处理程序的基本相同点有（　　）。

A．填制记账凭证的依据相同　　B．登记明细账的依据和方法相同

C．登记总分类账的依据和方法相同　　D．编制会计报表的依据和方法相同

2．有关记账凭证账务处理程序的说法正确的有（　　）。

A．缺点是登记总分类账的工作量较大

B．优点是简单明了，易于理解

C．适用于规模较小、经济业务量较少的单位使用

D．能进行试算平衡

3．有关科目汇总表账务处理程序的说法正确的有（　　）。

A．减少了登记总分类账的工作量

B．可做到试算平衡

C．不能反映账户之间的对应关系，不便于查核账目

D．是最简单的账务处理程序

4．在汇总记账凭证账务处理程序下，应设置（　　）等。

A．收款凭证、付款凭证和转账凭证

B．汇总收款凭证、汇总付款凭证和汇总转账凭证

C．库存现金和银行存款日记账

D．总分类账

5．汇总记账凭证账务处理程序的优点包括（　　）。

A．便于会计核算的日常分工　　B．便于了解账户之间的对应关系

C．减轻了登记总分类账的工作量　　D．便于试算平衡

6．科目汇总表账务处理程序的主要特点包括（　　）。

A．直接根据记账凭证登记总账　　B．直接根据记账凭证登记明细账

C．定期编制科目汇总表　　D．根据科目汇总表登记总账

7．记账凭证账务处理程序的优点主要有（　　）。

A．简单明了、手续简便　　B．便于了解账户之间的对应关系

C．减轻了登记总分类账的工作量　　D．适用于规模较小、业务量较少的单位

8．采用科目汇总表账务处理程序时，月末应将（　　）与总分类账进行核对。

A．银行存款日记账　　B．现金日记账

C．明细分类账　　D．汇总记账凭证

9．在不同账务处理程序下，下列可以作为登记总分类账依据的有（　　）。

A．记账凭证　　B．科目汇总表

C．汇总记账凭证　　D．多栏式日记账

10．能够起到简化登记总分类账工作的账务处理程序的有（　　）。

A．汇总记账凭证账务处理程序　　B．记账凭证账务处理程序
C．科目汇总表账务处理程序　　D．日记总账账务处理程序

三、判断题

1．汇总记账凭证账务处理程序可以简化总账的登记工作，所以适应规模大、经济业务较多的大中型企业单位。(　　)

2．各种账务处理程序之间的主要区别在于登记总账的依据和方法不同。(　　)

3．在所有账务处理程序中，账簿组织是核心，会计凭证的种类、格式和填制方法都要与之相适应。(　　)

4.科目汇总表账务处理程序,是以科目汇总表作为登记总账和明细账的依据。(　　)

5．在汇总凭证账务处理程序下，记账凭证必须使用收、付、转三种格式，以便于进行汇总。(　　)

6.科目汇总表不仅能起到试算平衡作用,而且可以反映账户之间的对应关系。(　　)

7．记账凭证账务处理程序适用于规模较小、经济业务量较少的单位。(　　)

8．在记账凭证账务处理程序下，需要设置银行存款日记账，一般采用三栏式、多栏式和数量金额式账页格式。(　　)

9．在采用汇总记账凭证账务处理程序下，企业应定期分别编制汇总收款凭证、汇总付款凭证及汇总转账凭证。(　　)

10．企业提高会计核算质量、充分发挥会计工作效能的一个重要前提，就是选用适当的账务处理程序。(　　)

四、简答题

1．什么是账务处理程序？其种类和意义是什么？

2．记账凭证账务处理程序的步骤、优缺点和适用范围是什么？

3．科目汇总表账务处理程序的步骤、优缺点和适用范围是什么？

4．汇总记账凭证账务处理程序的步骤、优缺点和适用范围是什么？

五、实训题

实训一、练习记账凭证账务处理程序。

资料：

大华公司 2017 年 12 月初各账户余额如下：

账户余额

单位：元

账户名称	借方金额	账户名称	贷方金额
库存现金	1 700	累计折旧	160 700
银行存款	154 500	短期借款	52 000
应收账款	20 100	应付账款	30 000
其他应收款	3 500	应付职工薪酬	10 380
原材料	170 900	应交税费	15 650
库存商品	84 700	其他应付款	1 600
固定资产	310 800	实收资本	500 000

续表

账户名称	借方金额	账户名称	贷方金额
本年利润	27 800	盈余公积	3 670
合计	774 000	合计	774 000

大华公司2017年12月发生下列经济业务：

1．1日，向北方工厂购入甲材料300千克，每千克120元，计36 000元，增值税6 120元，货款及税款均以银行存款支付，材料已验收入库。

2．1日，以银行存款15 650元缴纳上月增值税。

3．4日，以银行存款20 000元归还短期借款。

4．5日，收到西方工厂还来前欠货款15 000元，存入银行。

5．5日，以现金240元购入办公用品，当即交管理部门使用。

6．5日，仓库发出乙材料500千克，每千克进价100元，其中300千克用于制造A产品，200千克用于制造B产品。

7．6日，购入新机器一台，价值40 000元，以银行存款支付。

8．6日，销售给南方工厂A产品300件，每件售价180元，价款54 000元，增值税9 180元，货款及税款存入银行。

9．7日，销售给WW工厂B产品100件，每件售价400元，货款40 000元，增值税6 800元，货款及税款尚未收到。

10．8日，仓库发出甲材料800千克，每千克120元，用于制造A产品。

11．8日，以银行存款支付车间电话费328元，管理部门电话费490元。

12．8日，以现金200元支付产品宣传费。

13．11日，购入工作服一批，价值4 000元，增值税680元。工作服验收入库，价款以银行存款支付。

14．11日，车间领用工作服一批，计4 000元。

15．12日，向南方工厂购入乙材料200千克，每千克98.80元，价款19 760元，增值税3 359.20元，运费240元，增值税26.40元，全部款项以银行存款支付，材料验收入库。

16．12日，仓库发出甲材料200千克，每千克进行120元，用于制造B产品。

17．13日，从银行存款中提取现金1 000元备用。

18．14日，以银行存款230元购买车间卫生工具，交付车间作用。

19．15日，售出A产品200件，每件180元，货款36 000元，税款6 120元，税款已存入银行。

20．15日，以现金640元支付职工困难补助。

21．15日，收到西方工厂前欠货款54 000元，同时收到北方工厂前欠货款40 000元，存入银行。

22．15日，以银行存款发放职工工资85 000元。

23．18日，售出B产品150件，每件售价420元，货款63 000元，税款10 710元，货款税款存入银行。

24．18 日，以银行存款支付业务招待费 750 元。

25．19 日，以现金购入会计用账册凭证 130 元，车间用文具用品 84 元。

26．19 日，仓库发出乙材料 200 千克，单价 100 元。其中 50 千克用于制造 A 产品，150 千克用于制造 B 产品。

27．20 日，以银行存款 1 600 元支付其他应付款。

28．21 日，管理部门人员出差归来报销差旅费 1 120 元，前借 1 500 元，余款退回现金。

29．22 日，销售给西方工厂 A 产品 300 件，每件售价 390 元，价款 117 000 元，增值税 19 890 元，均已存入银行。

30．25 日，以银行存款支付本月电费 4 908 元，其中：车间生产用电 3 258 元，管理部门用电 1 650 元。

31．25 日，以银行存款支付本月水费 2 500 元，其中车间用水 1 200 元，管理部门用水 1 300 元。

32．27 日，分配本月职工工资 85 000 元，其中：生产 A 产品工人工资 32 400 元，B 产品工人工资 22 600 元，车间管理人员工资 6 000 元，行政管理部门工资 24 000 元。

33．27 日，计提本月固定资产折旧 3 780 元，其中：车间用固定资产折旧 2 500 元，行政管理部门固定资产折旧 1 280 元。

34．28 日，计算本月应交销售税金 2 600 元，计算本月应付利息费用 1 500 元。

35．30 日，结转本月份制造费用，按生产工人工资比例分配计入 A、B 产品生产成本。

36．30 日，A、B 产品全部完工，计算并结转已完工产品的实际生产成本。

37．31 日，结转已销售产品生产成本，A 产品每件 147 元，B 产品每件 250 元。

38．31 日，将本月损益类账户分别结转到“本年利润”账户。

39．31 日，按全年利润总额 25%计算应交所得税，并将“所得税费用”转入“本年利润”账户。

40．31 日，按税后利润的 10%计提盈余公积。

要求：

1．根据期初资料开设总分类账户并登记入期初余额。

2．根据本月发生的经济业务编制记账凭证。

3．根据编制的记账凭证登记总分类账并结出余额。

4．根据总分类账户资料编制试算平衡表。

实训二、练习科目汇总表账务处理程序

资料：

1．实训一的总账期初余额。

2．实训一编制的记账凭证。

要求：

1．根据实训一的总账期初余额，开设总分类账户并登记期初余额。

2．根据实训一编制的记账凭证，编制二张科目汇总表，每半月汇总一次。

3．根据科目汇总表登记总分类账户。

项目十　组织会计工作

学习目标

知识目标

- 了解会计机构分类
- 熟悉会计工作的组织形式
- 熟悉会计工作岗位和总会计师
- 了解会计人员专业职务和任职条件
- 懂得新颁布的《会计档案管理办法》

能力目标

- 明确会计机构设置的基本原则
- 掌握会计机构的主要任务
- 掌握会计机构负责人和会计人员配备的要求
- 掌握会计人员职业道德的核心要义
- 掌握会计档案管理的基本要求

典型项目

单位财务部门

一个单位一般是由办公室、人事处、财务处、后勤处和生产部门、销售部门等组成。这些部门承担着单位的生产经营、行政管理、财务管理和后勤管理。

一个单位应设置哪些部门？部门职责是什么？配备多少人员？这些一般都是由部门负责人拿出方案，然后与单位分管领导商议，最后由单位领导集体审议决定。

某单位财务部长接到公司马经理的通知，经理说："随着单位业务的变化，按照现代企业管理要求，需要优化财务部门会计工作组织，使其成为高效的管理部门。请你给本单位财务部门的设置制定一份方案。"

任务提出：

1. 本企业财务部门有哪些工作职责？
2. 本企业财务部门需要设置哪些岗位？配备多少财会人员？
3. 配备的财会人员需要什么样的专业职务和职业素质？
4. 本部门有哪些会计档案，需要怎样进行管理？

通过本项目的学习，将帮助你完成马经理布置的工作任务。

任务一　设置会计机构

【任务描述】

《会计法》要求每个单位都设置会计机构，会计机构即会计人员工作的部门。从整个国家来说，会计机构包括国家管理整个社会会计工作的机构、业务主管部门的会计机构和单位会计机构。

【任务分析】

通过本任务的学习，要求学生了解会计机构的分类，懂得会计机构设置的基本原则，明确会计机构的主要任务和熟悉会计工作组织形式。

【知识准备与应用】

会计工作组织是指会计机构的设置、会计人员的配备、会计法规的制定与执行和会计档案的保管。科学地组织会计工作对于完成会计职能，实现会计的目标，发挥会计在经济管理中的作用，具有十分重要的意义。

一、会计机构分类

我国会计机构主要包括：国家设置的会计机构、行政事业单位设置的会计机构和企业单位设置的会计机构。

（一）国家设置的会计机构

《会计法》规定，国务院财政部门是主管全国会计工作的机构，地方各级人民政府的财政部门是主管该地区会计工作的机构。国家各级管理部门分别设置会计司、处、科等。

全国会计的管理任务主要由中央财政部下设的会计司来完成，财政部在会计司内成立了“会计准则委员会”，专门负责会计准则的研究与制定工作。会计司的其他部门还负责相关会计制度的建设工作，包括：会计准则的制定、修订与解释以及会计准则示范性指南或示范性会计制度的制定工作；会计人员的专业技术资格考试；其他有关会计事项。

（二）行政、事业单位设置的会计机构

行政、事业单位设置的会计机构，不仅需要满足对经费收支及时进行核算和报告的要求，同时也需要遵循内部控制的原则，以保证各该单位预算资金的安全与合理地使用。

在市场经济体制下，随着我国政治体制改革的不断深入，加上企业单位会计经济的影响和推动，全额预算的行政事业单位将越来越少，除国家机关外，大部分事业单位都实行了企业化管理和核算，他们通过各种有偿服务的方式取得收入。其会计机构的设置比全额预算单位复杂的多。对于盈利活动多且复杂的事业单位，其会计机构的设置可比照企业单位进行。

（三）企业单位设置的会计机构

企业单位指的是那些自负盈亏、自主经营、自我发展的盈利单位。它包括各种类型的企业组织。一般而言，除了那些规模小、业务简单而不需要设立专门会计机构的单位外（但必须进行正常的会计核算），所有的企业单位都必须要设置会计机构。

会计机构，指的是单位内部所设置的、专门办理会计事项的机构，会计机构和会计人员是会计工作的主要承担者。

二、会计机构设置的基本原则

（1）合规合法原则。内部财务会计控制应当符合国家有关法律法规和会计基础工作规范，以及单位的实际情况。

（2）全员性原则。内部财务会计控制应当约束单位内部涉及会计工作的所有人员，任何个人都不得拥有超越内部会计控制的权力。单位负责人应当对内部会计控制的建立健全及有效实施负责。

（3）全面性与系统性结合原则。内部财务会计控制应当涵盖单位内部涉及会计工作的各项经济业务及岗位。并应针对业务处理过程中关键控制点，落实到决策、执行、监督、反馈等各个环节。

（4）权责明确、相互制衡原则。内部会计控制应当保证单位内部涉及会计工作的机构、岗位的合理设置及其职责权限的合理划分，坚持不相容职务相互分离，确保不同机构和岗位之间权责分明、相互制约、相互监督。

（5）成本效益原则。内部财务会计控制应当遵循成本效益原则，以合理的成本达到最佳的控制效果。

（6）动态性原则。内部财务会计控制应随着外环境的变化，单位业务职能的调整和管理要求的提高，不断修改和完善。

三、会计机构的主要任务

（一）业务主管部门会计机构的任务

（1）负责组织、领导和监督所属单位的会计工作；

（2）根据国家统一规定要求，制定适用于本行业的会计制度；

（3）检查和指导所属单位的会计工作，并帮助解决工作上存在的问题；

（4）审核、批复所属单位上报的会计报表，并汇总编制本系统的会计报表或编制合并会计报表；

（5）核算本单位与财政部门以及上下级之间的缴拨款项；

（6）总结并交流所属单位会计工作的先进经验。

（二）单位会计机构的任务

（1）参与编制各项经济计划、定额标准，签订经济合同，参加经济管理，参与经营决策；

（2）执行并有权要求全体职工执行财务计划、财务会计制度，遵守和维护财经纪律；

（3）记录经济活动，为管理者、投资者、其他财务相关人员提供真实可靠的会计资料和真实、完整的财务会计报告；

（4）分析财务计划的执行情况，提出增产节约，提高经济效益的建议；

（5）检查资产的利用情况，防止经济上的损失浪费和违法乱纪行为等。

四、会计工作的组织形式

由于企业会计工作的组织形式不同，企业财务会计机构的具体工作范围也有所不同。

企业会计工作的组织形式有独立核算和非独立核算、集中核算和非集中核算。

（一）独立核算和非独立核算

独立核算是指对本单位的业务经营过程及其结果，进行全面的、系统的会计核算。实行独立核算的单位称为独立核算单位，它的特点是具有一定的资金，在银行单独开户，独立经营、计算盈亏，具有完整的账簿系统，定期编制报表。独立核算单位应单独设置会计机构，配备必要的会计人员，如果会计业务不多，也可只设专职会计人员。

非独立核算又称报账制。实行非独立核算的单位称为报账单位。它是由上级拨给一定的备用金和物资，平时进行原始凭证的填制和整理，以及备用金账和实物账的登记，定期将收入、支出向上级报销，由上级汇总，它本身不独立计算盈亏，也不编制报表。如商业企业所属的分销店就属于非独立核算单位。非独立核算单位一般不设置专门的会计机构，但需配备专职会计人员，负责处理日常的会计事务。

（二）集中核算与非集中核算

实行独立核算的单位，其记账工作的组织形式可以分为集中核算和非集中核算两种。

集中核算是指将企业的主要会计工作都集中在企业会计机构内进行。企业内部的各部门、各单位一般不进行单独核算，只是对所发生的经济业务进行原始记录，办理原始凭证的取得、填制、审核和汇总工作，并定期将这些资料报送企业会计部门进行总分类核算和明细分类核算。实行集中核算，可以减少核算层次，精简会计人员，但是企业各部门和各单位不便于及时利用核算资料进行日常的考核和分析。

非集中核算又称为分散核算，是指企业的内部单位要对本身所发生的经济业务进行比较全面的会计核算。如在工业企业里，车间设置成本明细账，登记本车间发生的生产成本并计算出所完成产品的车间成本，厂部会计部门只根据车间报送的资料进行产品成本的总分类核算。又如在商业企业里，把库存商品的明细核算和某些费用的核算等，分散在各业务部门进行，至于会计报表的编制以及不宜分散核算的工作，如物资供销、现金收支、银行存款收支、对外往来结算等，仍由企业会计部门集中办理。实行非集中核算，使企业内部各部门、各单位能够及时了解本部门，本单位的经济活动情况，有利于及时分析、解决问题；但这种组织形式会增加核算手续和核算层次。

知识链接

代理记账

代理记账是指会计咨询、服务机构及其他组织等经批准设立从事会计代理记账业务的中介机构接受独立核算单位的委托，代替其办理记账、算账、报账业务的一种社会性会计服务活动。代理记账的主体是经批准设立从事会计代理记账业务的中介机构，包括会计师事务所、代理记账公司及其他具有代理记账资格的其他中介机构；代理记账的对象是不具备设置会计机构、或者在有关机构中设置专职会计人员的独立核算单位，如小型经济组织、应当建账的个体工商户等；代理记账的内容主要是代替独立核算单位办理记账、算账、报账等业务；代理记账的性质是一种社会性会计服务活动，是会计工作社会化、专门化的表现；代理记账在法律上的表现则是通过签订委托合同的方式来明确和规范委托及受托双方的权利义务关系。

代理记账机构

代理记账机构，是指依法经批准设立从事代理记账业务的中介机构。目前，代理记账机构主要包括代理记账公司、会计师事务所、税务师事务所以及具有代理记账资格的其他社会咨询服务机构等几大类。代理记账机构从事代理记账业务必须符合财政部发布的《代理记账管理暂行办法》中的关于从事代理记账业务应具备条件的规定。代理记账机构根据委托，代表委托人办理下列业务：一是办理会计核算业务。根据委托人提供的原始凭证和其他资料，按照国家统一的会计制度的规定，进行会计核算，包括审核原始凭证、填制证账凭证、登记会计账簿、编制会计报表等；二是定期向政府有关部门和其他会计报表使用者提供会计报表；三是定期向税务机关提供税务资料；四是承办委托人委托的其他会计业务。

想一想

委托代理记账单位不需要配备会计了吗

《会计法》第三十六条明确规定："各单位应当根据会计业务的需要，设置会计机构，或者在有关机构中设置会计人员并指定会计主管人员；不具备设置条件的，应当委托经批准设立从事会计代理记账业务的中介机构代理记账。"

请问：委托代理记账单位不需要配备会计了吗？

任务二　配备会计人员

【任务描述】

一个单位的会计部门需要配备会计负责人、会计主管和若干会计人员。对于这些人员的素质要求、专业要求、工作职责等，《会计法》和《会计基础工作规范》都有明确规定。

【任务分析】

通过本任务的学习，要求学生了解会计机构负责人任职资格和任免规定，了解会计人员配备规定，了解总会计师配备。明确会计工作岗位、会计专业职务和会计职业道德。

【知识准备与应用】

一、会计机构负责人配备

会计机构负责人、会计主管人员是单位负责会计工作的中层领导人员，对包括会计基础工作在内的所有会计工作起组织、管理等作用。《会计基础工作规范》（以下简称《规范》）要求，设置会计机构的，应当配备会计机构负责人；在有关机构中配备专职会计人员的，应当在专职会计人员中指定会计主管人员。

（一）会计机构负责人、会计主管人员的任职资格

《规范》对会计机构负责人、会计主管人员的任职资格做出了具体规定，共有 6 个方面的条件。

（1）政治思想条件，即要能坚持原则、廉洁奉公。

（2）专业技术资格条件，即要有会计专业技术资格。

（3）工作经历条件，即主管一个单位或者单位内一个重要方面的财务会计工作时间不少于二年。

（4）政策业务水平条件，即熟悉国家财经法律、法规、规章和方针、政策，掌握本行业业务管理的有关知识。

（5）组织能力，即要有较强的组织能力。

（6）身体条件，即要求身体状况能够适应本职工作的要求。

（二）会计机构负责人、会计主管人员的任免

《规范》规定，“会计机构负责人、会计主管人员的任免，应当符合《中华人民共和国会计法》和有关法律的规定”。《会计法》第二十三条规定，“国有企业、事业单位的会计机构负责人、会计主管人员的任免应当经过主管单位同意”，对国有企业、事业单位会计机构负责人、会计主管人员任免的具体程序，应当按照 1985 年 4 月 8 日财政部、劳动人事部发布的《关于贯彻实施〈会计法〉中有关会计人员任免规定的通知》的要求进行，即：国有企业、事业单位会计机构负责人、会计主管人员的任免，由单位行政领导人（厂长、经理）提名报上级主管单位，上级主管单位人事部门与财务会计部门对所属单位上报的任免人员协商考核，并报经行政领导人同意后，单位行政领导人方可正式任免。对其他单位的会计机构负责人、会计主管人员的任免应当根据相关法律的规定进行，如《公司法》第五十条和第一百一十九条分别规定，有限责任公司和股份有限公司的经理有权“聘任或者解聘除应由董事会聘任或者解聘以外的负责管理人员”；《城镇集体所有制企业条例》第三十四条规定，厂长（经理）有权“按照国家规定任免或者聘任、解聘企业中层行政领导干部，但法律、法规另有规定的，从其规定”。

二、会计人员配备

配备数量适当的会计人员，是一个单位会计工作得以正常开展的重要条件。配备的会计人员应当具备什么样的条件，《规范》从最基本的要求出发，规定了两方面条件：一是应当配备持有会计证的会计人员，未取得会计证的人员，不得从事会计工作；二是应当配备有必要的专业知识和专业技能，熟悉国家有关法律、法规和财务会计制度，遵守职业道德的会计人员。由于受我国会计学历教育规模的限制，目前会计队伍中具备规定学历的比例还不高，要迅速提高会计人员的政治和业务素质，加强在职会计人员培训是重要途径之一，为此，《规范》同时提出，会计人员应当按照国家有关规定参加会计业务的培训，各单位应当合理安排会计人员的培训，保证会计人员每年有一定时间用于学习和参加培训。目前，财政部正在就在职会计人员的培训问题制定专门的办法。

至于一个单位应当配备多少会计人员，有不少人建议按职工人数、资产规模等确定比例。考虑到尽管一个单位会计人员的数量与职工人数、资产规模等有一定联系，但更主要的应当取决于该单位会计工作的现代化（如会计电算化）程度和工作效率等因素，

况且，不同行业（系统）的会计工作要求不一样，很难据此确定一个各行各业都适用的会计人数比例。因此，《规范》对此未作规定，有条件的部门和单位，可以根据本部门（系统）、本单位的情况，在实施办法中予以明确。

三、总会计师

总会计师是主管本单位财务会计工作的行政领导。总会计师协助单位主要行政领导人工作，直接对单位主要行政领导人负责。总会计师不是一种专业技术职务，也不是会计机构的负责人或会计主管人员，而是一种行政职务。根据《会计法》和《总会计师条例》，《规范》第九条对总会计师的设置范围、任职资格、职责权限、任免等问题做出了规定。

（一）总会计师的设置范围

根据规定，大、中型企业、事业单位和业务主管部门可以设置总会计师。这些单位是否设置总会计师，主要由单位根据经营管理需要决定。

（二）总会计师的地位

总会计师是单位行政领导成员，是单位财务会计工作的主要负责人，全面负责财务会计管理和经济核算，参与单位的重大经营决策活动，是单位主要行政领导人的参谋和助手。总会计师依法行使职权。根据规定，凡是设置总会计师的单位，不应当再设置与总会计师职责重叠的行政副职。

（三）总会计师的任职资格

根据规定，担任总会计师的人员应当具备下列条件。

（1）坚持社会主义方向，积极为社会主义建设和改革开放服务。

（2）坚持原则，廉洁奉公。

（3）取得会计师任职资格，主管一个单位或者单位内一个重要方面的财务会计工作时间不少于 3 年。

（4）有较高的理论政策水平，熟悉国家财经法律、法规、方针、政策和制度，掌握现代化管理的有关知识。

（5）具备本行业的基本业务知识，熟悉行业情况，有较强的组织领导能力。

（6）身体健康，能胜任本职工作。符合上述条件的，按规定程序可任命为总会计师。

企业的总会计师应由本单位主要行政领导人提名，政府主管部门任命或者聘任，免职或者解聘程序与任命或者聘任程序相同；事业单位和业务主管部门的总会计师任免按照干部管理权限进行。

四、会计工作岗位

一个单位的会计人员的配备，既有数量问题，也有质量问题。就数量问题而言，一个单位到底配备多少会计人员为宜，是一个需要因行业、因单位而做出具体回答的问题。因为会计人员的配备数量，同单位的大小、业务的多寡、资产的规模、经营管理的要求、核算的组织形式以及采用什么样的核算手段等，都有密切的关系，这具体体现在会计工作岗位的设置上。

（一）会计工作岗位设置的意义

会计工作岗位，是指对一个单位的会计工作进行具体分工而设置的各个职能岗位。在会计机构内部设置会计工作岗位，有利于明确分工和各个岗位的职责；建立岗位责任制有利于会计人员钻研业务，提高工作效率和质量；有利于会计工作的程序化和规范化，加强会计基础工作；还有利于强化会计管理职能，提高会计工作的作用；同时是配备数量适当的会计人员的客观依据之一。

（二）会计工作岗位设置的原则

《规范》对会计工作岗位的设置规定了基本原则，提出了示范性的要求：

1. 根据本单位会计业务的需要

《规范》第十一条规定："各单位应当根据会计业务需要设置会计工作岗位。"这个规定同《规范》第六条要求根据会计业务的需要设置会计机构，本着同样的精神。正如在前面对按照这一规定设置会计机构所作的分析，由于各单位所属行业的性质、自身的规模、业务内容和数量以及会计核算与管理的要求等不同，会计工作岗位的设置条件和要求也不相同。在设置会计工作岗位时，必须结合单位的实际情况，有的分设、有的合并、有的不设，以满足会计业务需要为原则。

2. 符合内部牵制制度的要求

《规范》第十二条规定："会计工作岗位，可以一人一岗、一人多岗或者一岗多人。但出纳人员不得兼管稽核、会计档案保管和收入、费用、债权债务账目的登记工作。"从近几年税收财务物价大检查中，审计和会计工作秩序整顿中暴露出来的问题看，不少单位在会计工作岗位设置上存在岗位职责不清、人浮于事、手续混乱等问题；在一些小型经济组织中，会计、出纳一人兼任，或者出纳与财物保管一人兼任，为徇私舞弊或贪污挪用等违法乱纪行为留下了可乘之机，隐患甚大，造成损失的也已不在少数，这是很值得各单位重视和引以为戒的。

3. 有利于会计人员全面熟悉业务，提高业务素质

《规范》第十三条规定："会计人员的工作岗位应当有计划地进行轮换。"把轮岗列入会计工作岗位设置的原则要求是《规范》的一个创新，这样做不仅可以激励会计人员不断进取，改进工作，而且也在一定程度上有助于防止违法乱纪，保护会计人员。

4. 有利于建立岗位责任制

《规范》第十一条还示范性地提出了会计工作岗位的设置方案，即"会计机构负责人或者会计主管人员，出纳，财产物资核算，工资核算，成本费用核算，财务成果核算，资金核算，往来结算，总账报表，稽核，档案管理等。"这种设置方法，基本上包括了会计业务的主要内容和主要方面，为建立岗位责任制提供了比较完整的基础，是单位在具体制定会计工作岗位设置方案时比较理想的参考方案。

五、会计人员专业职务

《会计专业职务试行条例》规定：会计专业职务分为高级会计师、会计师、助理会计师、会计员；高级会计师为高级职务，会计师为中级职务，助理会计师和会计员为初级职务；各级国家机关对会计专业职务实行任命制，各事业单位对会计专业职务一般实行聘任制。

（一）会计员的任职条件和基本职责

担任会计员的基本条件是：初步掌握财务会计知识和技能；熟悉并能认真执行有关会计法规和财务会计制度；能担任一个岗位的财务会计工作；大学专科或中等专业学校毕业，在财务会计工作岗位上见习一年期满。

会计员的基本职责是：负责具体审核和办理财务收支，编制记账凭证，登记会计账簿，编制会计报表和办理其他会计事项。

（二）助理会计师的任职条件和基本职责

担任助理会计师的基本条件是：掌握一般的财务会计基础理论和专业知识；熟悉并能正确执行有关的财经方针、政策和财务会计法规、制度；能担负一个方面或某个重要岗位的财务会计工作；取得硕士学位或取得第二学士学位或研究生班结业证书，具备履行助理会计师职责的能力，或者大学本科毕业后在财务会计工作岗位上见习一年期满，或者大学专科毕业并担任会计员职务两年以上，或者中等专业学校毕业并担任会计员职务 4 年以上。

助理会计师的基本职责是：负责草拟一般的财务会计制度、规定、办法，解释、解答财务会计法规、制度中的一般规定，分析、检查某一方面或某些项目的财务收支和预算的执行情况。

（三）会计师的任职条件和基本职责

担任会计师的基本条件是：较系统地掌握财务会计基础理论和专业知识；掌握并能正确贯彻执行有关的财经方针、政策和财务会计法规、制度；具有一定的财务会计工作经验，能担负一个单位或管理一个地区、一个部门、一个系统某个方面的财务会计工作；取得博士学位并具有履行会计师职责的能力，或者取得硕士学位并担任助理会计师职务两年左右，或者取得第二学士学位或研究生班结业证书并担任助理会计师职务 2～3 年，或者大学本科或专科毕业并担任助理会计师职务 4 年以上。

会计师的基本职责是：负责草拟比较重要的财务会计制度、规定、办法，解释、解答财务会计法规、制度中的重要问题，分析、检查财务收支和预算执行情况，培养初级会计人才。

（四）高级会计师的任职条件和基本职责

担任高级会计师的基本条件是：较系统地掌握经济、财务会计理论和专业知识；具有较高的政策水平和丰富的财务会计工作经验，能担负一个地区、一个部门或一个系统的财务会计管理工作；取得博士学位并担任会计师职务 2～3 年，或者取得硕士学位、第二学士学位或研究生班结业证书，或者大学本科毕业并担任会计师职务 5 年以上。

高级会计师的基本职责是：负责草拟和解释、解答一个地区、一个部门、一个系统或在全国施行的财务会计法规、制度、办法，组织和指导一个地区或一个部门、一个系统的经济核算和财务会计工作，培养中级以上会计人才。

六、会计人员职业道德

会计人员职业道德，是会计人员从事会计工作应当遵循的道德标准。建立会计人员职业道德规范，是对会计人员强化道德约束，防止和杜绝会计人员在工作中出现不道德行为的有效措施。建立基层单位会计人员的职业道德规范，在我国尚属空白。但在实际工作中，会计人员丧失原则、有意隐瞒真实情况、甚至为违法违纪活动出谋划策的行为时有发生，严重违背了作为一个会计人员应当具备的基本标准。有必要在建立会计人员职业道德规范的基础上，强化对会计人员的职业道德教育和监督检查，提高会计人员的职业道德水平。因此，《规范》专门对会计人员的职业道德问题做出了规定，主要包括以下 6 个方面。

（1）敬业爱岗。即会计人员应当热爱本职工作，努力钻研业务，使自己的知识和技能适应所从事工作的要求。

（2）熟悉法规。即会计人员应当熟悉财经法律、法规和国家统一会计制度，并结合会计工作进行广泛宣传。

（3）依法办事。即会计人员应当按照会计法律、法规、规章规定的程序和要求进行会计工作，保证所提供的会计信息合法、真实、准确、及时、完整。

（4）客观公正。即会计人员办理会计事务应当实事求是、客观公正。

（5）搞好服务。即会计人员应当熟悉本单位的生产经营和业务管理情况，运用掌握的会计信息和会计方法，为改善单位内部管理、提高经济效益服务。

（6）保守秘密。即会计人员应当保守本单位的商业秘密，除法律规定和单位领导人同意外，不能私自向外界提供或者泄露单位的会计信息。

知识链接

助理会计师考试

助理会计师是会计中的初级职称。担任助理会计师的基本条件是：掌握一般的财务会计基础理论和专业知识；熟悉并能正确执行有关的财经方针、政策和财务会计法规、制度；能担负一个方面或某个重要岗位的财务会计工作；报名参加会计专业技术初级资格考试的人员，除具备以上基本条件外，还必须具备教育部门认可的高中毕业以上学历。

会计专业技术初级资格考试设经济法基础、初级会计实务两个科目。初级资格考试分两个半天进行，初级会计实务科目为 3 小时，经济法基础科目为 2.5 小时。

知识拓展

注册会计师

注册会计师，是指取得注册会计师证书并在会计师事务所执业的人员，英文全称为 Certified Public Accountant，简称 CPA，指的是从事社会审计/中介审计/独立审计的专业人士，在其他一些国家的会计师公会叫法不同，如加拿大的 CGA ，美国的 AICPA，澳大利亚的澳洲会计师公会，英国特许公认会计师公会 ACCA。在国际上说会计师一般是说注册会计师，而不是我国的中级职称概念的会计师。

注册会计师考试科目为《会计》、《审计》、《财务成本管理》、《经济法》、《税法》、《战略与风险管理》。

想一想

会计师、注册会计师、总会计师的区别

在企业、事业、行政机关里有会计师、注册会计师、总会计师。

请问：会计师、注册会计师、总会计师有什么区别？

任务三　管理会计档案

【任务描述】

会计工作留存的会计凭证、会计账簿、会计报表和其他有关资料，这些都是会计档案。国家有专门的《会计档案管理办法》，我们必须遵照执行。

【任务分析】

通过本任务的学习，要求学生了解国家新颁布的《会计档案管理办法》，懂得会计档案归档、整理、保管要求，严格按规定要求妥善保管。

【知识准备与应用】

一、修订会计档案管理办法的意义

1984年财政部、国家档案局联合印发了《会计档案管理办法》，并于1998年对该办法进行了第一次修订。原《管理办法》实施10多年以来，对规范和加强单位会计档案管理、促进会计工作更好地服务经济社会发展，发挥了积极作用。近年来，随着我国经济社会的快速发展以及信息技术的广泛应用，会计档案的内容范围、承载形式、管理手段、利用方式等均发生了较大变化，原《管理办法》已经无法较好地适应经济社会发展需要，突出表现在以下方面。

（1）随着各单位信息化水平和精细化管理程度的日益提升，越来越多的会计凭证、账簿、报表等会计资料以电子形式产生、传输、保管，形成了大量电子会计档案，需要予以规范。

（2）随着我国会计法律法规的不断完善，以及国家档案管理规范、标准的制定或修订，原《管理办法》的有关表述已不再适用，会计档案的范围、保管、利用、销毁等方面的规定需要相应予以调整或完善。

为做好原《管理办法》的修订工作，从2012年开始，财政部、国家档案局陆续组织部分信息化程度较高的企业和地区开展会计档案电子化管理试点工作；2013—2014年财政部、国家档案局、国家税务总局、国家发展改革委专门针对电子发票的入账和保管问题多次开展研讨，并组织部分企业和地区开展电子发票及电子会计档案管理综合试点工作。随着试点工作的稳步推进，电子发票相关政策的逐步完善，2014年财政部、国家档案局着手修订原《管理办法》，形成了《会计档案管理办法（征求意见稿）》，先后于2014

年 12 月、2015 年 5 月向社会两次公开征求意见，形成了《会计档案管理办法（修订草案）》。2015 年 9 月财政部、国家档案局组织有关专家集中研究讨论《会计档案管理办法（修订草案）》，最终形成新《管理办法》。其意义如下。

一是有利于推动互联网创新经济的发展。近年来，党中央、国务院积极推动“互联网+”行动和“大众创业万众创新”，我国基于互联网的新业态、新模式蓬勃兴起。新《管理办法》肯定了电子会计档案的法律效力，电子会计凭证的获取、报销、入账、归档、保管等均可以实现电子化管理，将大大推动电子凭证的在线传递和线上应用，为互联网创新经济发展提供了有力的政策支持。

二是有利于促进形成绿色、低碳的发展方式。党的十八大报告强调，要着力推进绿色发展、循环发展、低碳发展，形成节约资源和保护环境的空间格局、产业结构、生产方式、生活方式；党的十八届三中全会进一步提出要加快建立生态文明制度。新《管理办法》允许符合条件的会计凭证、账簿等会计资料不再打印纸质归档保存，同时要求建立会计档案鉴定销毁制度，完善销毁流程，推动会计档案销毁工作有序开展。这些新的规定将节约大量纸质会计资料的打印、传递、整理成本以及归档后的保管成本，减少社会资源耗费，推动节能减排，有利于形成绿色环保的生产方式。

三是有利于推进国家治理能力现代化。国家治理体系和治理能力现代化需要大数据的支撑，需要通过广度信息聚合、深度数据挖掘、扁平网络传递，实现决策科学化、管理精细化。电子会计档案是电子会计资料的归属，新《管理办法》明确将电子会计档案纳入会计档案范围，将大力推动电子会计数据的深度开发和有效利用，为政府决策和管理提供更多维度、更具参考价值的会计信息。

二、新颁布的《会计档案管理办法》

《会计档案管理办法》是为了加强会计档案管理，有效保护和利用会计档案而制定的法规，2015 年 12 月 11 日，中华人民共和国财政部、国家档案局令第 79 号发布修订后的《会计档案管理办法》，自 2016 年 1 月 1 日起施行。

附表：企业和其他组织会计档案保管期限表，如表 10-1 所示。

表 10-1 企业和其他组织会计档案保管期限表

序 号	档案名称	保管期限	备 注
一	会计凭证		
1	原始凭证	30 年	
2	记账凭证	30 年	
二	会计账簿		
3	总账	30 年	
4	明细账	30 年	
5	日记账	30 年	
6	固定资产卡片		固定资产报废清理后保管 5 年
7	其他辅助性账簿	30 年	
三	财务会计报告		

续表

序　　号	档案名称	保管期限	备　　注
8	月度、季度、半年度财务会计报告	10年	
9	年度财务会计报告	永久	
四	其他会计资料		
10	银行存款余额调节表	10年	
11	银行对账单	10年	
12	纳税申报表	10年	
13	会计档案移交清册	30年	
14	会计档案保管清册	永久	
15	会计档案销毁清册	永久	
16	会计档案鉴定意见书	永久	

项目总结

组织会计工作，要求学生了解会计机构的分类、会计机构设置的基本原则，明确会计机构的主要任务和组织形式，懂得会计机构人员配备、岗位设置和会计专业职务等，熟悉《会计档案管理办法》。通过学习要求学生掌握本项目的知识点与技能点如表10-2所示。

表10-2　组织会计工作的知识点与技能点

组织会计工作	一、设置会计机构	（一）会计机构分类
		（二）会计机构设置的基本原则
		（三）会计机构的主要任务
		（四）会计工作的组织形式
	二、配备会计人员	（一）会计机构负责人配备
		（二）会计人员配备
		（三）总会计师
		（四）会计工作岗位
		（五）会计人员专业职务
		（六）会计人员职业道德
	三、管理会计档案	（一）修订会计档案管理办法的意义
		（二）新颁布的《会计档案管理办法》

项目训练

一、单项选择题

1．下列属于会计档案的是（　　）。

A．财务预算　　B．财务计划　　C．财务制度　　D．财务报告

2．按规定，归档的会计档案，会计机构应当编制（　　）。

A．会计档案保管清册　　B．会计档案移交清册

C．会计档案销毁清册　　D．会计档案整理清册

3．下列属于永久会计档案的是（　　）。

A．各单位的会计移交清册

B．税收单位的税收会计报表，包括票证报表

C．税收会计单位的税收年报（决算）

D．各种总账、明细账和日记账

4．库存现金日记账和银行存款日记账的保管期限是（　　）。

A．25 年　　B．10 年　　C．15 年　　D．20 年

5．会计档案销毁清册应该（　　）。

A．保管 5 年　　B．保管 10 年　　C．保管 15 年　　D．永久保管

6．当年形成的会计档案，在会计年度终了，可暂由本单位会计机构保管（　　）年。

A．1　　B．2　　C．3　　D．5

7．其他单位如果因特殊原因需要使用原始凭证时，经本单位负责人批准，（　　）。

A．可以借出　　B．只可以查阅不能复制

C．不可查阅或复制　　D．可以查阅或复制

8．银行存款余额调节表、银行对账单应当保存（　　）。

A．3 年　　B．永久　　C．5 年　　D．15 年

9．定期保管的会计档案期限最长为（　　）。

A．20 年　　B．15 年　　C．25 年　　D．10 年

10．行政事业单位的总账、明细账的保管期限为（　　）。

A．20 年　　B．10 年　　C．15 年　　D．25 年

二、多项选择题

1．下列会计档案应保管 15 年的有（　　）。

A．总账　　B．会计移交清册

C．原始凭证　　D．记账凭证

2．需要永久保存的会计档案包括（　　）。

A．记账凭证　　B．年度财务报告（决算）

C．会计档案保管清册　　D．库存现金日记账

3．下列资料中，属于会计账簿类会计档案的有（　　）。

A．日记账　　B．明细账

C．银行对账单　　D．固定资产卡片

4．对本单位档案机构保管的会计档案，需要拆封重新整理的，应由（　　）同时参与，以分清责任。

A．财务会计部门　　B．经办人

C．本单位档案机构　　D．本单位人事部门

5．保管期限为 25 年的会计档案包括（　　）。

A．库存现金日记账　　B．税收日记账和总账

C．银行存款日记账　　D．税收票证分类出纳账

6．会计档案按照其保管期限不同可分为（　　）。

A．永久会计档案　　B．临时会计档案

C．定期会计档案　　D．分期会计档案

7．保管期满，不得销毁的会计档案有（　　）。

A．未结清的债权债务原始凭证

B．正在建设期间的建设单位的有关会计档案

C．超过保管期限但尚未报废的固定资产购买凭证

D．银行存款余额调节表

三、判断题

1．财务会计部门的预算、计划、制度等文件材料是会计档案的重要组成部分。（　　）

2．财政总预算、行政单位、企业单位、事业单位、税收会计单位的会计档案保管清册、会计档案销毁清册属定期会计档案。（　　）

3．出纳人员不得从事会计档案的归档工作，更不能兼管理归档的会计档案。（　　）

4．财务部门和经办人员必须按期将应归档的会计档案全部移交给档案部门，不得擅自封包保存。（　　）

5．移交本单位档案部门的会计档案，必须保持原卷的封装，任何人不得拆封重新整理。（　　）

6．会计档案保管清册的保管年限是 25 年。（　　）

7．各种账簿的保管期限均为 25 年。（　　）

8．《会计档案管理办法》规定的会计档案保管期限为最低保管期限。（　　）

9．各单位保存的会计档案不得借出，特殊情况下经单位负责人批准，办理有关手续，可以调阅或复制。（　　）

10．本单位档案机构为方便保管会计档案，可以根据需要对其拆封重新整理。（　　）

11．会计账簿类会计档案的保管期限均为 15 年。（　　）

12．正在项目建设期间的建设单位，其保管期满的会计档案不得销毁。（　　）

参考文献

[1] 程淮中. 会计职业基础[M]. 北京：高等教育出版社，2011.

[2] 王炜，金跃武. 基础会计（第三版）[M]. 北京：高等教育出版社，2014.

[3] 丁增稳. 会计基础[M]. 北京：经济科学出版社，2016.

[4] 刘中华. 基础会计[M]. 北京：经济科学出版社，2016.

[5] 中国考试培训网（http://www.zgkspx.com）. 会计基础[M]. 2017 年全国会计从业资格考试教材.

[6] 金艳虹. 会计规范处理手册[M]. 北京: 机械工业出版社，2012.

[7] 孔德兰. 会计职业素养读本[M]. 北京: 中国人民大学出版社，2014.

[8] 任明川. 美国会计职业道德[M]. 北京: 中国人民大学出版社，2012.